国家卫生健康委员会"十四五"规划教材

全国高等职业教育专科教材

供临床医学专业用

职业生涯规划和就业指导

第 3 版

主　编　刘　欣

副主编　张天涛　任　超

编　者　(以姓氏笔画为序)

朱　娟 (广东江门中医药职业学院)

任　超 (黑龙江护理高等专科学校)

刘　欣 (沧州医学高等专科学校)

李　扬 (长沙卫生职业学院)

李亮靓 (重庆三峡医药高等专科学校)

张　竹 (大庆医学高等专科学校)

张天涛 (南阳医学高等专科学校)

郑　雪 (甘肃卫生职业学院)

徐晓东 (沧州医学高等专科学校)

郭　婷 (赣南卫生健康职业学院)

新形态教材

人民卫生出版社

·北京·

图书在版编目（CIP）数据

职业生涯规划和就业指导 / 刘欣主编. -- 3 版.
北京 ： 人民卫生出版社，2025. 1. --（高等职业教育专科临床医学专业教材）. -- ISBN 978-7-117-37601-3

I. G717.38

中国国家版本馆 CIP 数据核字第 2025ZV7125 号

人卫智网	www.ipmph.com	医学教育、学术、考试、健康，购书智慧智能综合服务平台
人卫官网	www.pmph.com	人卫官方资讯发布平台

职业生涯规划和就业指导

Zhiye Shengya Guihua he Jiuye Zhidao

第 3 版

主　　编：刘　欣
出版发行：人民卫生出版社（中继线 010-59780011）
地　　址：北京市朝阳区潘家园南里 19 号
邮　　编：100021
E - mail：pmph @ pmph.com
购书热线：010-59787592　010-59787584　010-65264830
印　　刷：鸿博睿特（天津）印刷科技有限公司
经　　销：新华书店
开　　本：850×1168　1/16　　印张：9
字　　数：254 千字
版　　次：2014 年 8 月第 1 版　　2025 年 1 月第 3 版
印　　次：2025 年 4 月第 1 次印刷
标准书号：ISBN 978-7-117-37601-3
定　　价：45.00 元
打击盗版举报电话：010-59787491　E-mail：WQ @ pmph.com
质量问题联系电话：010-59787234　E-mail：zhiliang @ pmph.com
数字融合服务电话：4001118166　E-mail：zengzhi @ pmph.com

以习近平新时代中国特色社会主义思想为指导,全面贯彻党的二十大精神,落实《国务院办公厅关于加快医学教育创新发展的指导意见》等文件要求,更好地发挥教材对临床医学专业高素质实用型专门人才培养的支撑作用,进一步提升助理全科医师的培养水平,人民卫生出版社在教育部、国家卫生健康委员会领导和支持下,由全国卫生健康职业教育教学指导委员会指导,依据最新版《高等职业学校临床医学专业教学标准》,经过充分的调研论证,启动了全国高等职业教育专科临床医学专业第九轮规划教材修订工作。经第七届全国高等职业教育专科临床医学专业规划教材建设评审委员会深入论证,确定了教材修订的整体规划,明确了修订基本原则:

1. 落实立德树人根本任务 坚持将马克思主义立场、观点、方法贯穿教材编写始终。坚持"为党育人、为国育才",全面落实立德树人根本任务,深入挖掘课程教学内容中的思想政治教育元素,加工凝练后有机融入教材编写,发挥教材"培根铸魂、启智增慧"作用,培养具有"敬佑生命、救死扶伤、甘于奉献、大爱无疆"医学职业精神的时代新人。

2. 对接岗位工作需要、符合专业教学标准 教材建设突出职教类型特点,紧紧围绕"三教"改革,以专业教学标准为依据,以助理全科医师岗位胜任力培养为主线,体现临床新技术、新工艺、新规范、新标准,反映卫生健康人才培养模式改革方向,将知识、能力、素质培养有机结合。适应教学模式改革与教学方法创新需要,满足项目、案例、模块化教学等不同学习方式要求,在教材的内容、形式、媒介等多方面创新改进,有效激发学生学习兴趣和创造潜能。按照教学标准,将《中医学》改名为《中医学基础与适宜技术》,新增《基本公共卫生服务实务》。

3. 全面强化质量管理 履行"尺寸教材、国之大者"职责,成立第七届全国高等职业教育专科临床医学专业规划教材建设评审委员会,严格编委选用审核把关,主编人会、编写会、定稿会强化编委培训、突出责任,全流程落实"凡编必审"要求,打造精品教材。

4. 推动新形态教材建设 突出精品意识,聚焦形态创新,进一步切实提升教材适用性,打造兼具经典性、立体化、数字化、融合化的新形态教材。根据课程特点和专业技能教学需要,《临床医学实践技能》本轮采用活页式教材出版。

第九轮教材共29种,均为国家卫生健康委员会"十四五"规划教材。

刘 欣

副教授

　　沧州医学高等专科学校就业指导教研室主任,高级职业指导师。从事职业生涯规划教育近 20 年,系统讲授过职业生涯规划与就业指导、创新创业基础等多门课程。在全国及河北省职业院校信息化教学大赛中荣获二等奖;河北省高校生涯发展教育与就业指导课程教师教学大赛二等奖;所授课程"职业生涯规划与就业指导"被评为河北省精品在线课程;发表学术论文十余篇,主编、参编教材六部。指导学生参加河北省职业生涯规划大赛、创新创业大赛荣获金奖。

　　有梦想的人生是快乐的,而奋斗则让人生更加精彩。职业生涯规划教育能够帮助同学们把对梦想的渴望变成行动,并以工作者的身份重新审视自己的梦想。同时,通过职业生涯规划帮助同学们:面对就业脚踏实地,规划未来充满信心! 这也是所有职业生涯教育者的重要使命!

职业生涯规划和就业指导课程建设是高校人才培养工作和毕业生就业工作的重要组成部分，为落实党的二十大精神，帮助临床医学专业学生科学规划职业生涯，坚定职业理想和信念，明晰未来职业发展方向，提前做好就业准备，由长期从事高等职业教育医学院校职业生涯规划教育与就业指导的一线教师、专家共同撰写了本教材。

本教材在第2版的基础上，结合高等职业教育专科层次临床医学专业背景，从培养临床医学生的职业生涯意识入手，通过生动、真实的案例，帮助学生树立科学的择业观、就业观，并以此提升学生的就业能力，为学生的成功就业提供切实的帮助。教材修订主要集中在以下几个方面：

1. 结合目前我国高等职业教育专科院校的教育特点以及医学院校职业生涯规划与就业指导课程教学现状，对原有章节内容进行了整合，全书分为上下两篇，共10章，上篇为职业生涯规划，下篇为就业指导。

2. 进一步突出了实用性和实践性。全书以职业生涯规划为主线，结合临床医学专业学生特点，引入典型案例，在理论内容完整的基础上，突出了课程教学的实践特色，学生可以通过课后的实践训练，不断提升就业能力。

3. 对参编院校的范围有所调整。在原有学科结构的基础上，编写队伍扩大到全国多个省份医学院校的教学一线、临床工作一线以及就业管理工作一线的教师、专家，丰富了编者的学科结构，使得本教材与实践的结合性更为紧密。

本教材吸收了当前职业生涯规划与就业指导的一些新观点、新理论和新方法，以树立正确就业观为核心，围绕着大学生在校期间如何规划职业生涯、了解就业政策及法规、掌握求职材料编写规范、提高面试技巧和适应职场的方法等做了全面阐述。可作为高等职业教育专科临床医学专业学生学习的教材，也可供相关专业人员参考。

在编写过程中，编者参阅了大量相关的专业书籍和资料，在此向原著作者表示衷心的感谢。尽管历经两次修订，但是仍然无法避免书中存有疏漏和错误的可能，真诚地希望使用本教材的同学和老师给予批评指正，并提出宝贵建议，我们会在未来的修订中不断完善和提高。

刘　欣

2025年1月

目 录

下篇 | 就业指导

职业生涯规划

第一章 | 医学生大学生活与职业发展

ER 1-1

教学课件

学习目标

1. 掌握:什么是专业学习;如何度过有意义的大学生活。
2. 熟悉:大学生涯与职业发展的关系;大学生涯规划的意义。
3. 了解:本专业相关内容,大学学习与职业发展的关系。
4. 能够通过搜集资料分析所学专业与职业方向的关系;能够对大学学习进行正确定位学会运用职业生涯理论,提升职业规划的能力。
5. 具备自主学习、全面学习、创新学习和制订职业生涯规划的能力,树立正确的职业观。

大学是人生重要的转折时期。进入大学,你开始追逐自己的理想、兴趣;你将第一次独立参与团体和社会生活,第一次在学习理论的同时亲身实践,第一次自由处置生活和学习中遇到的各类问题,支配所有属于自己的时间。大学生活的画卷正在你面前徐徐展开。也许你对自己的专业还是懵懵懂懂,不清楚自己的前进方向,但请在起跑之前,准备好一颗进取的心,读好你的大学,热爱你的生活。

第一节 大学生活对职业发展的影响

案例导入

小曹是 2023 级某高职院校康复专业大一新生,开学一个多月了,感觉自己的大学生活过得很没有意思,自己没有什么爱好,每天除了学习还是学习,但他认为 90 分和 60 分的考试结果没有什么区别,因此缺乏学习的动力。偶尔想起未来的发展,他有些迷茫和焦虑,但他认为这应该是大三时考虑的事情。

请思考:

作为大一新生,你也有这样的迷茫和焦虑吗?

大学是人生最美好也是最重要的阶段,更是大学生职业生涯发展的重要准备阶段。在这个阶段,大学生能否将大学阶段置于终身职业生涯发展的视野下进行精心规划,将直接影响到几年后的就业竞争力和未来职业生涯的发展。在大学里,我们第一次跟随学识渊博的学者遨游知识的殿堂,第一次享受如此自由的课余生活,第一次独立思考人生,第一次自主选择自己想要的生活……很多大学生感受到了这些第一次的美好和魅力。同时,大学也许是你人生的最后一次有整段时间进行系统的学习,最后一次有丰富的学习资源供我们任意享用,最后一次为人生发展作全面的准备。因此,大学生应尽早认识、了解所学专业,尽早规划职业生涯,实现自己的人生目标,成就一番事业,做人生的赢家。

一、专业学习与职业发展

（一）专业学习对职业发展的影响

对"专业"这个词的理解，同学们可能是既清晰又模糊。大学是按专业招收新生并进行培养的。认识和了解自己所学的专业，并在此基础上激发专业学习的兴趣与热情，是同学们必须迈出的大学生活的第一步。专业水平的高低对每一个准备就业的医学生来说是非常重要的，直接关系到能否顺利找到满意的工作，能否将在大学里所学运用到实际工作中去。专业学习贯穿整个大学时期，医学生应高度重视专业知识的学习，不仅因为这是医学生的重要资本之一，更因为医学是一门严谨的学科，它的直接服务对象是人，是与人的健康息息相关的科学。

在知识竞争的时代，一切的竞争归根到底都依赖于知识的运用。所以，大学生一定要扎扎实实地学好自己的专业知识，为未来的职业发展做好充足的知识储备。这一阶段也可称为职业准备阶段，是个人职业生涯的起步，是决定能否赢在起点的重要阶段。专业学习应学好如下知识。

1. 专业知识 专业知识是在自己所熟悉的领域内开拓和发展事业的基础。医学生在进行专业知识学习的同时，要注重知识的系统化和结构化，要善于积累和更新。知识的积累是成才的基础和必要条件，医院考核常常将掌握知识的多少作为衡量医学水平高低的标准之一。与其他专业不同，医学是操作技术性很强的学科，尤其在那些以培养技术应用型人才为目标的医学高等专科院校里，临床实习占有举足轻重的地位，约占总学习时间的三分之一。临床实习对医学生就业目标的最后确定具有决定性的影响，很多学生会在这段时间找到喜欢的专业发展方向或是发现自己根本不适合学医，从而细化或调整专业目标。

2. 哲学、社会科学知识 哲学和社会科学对我们的精神和文化教育产生至关重要的影响。通过哲学和社会科学的知识学习，我们可以提高自己的文化素养和综合素质，更好地理解文化、人类历史和生命的本质，会使我们更加睿智和理性；更好地拓宽自身的视野，从广阔的背景上去理解现代医学的发展，更新知识结构，开拓科学思路，及时跟踪现代医学的发展前沿，这也是医学领域所需要的。

3. 外语、计算机与网络知识 外语、计算机与网络知识是跨时空、跨学科交流的必备工具，掌握丰富的计算机和网络知识对个人的职业发展无疑会起到非常重要的作用。互联网将优化传统的诊疗模式，为患者提供一条龙的健康管理服务。通过互联网医疗，患者有望从移动医疗数据端监测自身健康数据，做好事前防范；在诊疗服务中，依靠移动医疗实现网上挂号、询诊、购买、支付，节约时间和经济成本，提升就医体验；并依靠互联网在就医后与医生沟通。

4. 法律知识 和谐的医患关系越来越受到重视，医护人员同时承担着管理者、沟通者、照顾者、代言者、保护者及教育者等多重角色。因此，医护工作者不仅要有高深的专业素质，而且要有良好的心理素质、政治素质和法律素养等人文素质。

5. 社会交往知识 人际关系是成功的又一重要指标。人际沟通与交流能力对于个人的职业发展非常重要。在现代社会中，一个人的职业发展需要与他人进行良好的沟通和交流。在职场上，我们需要与同事、领导等进行沟通和交流，有效的沟通与交流会提高工作效率，会与他人建立良好的人际关系，会与他人进行愉悦的学习交流和合作，达到事半功倍的效果。

总之，医学生对所学的专业知识要精深、广博，除了要掌握大量的基础知识和精深的专业知识外，还要拓展专业知识面，掌握或了解与本专业相关、相近的专业知识和技术。

（二）实现职业发展

职业发展是组织用来帮助员工获取目前及将来工作所需的技能、知识的一种规划。实际上，职业发展是组织对企业人力资源进行的知识、能力和技术的发展性培训、教育等活动，需要前期做好一定的准备。

1. 扎实学好专业知识 知识是人们成才的基础和必要条件,单纯的知识积累并不足以全面反映一个人真正的知识水平。新技能型人才,不仅需要拥有相当扎实的专业知识,还必须形成合理的专业知识结构。对于医学生来说,扎实学好现代医学专业知识,才能更好地开展医学教学、科研、临床服务,提高医疗诊断水平。因此,医学生既要能很好地适应社会发展需要,又要充分体现个人专业特色。

2. 提高社会实践能力 综合实践能力和专业知识是用人单位选择求职者的依据。现在的用人单位不仅考核学生的专业知识和技能,还要考核其综合运用知识的能力、对就业环境的适应能力、人际关系处理能力和实际操作动手能力等。所以,医学生除了要构建自己合理的专业知识结构外,还应具备从事本行业岗位的专业技能和其他基本能力。从某种程度上说,能力比知识更为重要,只有把自己的专业知识和社会需要结合起来,才能使自己在竞争中立于不败之地。

3. 适当参加职业训练 职业训练是指从职业成长和职业发展的角度出发,凭借链接的手法、通过演绎的过程、运用触动的技巧对职业者进行思维方式调整、观察视角转换、自觉意识激发和行为习惯改善的一个过程。职业训练不仅提高医学生的专业水平,而且使医学生深入了解所学专业的职业要求和特点,明确职业目标,强化职业意识,成就职业理想。大学生的文化、科技、卫生"三下乡"活动、志愿者活动、医院见习、毕业实习、校园活动、大型"义诊"活动等都是很好的职业训练形式。除此之外,成功人士的面对面交流和讲座等也可以对大学生的职业发展产生很好的作用。

众所周知,人的一生与职业密切相关,选择适合的职业意味着选择成功的人生和美好的未来。每个人的生活供给,必须通过职业来获取;每个人的聪明才智,必须通过职业来发挥;每个人为他人服务,必须通过职业来实施;每个人为社会贡献,必须通过职业来实现。每个人都需要选择职业,每个人都渴望成功。因此,了解职业的基础知识,培养职业意识,尽早规划职业生涯,有助于医学生充分发挥自己的聪明才智,实现自己的人生目标。

知识拓展

小橡树的抉择

有一个美丽的花园,那里有苹果树、橘子树、梨树和玫瑰花,它们都幸福而快乐地活着。只有一棵小橡树愁容满面,可怜的小橡树被一个问题困扰着,那就是——不知道自己能做什么。

苹果树说:"做一棵苹果树吧,只要努力,就会像我一样结出美味的苹果。"

玫瑰花说:"不对,你看我开出的花多漂亮,还是努力做一朵玫瑰花吧!"

小橡树听了它们的话,就努力地伸展枝叶,努力地汲取养分。但却没有在苹果树结满苹果的时候,结出一个苹果;也没有在玫瑰花开满枝头的时候,开出一朵花。小橡树很难过。

一天,天使来到花园,在知道了小橡树的困惑后,说:"你不应该把生命浪费在努力成为别人希望你成为的样子。你就是你自己,你要试着了解自己。要想做到这一点,就要倾听自己内心的声音。"说完,就飞走了。

听了天使的话,小橡树闭上了眼睛,静静地倾听自己内心的声音,终于感觉到了自己。这时小橡树大声地说道:"我永远都结不出苹果,因为我不是苹果树;我也不会每年都开花,因为我不是玫瑰。我是一棵橡树,我的使命就是长得高大挺拔,给鸟儿们栖息,给行人遮阴。我有我的使命,我要努力完成它!"

小橡树开始为实现自己的目标而努力。很快它就长成了一棵大树,填满了属于自己的空间,赢得了大家的尊重。做我自己? 接受自己,去完成独属于自己的使命,这对于自己才是最好的选择!

（三）继续职业发展

1. 毕业后的医学教育 完整的高等医学教育包括学校教育、毕业后教育和继续教育三个阶段。对于刚走出校门的医学生来说，并不是马上就能成为一名合格或法律认可的医师、药师，还需要具有相对应的工作经历，通过继续学习，成功完成各种执业资格考试并进行注册。

对于临床专业来说，我国医师法规定只有依法取得执业医师资格或者执业助理医师资格，并经过注册后，才可以在医疗、预防、保健机构按照注册的执业地点、类别和范围执业，从事相对应的医疗、保健工作。除取得执业医师资格外，刚毕业的医学生还应该进行住院医师规范化培训。到2020年，我国要基本建立住院医师规范化培训制度，对新进医疗岗位的本科及以上学历的临床医师，必须全部接受住院医师的规范化培训，统一考核，考核合格后方能取得执业资格。

为此，对于新时代的医学生来说，毕业后进入工作岗位仍然需要努力学习，方能成为一名合格的医师。

2. 树立终身学习理念，促进职业发展 终身学习、注重积累是医学生必不可少的学习态度和学习能力，也是医生这个神圣职业的基本要求。只有养成终身学习的习惯，才能在以后的学习和工作中自觉地不断地学习并吸收新知识，才能适应层出不穷的新理论新方法，找到各种新出现疾病的治疗方法。面对医学知识的快速更新和医疗卫生行业的新挑战，医学生应树立终身学习的理念。医学生要不断地探索和学习医学领域中的新知识、新理论、新技术和新方法，及时更新自己的知识体系和提高职业能力，并将其有效地运用到实际临床工作中去。只有不断地研究、学习，总结自己的诊疗经验，掌握最新研究成果，这样面对患者，才能不愧于医师的职责。

二、社会实践活动与职业发展

（一）社会活动对职业发展的影响

新时代对人才的知识综合结构提出了更高更严格的要求，要求大学生既能很好地适应社会需要，又能充分体现个人特长；既要有专业知识，也要有良好的人文素养；既能发挥团队的优势，又能充分展现自己的特长。医生是一类特殊的职业人群，无论是在知识技能、服务性质上，还是心理素质上，都对其有特殊要求。医院在招聘过程中，不仅要考核医学生的专业知识和技能，还要考核其综合运用知识的能力、对新环境的适应能力和实际动手能力等。这就要求医学生在校园里必须积极参加各方面的活动，以此来锻炼自己的能力，包括社交能力、实际操作能力、组织管理能力和自我发展能力、心理承受能力、随机应变能力等。

各种社会活动对大学生各方面能力的培养都是有益的，参加社会实践对医学生无论是能力积累、社会经验、与人交往及心理健康方面都是大有益处的。

1. 可以提高社会适应能力 社会和学校是两个不同的天地，大学生只有在学校就经常与社会接触，才能在以后走入社会后尽可能地缩短适应期，使自己尽快融入社会。

2. 可以提高语言和书面表达能力 语言和书面表达能力不仅在工作岗位上十分重要，而且在求职择业过程中也发挥着不可低估的作用，如求职推荐信的撰写、个人材料的准备、用人单位的面试应答等。医学生在未来工作岗位上需要和患者沟通，掌握良好的语言表达能力能使业务水平有很大的提高。

3. 可以扩大人际交往，提高社交能力 参加各种社会活动可以结识不同背景、不同职业的人，扩大人际交往圈。在活动中大学生不仅可以学习倾听、借鉴、合作等重要的人际交往技巧，也可以建立起自信，同时培养与众不同的个人特色。

4. 可以积累社会经验 在社会中积累经验很重要。提早学习和积累社会经验，才能在激烈的就业竞争中立于不败之地。很多高校为提高学生的实践能力，对学生参加社会实践有明确的要求，并将参加社会实践作为综合评定的内容之一。

5. 可以拓宽大学生的视野　在校期间,很多学生的视野较为狭窄,往往只关注于自己所学专业的知识。而通过参加社会实践,可以让大学生拓宽视野,了解不同的行业、领域及文化背景,增强自己的跨文化意识和理解能力。这些都是未来职场上需要的能力。

6. 可以增强大学生的社会责任感　在社会实践过程中,大学生可以感受到自己助人为乐、帮助有困难的人的乐趣和成就感。这种体验会激发大学生的社会责任感,使他们更愿意关注和参加社会公益活动,表现出更多的社会责任感。

(二)课外兼职对职业发展的影响

大学生兼职在高校中是普遍存在的现象。课外兼职作为培养交际、处事能力、增加实践经历、缓解经济压力的一项重要手段,越来越受到大学生的欢迎。课外兼职对职业发展的积极影响:

1. 提高实践能力和丰富工作经验　通过兼职工作,大学生可以接触到真实的社会环境和职场规则,这对于他们将来走向社会有着重要的意义。在兼职过程中,大学生不仅能学到书本上所没有的知识和技能,还能培养实践操作能力和解决问题的能力。此外,兼职工作的经历也可以成为大学生求职时的竞争优势,提升他们找工作时的竞争力。

2. 培养责任心和自我管理能力　大学生兼职需要在学习和工作之间找到平衡,这要求他们具备良好的时间管理能力和自我约束能力。在兼职过程中,大学生需要按时完成工作任务,与同事和上级保持良好的协作和沟通,这能够培养他们的责任心和团队合作精神。同时,他们还需要独立完成自己的工作,这要求他们具备自我管理的能力。

3. 提高人际交往和沟通能力　大学生兼职往往需要与各类人士进行交流和沟通,这可以帮助他们提高人际交往和沟通的能力。不论是与同事的合作,还是与客户的洽谈,都需要倾听、理解和表达的能力。通过兼职工作,大学生可以积累社交经验,拓宽社交圈子,提高自身的人际交往能力,在日后的职业生涯中也会受益良多。

4. 增强创造力和问题解决能力　大学生兼职往往需要面对各种各样的问题和挑战,这时候需要他们具备创造性思维和解决问题的能力。在兼职工作中,大学生需要根据自身情况和实际需求,灵活应对各种情况,并提出创新的解决方案。这种锻炼能够培养大学生的创造力和问题解决能力,为以后面对工作和生活中的各种困难做好准备。

医学生由于学科本身的高度专业化,学习任务比较重,平时没充足的业余时间进入到社会进行锻炼,在校期间适当从事兼职工作是他们了解社会、贴近现实的最好方式,兼职经历能让他们更好地发现社会需求,明确自身不足,将来更好地适应日新月异的社会。

大学生应该以学习为重,兼职是次要的。如果一味地追求课外兼职,会造成精力不足,进而影响自己的学习。在兼职过程中应该避免以下问题:

一是课外兼职可能会与学习发生冲突。从事课外兼职或多或少会影响学业。利用课余时间从事兼职活动,丰富自己的经验并获得一定的报酬,当然是一件好事。学生需要合理安排时间,确保能够充分完成学业任务,并提前预留时间用于兼职工作。如果将大部分时间和精力都投入到兼职工作中而影响自己的学习,这是得不偿失的。必须处理好课外兼职和专业知识学习的关系,避免盲目追求课外兼职而忽视了专业知识的学习。所以,大学生应制订合理的时间管理计划,确保能够合理分配时间,既完成学业任务,又能兼顾兼职工作;优先级排序和目标设定,学生需要明确学业的优先级,并设定明确的学习目标。在决定是否兼职时,要考虑兼职工作对学业目标的影响,确保兼职不会成为学业的阻碍;选择灵活和适合的兼职工作,以便更好地平衡工作时间和学习时间;寻找与自己专业相关或有机会获得相关经验的兼职工作,以提升自身职业发展的竞争力。

二是课外兼职可能会改变大学生的消费观。随着收入的增加,大学生的消费欲望得到助长,把过多的金钱和精力花在吃喝玩乐上来满足虚荣心,从而会使同学之间产生相互攀比的不良行为,使大学生关注金钱、个人利益,导致人生观、价值观的转变,从而影响到一生。

三是课外兼职可能导致安全问题。大学生选择课外兼职时必须擦亮眼睛,提高自身素质。课外兼职对大学生有很大的冒险性。除了通过提高自身综合素质来增强就业竞争力之外,还必须有一双能洞察社会的慧眼,在思想上多一道防线,提防社会上居心叵测的人。

总之,在与社会接触中去了解自己的不足,培养自己的能力,增加自己社会阅历和实践能力,才是课外兼职的真正目的所在。课外兼职需要合理安排时间。大学生主要任务是学习,在课外兼职和学习发生矛盾时应该以学习为主,课外兼职为辅。对大学生而言,如果能利用课外实践来提升自己的综合能力,这无疑是一笔宝贵的财富。对医学生来说,找到和自己医学专业相关的课外实践,可以为自己的专业学习提供宝贵的实践机会。

第二节　规划学业生涯

案例导入

1953 年,哈佛大学的专家进行了一项目标对人生影响的跟踪调查。作为调查对象的 100 位学历、社会环境相仿的大学生,27% 的人没有目标;60% 的人目标模糊;10% 的人有清晰但比较短期的目标;3% 的人有清晰且长期的目标。经过 25 年的跟踪研究发现,发现那 3% 的有清晰且长期目标的人朝着同一方向不懈地努力,几乎都成为社会各界的顶尖成功人士:白手创业者、行业领袖、社会精英。10% 的有清晰但较短期目标的人短期目标不断被达成,生活状态稳步上升,成为各行各业不可缺少的专业人士,如医生、工程师、高级主管等。占 60% 的目标模糊的人能安稳地生活与工作,没有特别的成绩。27% 是那些没有目标的人,生活不如意,常常失业,靠社会救济,常常都在抱怨他人,抱怨社会,抱怨世界。

请思考:
目标对人生起到什么作用?

从上面的案例可以看出,目标对人生具有巨大的导向作用,有什么样的目标就会有什么样的人生。学业生涯规划对人一生的工作和生活有着深远的影响。

一、学业生涯规划的意义

在一个人有限的生命中,学业生涯占着十分重要的位置。在我国,学业生涯规划教育起步较晚,发展不平衡,导致许多大学生到毕业也没有给自己做一份学业规划,没有为自己做过职业发展选择,导致个人发展与职业发展不匹配。所以正确认识学业生涯规划的意义,尽早进行合理的修正,对大学生职业的发展起着至关重要的作用。

(一)有助于个人明确自己的奋斗目标

人生的历程最重要的是自我价值的实现,追求成功是人的本性。美国心理学家马斯洛提出的需要层次理论指出,人的需要是从低级向高级层次的推进,人生最高层次的需要是自我实现的需要。不同的追求决定不同的人生。只有明确了自己的目标,日常的工作、学习才会变得更有意义。

古人云:"志不立,天下无可成之事"。人生需要有前进的方向和目标,正如轮船需要航向才能不迷失在大海中。大学是学习知识、培养和锻炼能力的关键时期,迈入大学的学生往往因为不能适应大学生活变化而变得懒惰。相对于高中阶段而言,大学阶段没有人为其设定明确的目标,有不少人由于对自己的学业缺少规划、目标不明,从而造成时间的浪费。

在了解成功人士的经历时,会发现他们都有一个共同特点——有明确的目标。为了实现这个目标,他们为之奋斗一生,矢志不渝。"为中华之崛起而读书"是时任中共中央政治局常委、中华人民共和国第一任国务院总理周恩来,在少年时代立下的宏伟志向,表达了为国家和民族而奋斗终身的责任感和使命感。只有建立完善的奋斗目标,明白在每一个阶段每个年级应该学些什么、做些什么,以及清楚自己的努力方向,才能有比较清晰的发展方向和目标,为未来的职业道路发展打下坚实的基础。

(二)有助于更好地了解自己的实力和特长

大学生往往对自己的实力和特长认识不足,大学生涯管理可以帮助同学认识自己的优势与特长、劣势与不足,做到知己所长,知己所短选择与自己实力相匹配的职业,在充分认识自我的基础上制订有利于发展的计划和方法;使自己认识到自己个人目标和现实之间的差距,更加珍惜学习机会,不断增强职业竞争力,开发潜能。一份很好的生涯管理计划能够帮助我们全面认识自己、了解自己、定位自己,不断增强自身的职业竞争力,最终实现职业理想。

(三)有助于大学生树立正确的择业观

当今社会正处在大变革、大调整之中,到处充满着激烈的竞争。要想在这激烈的竞争中脱颖而出并立于不败之地,必须设计好自身的生涯管理,有效地整合自己的优势和不足,做到心中有数。大学生进行学业规划的目的不仅仅是个人在毕业找到一份自己喜欢且适合的工作,更重要的是能够真正认识自己,努力谋划未来,追寻理想的生活方式,实现自我。传统的职业观念是终身从事一项稳定的职业,并不断精益求精。然而,这种职业观念已经不适应现在的知识经济飞速发展的需要。职业活动已从终身职业转化到终身就业,在职业活动中不会再有终身职业,而应该是人人拥有终身就业的机会。学业规划就要帮助大学生认清就业形势,转变就业观念,永远保持着对职业和未来的不懈思考和奋斗。

首先,要树立科学的就业观,认清就业与人生的关系,发挥主观能动性,自我发展,真正从"要我学"转变为"我要学",从根本上改进学习方法和状态。

其次,正确认识自己的性格特点和职业要求,全面分析并客观评价自己,以便在社会生活中给自己一个理性、正确的定位。避免在就业市场上的盲目竞争,如"抢就业""高就业成本""盲目择业"等,找到与自己能力和职业目标相匹配的岗位。

最后,要认清自身的发展和社会需求的关系,在择业中既考虑个人职业规划,又要和国家社会发展结合起来,达到个人和社会的和谐发展。这样不仅使我们得到物质方面的享受,而且与他人、社会结合起来,使我们体验到爱与被爱的幸福和别人的尊重。

(四)有助于大学生更好地适应社会,提升职业竞争力

造成大学生就业难的原因是多方面的,较突出的问题是大学生自身就业能力不足,无法满足用人单位的具体要求。生涯管理可以帮助同学们明确方向,识别需要学习的专业知识、专门技能,以及需要培养的其他能力,从而不断提高专业知识和技能;同时,在学习、生活中不断推动角色转换,促进从"学习者"向"职业者"的转化。

有了明确的学习目标,对专业、个人有一个明确的认识后,有助于在校期间有目的地安排学习、生活,协调自己和社会的关系,不断提高各方面的综合素质。

因此,一份正确的职业生涯规划,能为实现自我价值创造机会并能够扬长避短,最终迈向成功。因此,在大学开展职业指导工作,让大学生对自己、对职业、对未来都有明确的认识,尽早开展科学的个人职业生涯规划,才能使他们掌握自己的命运。

知识拓展

跑马拉松的智慧

1984年,在东京国际马拉松邀请赛中,名不见经传的日本选手山田本一出人意料地夺得

了世界冠军。当记者问他凭什么取得如此惊人的成绩时,他说出了这么一句话:凭智慧战胜对手。

当时许多人都认为这个偶然跑到前面的矮个子选手是在故弄玄虚。马拉松赛是体力和耐力的运动,只要身体素质好又有耐性就有望夺冠,爆发力和速度都在其次,说用智慧取胜确实有点勉强。

2年后,意大利国际马拉松邀请赛在意大利北部城市米兰举行,山田本一代表日本参加比赛。这一次,他又获得了世界冠军。记者又请他谈谈经验。山田本一性情木讷,不善言谈,回答的仍是上次那句话:用智慧战胜对手。这回记者在报纸上没再挖苦他,但对他所谓的智慧迷惑不解。

10年后,这个谜终于被解开了。他在自传中是这么说的:每次比赛之前,我都要乘车把比赛的线路仔细看一遍,并把沿途比较醒目的标志画下来。比如,第一个标志是银行,第二个标志是一棵大树,第三个标志是一座红房子……这样一直画到赛程的终点。比赛开始后,我就奋力地向第一个目标冲去,等到达第一个目标后,我又以同样的速度向第二个目标冲去。40多千米的赛程,就被我分解成这么几个小目标轻松跑完了。起初,我并不懂这样的道理,我把目标定在40多千米外终点线的那面旗帜上,结果跑了十几千米时就疲惫不堪了,我被前面那段遥远的路程给吓到了。大道理很多时候,我们之所以不能成功,不是因为难度太大,而是因为感觉成功太遥远。这时候,将大目标分解开来,时刻与成功相伴,便能事半功倍。

真正的高手,既有长远的大目标,也有当下的小目标!

二、如何度过有意义的大学生活

迈进大学校园的大门,人生跨入一个全新的阶段。从入学开始,应当对大学生活有一个正确的认识和合理的规划。"凡事预则立,不预则废"。规划好自己的学习和生活才能在大学阶段解决遇到的问题和克服碰到的困难,不断提升自己各方面的能力和社会竞争力。

(一)大学生活的特点

面对全新的学习环境,只有尽快地适应,才能为以后的成长打下坚实的基础。和中学相比,大学生活发生了显著的变化。

1. 学习要求变化 大学阶段重视学习的深度和广度,内容广、课程多,难度大,专业性加强,课程设置增多,除了公共基础课程之外,增加了专业基础课和专业课,还要求学习选修课。自由支配的时间也增多了,学习的自主性大大增强。除了课堂之内的学习外,还需要利用好大学更多的教学资源,比如藏书丰富的图书馆、互联网、设备先进的实验室,丰富多彩的课外科研活动等。

2. 生活环境变化 同学们离开父母的陪伴独立生活,第一次处理个人生活的各种问题。同时必须加强和同学们的沟通和交流,在生活中既要学会独立生活,也要学会和同学们沟通交流分享。

3. 社会活动变化 进入大学后,不再是单纯的课堂学习,还需要参加各式各样的活动,如党组织、团组织、学生会、班委会、社团等。可根据课余时间合理安排课余生活,来锻炼自己各方面的能力。

根据大学生活的特点,必须制订切合自己实际的规划。

(二)大学期间的学业规划

学业规划是指为了提高大学生的人生事业发展效率,而对与之相关的学业所进行的筹划和安排。具体来讲,是指大学生通过对自身特点和社会未来需要的深入分析和正确认识,确定事业目标,确定学业发展方向,然后结合自己的实际情况制订学业发展规划。学业规划就是大学生解决学什么、怎么学、用什么学、什么时候学等问题的系统思考。

1. 大学一年级学习发展规划——职业生涯规划试探期　大学一年级为适应阶段。中学毕业后，进入大学阶段，生活和学习环境发生了很大的变化。由一个交往范围和视野较为狭窄的校园进入一个见识和视野较为广博的空间，由被动式的学习转化为主动式的学习。

在这一时期的重点是：通过一段时间的努力，尽快适应大学校园生活。认真思考自己的人生目标，明白到底人生在追求什么，从而为树立正确的就业观打下基础。初步了解职业，了解自己所学专业的特点、学习要领、以后的发展方向，以及与该专业相对应的相关行业的具体特点、从事该行业所必须具备的基本素质和技能、从事该行业需要付出什么和将会得到什么、该行业近几年和以后的就业前景等。学习掌握正确的学习方法，学好专业课和公共基础课程，学好英语，为英语等级考试作准备；学好计算机知识，准备计算机一级考试；有计划地参加有利于自己专业知识学习的培训和锻炼，有意识地为大学二年级专业课的学习打基础。

2. 大学二年级学习发展规划——职业生涯规划定向期　大学二年级是重要的专业学习时期，这一时期，学生已经逐渐适应了大学校园生活。在学习专业知识的同时，必须拓展自己各方面的求职技能，探索发现新知识，促进专业的发展。制订出学业总目标以后，要能自上而下地分解，即制订专业学习计划。以高职专科三年为例，可以按照以下的思路进行：三年总的专业学习目标—每年的专业学习目标—每学期的专业学习目标—每月的专业学习目标—每周的专业学习目标—每日的专业学习目标。这样就可以使专业学习规划落实到大学生活的每一天，确保专业学习规划的严格执行。

在实施过程中要及时地对环境和条件作出评价和估计，对自己的执行情况作出评估。由于现实中种种不确定因素的存在，专业学习规划的设计要有弹性，因此评估结果出来以后应进行反馈，以便自己及时反省和修正专业学习目标，变更实施措施与计划。同时应做到定期评估与反馈：每年、每学期、每月、每日进行检查评估与反馈，进而分析原因与障碍，找出改进的方法与措施。

此外，这时期应考虑毕业后是继续学习还是就业。想继续深造的同学，可以多了解专升本考试的内容、考试形式、报考注意事项、报考学校、报考所需专业知识等，为专升本做全面的考前准备；准备就业的同学，应该结合所学专业知识，强化专业技能，顺利通过计算机等级考试和英语应用能力考试，并有选择性地拓展第二课堂，利用图书馆等资源来拓展和本专业相关的专业知识，了解社会就业动向和前景，为就业做准备。了解医学专业所需要的资格认证考试，就业考试，学习求职的方法、方式和技巧。

3. 大学三年级的学习发展规划——职业生涯规划冲刺期　三年级为职业选择与实践阶段，这一阶段的大学生面临着两个选择——就业或专升本。大学生即将从学校走向社会，进行临床实习。

这一时期要注意以下问题：积极参加临床实践，理论联系实际，勤学苦练，在医疗工作环境中不断提升自己，锻炼自己，提高各方面的实践技能和动手能力。准备就业的同学必须再次查缺补漏，发挥近两年以来学习的优势，找出不足，积极参加社会实践活动和校园招聘活动，在实践中检验和发展自己，在同学和老师的帮助下提高求职的技能，为接下来的就业作好充分的准备。

准备深造的同学，此时的复习准备已经接近尾声，应该积极主动去了解报考学校的专业招生动向，向在读学生咨询有关专升本考试注意事项等。

（三）大学期间的生活规划

1. 形成良好的生活习惯　生活习惯代表着个人的生活方式。良好的生活习惯不仅能促进个人的身心健康，而且对人的未来发展有间接的作用。大学生精力旺盛，又处于长身体、长知识的阶段，良好的生活习惯是确保顺利、成功度过大学阶段的一个重要基础。为了达到身心健康的目的，从一进大学起，就该切实培养良好的生活习惯，并防止不良生活习惯的形成。培养良好的生活习惯应该包括如下几个方面：

（1）要合理地安排时间，形成良好的作息制度。

（2）要进行适当的体育锻炼和文娱活动，不但可以缓解紧张的学习生活，还可以放松心情、增加生活乐趣，有助于提高学习效率。

（3）要保证合理的营养供应，养成良好的饮食习惯。

（4）纠正自己缺点和不足。

2. 培养积极向上的兴趣　兴趣是最好的老师，人们对某一种事物或职业感兴趣，就会对该种职业活动表现出肯定的态度，在工作中积极主动，努力工作。反之，做自己不喜欢、不愿意去做的工作，效果就不尽如人意。

兴趣爱好广泛的人选择职业的自由度会更大，他们更能适应各种不同岗位的工作。企业最欣赏的也是一专多能的复合型人才。所以，大学生要围绕着所学专业发展兴趣爱好，并以爱好为契机，加强各方面专业知识的学习，发挥出自己的优势和长处。

3. 正确处理校园中的人际关系　随着年龄的增长，每个大学生都需要与人分享自己的感受、经历、思想、情感、理想等。与同学们交流自己的人生理想，可以促进相互之间的帮助、理解和支持，共同进步。

真正的知心朋友需要互相了解和支持的。真诚地和别人交往，不仅要坦率接受对方的意见，而且要真诚地指出对方的缺点和不足，给对方精神的力量。同学间的友谊是难能可贵的，学校的生活是美好的，要怎样建立真诚的友谊呢？

首先，要大度，要包容。几年的同窗生涯，同学之间、舍友之间难免有磕磕碰碰，对这些不愉快、不开心的小事不应该耿耿于怀，更不能出现制造事端，打击报复等。只有主动去化解矛盾，才会赢得别人的尊重。

其次，积极参加校园活动，巩固同学间的友谊，如"毕业晚会"等，再把此类活动过程做成有纪念意义的视频、相册等，把同学们的回忆变成有保留价值的珍藏。

最后，建立同学间较为稳定的联系。通讯录、QQ 群、微信群都是交流的平台，现代化的通信手段将会把我们紧密联系在一起。

4. 树立正确的职业价值观　大学生们正在处于世界观、人生观、价值观、法制观、道德观的形成关键时期，他们思想活跃，可塑性强，但心理上还不太成熟，对事物的看法有时过于绝对或片面。大学生应该加强各方面素质的培养，树立正确的职业价值观。

知识拓展

三位敲石头的建筑工人

一位心理学家为了真实地了解人们对于同一件事情在心理上所反映出来的个体差异，来到一所正在建筑中的大教堂，对现场忙碌的敲石工人进行访问。

心理学家问他遇到的第一位工人："请问你在做什么？"

工人不耐烦地回答："在做什么？你没看到吗？我正在用这个重得要命的铁锤，来敲碎这些石头，而这些石头又特别硬，害得我的手酸麻不已，这真不是人干的工作。"

心理学家又找到第二位工人："请问你在做什么？"

第二位工人无奈地答道："为了每天 500 美元的工资，我才会做这件工作。若不是为了一家人的温饱，谁愿意干这份敲石头的活儿？"

心理学家问第三位工人："请问你在做什么？"

第三位工人眼中闪烁着喜悦的神采："我正参与兴建这座雄伟华丽的大教堂。落成之后，这里可以容纳许多人来礼拜。虽然敲石头的工作并不轻松,但我想到将来会有无数的人来到这儿,心中便常为这份工作献上感恩!"

第一种工人,充满了抱怨,把工作当作一种负担,无法享受工作的乐趣。

第二种工人,工作对他而言只是生存的手段,抱着为薪水而工作的态度,为了工作而工作的态度,难以得到老板的信赖。

第三种工人,具有高度的责任感和创造力,充分享受着工作的乐趣和荣誉。

同样的工作,同样的环境,却有如此截然不同的感受、不同的心态及不同的抱负水平,可想而知这三位建筑工的工作成果及得到的幸福感、满足感也是不同的。

(四) 大学生的社会活动规划

1. 社团活动 学生社团是指学生为了实现学生的共同意愿和满足个人兴趣爱好的需求、自愿组成的、按照其章程开展活动的群众性学生组织。学生社团是我国校园文化建设的重要载体,是培养学生才能的第二课堂。大学校园里的各种社团活动为丰富校园生活起到了积极的作用,同时也培养了大学生的素质。大学生在完成专业知识的学习后,在业余时间参加或组织一定的社团活动,是很有必要的。学生会是学生自我管理的组织,它具有组织管理、开展学生活动的功能。

2. 社会实践 社会实践即假期实习或校外实习。对于在校大学生加深对本专业的了解、确认适合的职业、为向职场过渡做准备、增强就业竞争优势等多方面有着重要意义。勤工俭学是大学生参加社会实践的一种普遍方式,可以积累很多方面的工作经验,同时也可以巩固自己所学的知识,提高自己的综合素质。假期是大学生开展社会实践活动的黄金时期,有些学校会组织一些专业性或社会性很强的活动,比如企业实践、医院实践、社会调查等。还有大多数学生利用假期参与医院见习工作。大学生应该重视实践能力的培养和锻炼,它不仅是对智力和体力的一次检验和训练,也是培养和锻炼自学能力、综合运用能力和实际动手能力的重要途径。

3. 实习 医学是一门实践性很强的学科,临床经验和知识必须在实践中获得和掌握。医学生必须参加大量的临床实践,在医疗工作实践中不断增强才能。1 年的临床实习是每一个临床医师成长中必不可少的特殊学习阶段。医院实习是连接学生和医生的桥梁,也是连接理论和实践的桥梁,更是连接知识与能力的桥梁。进入医院以前,同学们已在学校接受了理论学习和短期的临床见习。

理论与实际的结合强调"勤练、多学、博采、善思",在临床上必须严格要求自己,重视实践,多参与操作,锻炼动手能力;必须重视理论知识的学习,要做到精读教材,发现问题,解决问题,查找资料,请教老师;实习生要养成依靠自己搜集病史、分析病情、重点记录的习惯,做到自我总结、自我提高、经常回顾;临床上需要勤于思考,对疾病的治疗有自己的看法和见解,求同存异,逆向思维,通过搜集病史和检查资料归纳分析。

毕业实习对每一个学生来说都只有一次,所以要珍惜宝贵的实习时间,惜时如金,合理安排,调整心态,始终保持清醒的头脑,谨记"生命所系,健康相托",医德至上。

第三节　医学生大学生活规划

案例导入

小李是某医专 2021 届临床专业毕业生,被杭州一家市级医院录取。为什么作为一名专科生的小李能够在激烈的竞争中战胜众多强劲的对手呢? 小李的学业、生活规划如下。

1. 培养自立、自信、自强、自尊、自律的品质 小李承担学生会、广播站、各种社团协会中的七项干部工作,实践培养综合素质,体验人生价值。

2. 发掘潜能,发展优势 小李酷好文学和写作,利用课余时间不断地写稿、投稿。

3. 培养意志,坚持不懈 小李在实现自己的目标过程中,总伴随着情感过程和意志过程。

4. 实践出真知,在实践中培养职业能力 小李多次担任校内各种文娱活动、比赛的主持人和策划人,积极参加各种校外实践活动。

5. 驾驭时间,学好专业知识 小李始终抓紧一切课内外时间,学习成绩名列前茅,年年获奖学金,年年被评为优秀学生干部。

请思考:

小李在求职过程中,为什么能成功?

医生,一直是受人尊敬和爱戴的职业,特别是疫情以来,医学类专业更是受到广大学子的热捧。对于刚入学的专科生来说,因为对专业的认知不够,普遍会对自己的职业生涯感到迷茫,医学界的高学历化,让医学生们更是不知所措!那么医学生怎样才能合理规划好自己的大学生活呢?

一、医学生大学一、二年级——基础预热阶段

大学一年级为医学教育的基础知识积累阶段,在这一阶段所掌握的知识将直接影响其日后临床科研等工作的取向和发展。因此,医学生在此阶段不仅要积极地积累基础医学知识,打下良好的基础,与此同时还要对自己希望从事的职业与自己所学专业对口的职业建立初步的了解。医学生实施学业规划的五个步骤:

第一,学业规划选定。首先分析自己的兴趣爱好,认定自己想干什么。其次,分析自己的能力、特长确定自己能干什么。最后,分析所学专业特点及专业方向分类,确定社会要求自己干什么。着眼未来预测趋势、评价自我,要把自己的兴趣爱好、能力特长、社会需要等因素结合起来,把想干什么、能干什么、社会要求干什么有机地结合起来。几方面的结合点和链接处正是大学生学业规划的关键所在。

第二,学业规划强化。面对医学知识深奥庞杂的特点,医学生一定要注意对学业规划的强化过程。规划强化即学业规划的执行者在执行之前充分运用想象,详细地罗列出达成学业规划的好处,从而培养出积极的心态,进而增强动力、产生更大的执行力,确保学业规划顺利完成。

第三,学业规划分解。学业总目标制订出以后,要自上而下地分解,即制订学习计划。这可以按照以下的思路进行:大学期间的总学习目标,一年的学习目标,一学期的学习目标,一月的学习目标,一周的学习目标,一日的学习目标。使得学业规划落实到学习生活的每一天,确保学业规划的严格执行。

第四,学业规划评估与反馈。由于现实生活中种种不确定因素的存在,要求学业规划的设计具有一定的弹性,评估结果出来以后应进行反馈,以便于自己及时反省和修正学业目标,变更实施措施与计划。所以应做到定期评估与反馈进而分析原因与障碍,找出改进的方法。

第五,奖励与惩罚。奖励措施能将人的潜能和积极性激发出来,惩罚可以防止惰性的产生。所以,一定要制订出完成阶段目标后对自己的奖励和惩罚措施。

此外,还可以采用与师兄师姐进行交流(尤其是大三的毕业生),或是向专业老师请教等方式,询问就业情况,增强交流技巧,这也是锻炼人际交往能力的最佳时机。

二、医学生大学三年级——专业目标确立、职业选择和实践阶段

大学三年级,医学生处于临床实习阶段,通过接触实际医疗工作的机会,尽快确立自己日后的

专业学习方向。与此同时,还可以初步考虑毕业以后是继续学习深造还是直接就业,并了解相关应做的准备工作。打算毕业后直接就业的同学,应以提高自身素质为主,可以通过实习机会多多积累临床实践经验,提高工作技能,还可以通过参加学生会和社团组织锻炼自己的各种能力,开始尝试与自己未来职业有关或本专业相关的兼职,社会实践活动,提高自己的责任感、主动性和受挫能力。注意增强外语口语能力、计算机能力等能力,通过英语等级相关证书考试,并有选择性地辅修其他专业的知识充实自己。考虑要考研究生继续深造的同学应着重学习专业课和外语,把主要精力放在学业上,同时也应注意提高自身综合素质。

要对自身的优势和劣势进行客观科学的分析,查漏补缺,继续全面地提升自己。在对自身和环境作出合理评估后,选择就业的同学应积极拓展自己的知识储备,尤其是与自己所希望从事专业有关的理论知识,为日后工作打下良好的理论基础,并且要有意识地增加与社会接触的机会,开展多种形式的社会实践活动,为自己的就业打下坚实的实践基础。留意各种行业的信息,并在确立目标方面形成初步的打算和计划。选择专升本的同学根据自己的性格、兴趣和学业专长确定自己所要报考的学科。有计划地着手进行专升本的复习和准备。

准备就业的同学要再次检验自己的职业目标是否明确,前二年的准备是否充分。积极参加招聘活动,在实践中检验自己的积累和准备是否充分。在同学和老师的帮助下进行预习和模拟面试,并积极了解就业指导中心提供的用人单位信息,强化求职技巧。准备专升本的同学,可以通过各种途径,如向自己报考专业相同的在读学生及学科专家教授咨询有关应试技巧,本学科发展前沿信息等,向报考学校招生办公室了解有关招生信息等。

(任 超)

思考题

1.请选择一位高年级的同学进行访谈,讨论并总结医学生应该如何进行大学学习与生活。

2.结合自己的实际情况,做一个适合自己的学业规划设计,并与同学进行讨论。

练习题

第二章 | 职业生涯发展概论

教学课件

学习目标

1. 掌握:职业生涯发展的概念和影响因素;职业生涯规划的意义、原则、要素和步骤。
2. 熟悉:职业生涯发展的阶段理论;医学生职业生涯规划的主要内容和特点。
3. 了解:职业生涯规划的概念和特征。
4. 能够提高大学生职业生涯规划的意识,积极进行职业生涯探索和规划,为将来职业生涯的发展奠定基础。
5. 具备运用职业生涯发展的阶段理论科学规划自己未来职业的能力,树立正确的职业观念和职业理想。

第一节 职业生涯的基本理论

案例导入

四只毛毛虫的故事

毛毛虫喜欢吃苹果,有两只要好的毛毛虫都长大了,各自去森林里找苹果吃。

第一只毛毛虫来到一棵苹果树下,它并不知道这是一棵苹果树,也没想过怎么去摘取一个中意的大苹果,只是跟着其他的毛毛虫往上爬。最后,它可能幸运地找到一个大苹果,也可能在树叶中迷了路,一无所得。

第二只毛毛虫有自己的规划,知道自己要什么苹果,也知道苹果将怎么长大。它研制了一副望远镜,当它戴着望远镜观察苹果时,它的目标是一朵含苞待放的苹果花。它计算着自己的行程,估计到达的时候,这朵花正好长成一个成熟的大苹果,它就能得到自己满意的苹果。结果它如愿以偿,得到了一个又大又甜的苹果。

请思考:
以上故事对你有何启发?大学生应如何做好职业生涯规划?

一、职业生涯发展的概念

(一)职业生涯

职业生涯是指一个人一生中所有与职业相联系的行为与活动以及相关的态度、价值观、愿望等连续性经历的过程,也是一个人一生中职业、职位的变迁及职业目标的实现过程。简单地说,一个人职业发展的状态、过程及结果构成个人的职业生涯。如果一个人对其职业发展有一定的控制力,他可以利用所遇到的机会,从自己的职业生涯中最大限度地获得成功与满足。

职业生涯是个人发展的基础,又是个人发展的历程体现。绝大多数人都要从事一种或几种职业甚至行业。有的人在从事某一种职业时会经历岗位变迁、职务晋升等;也有的人会经历工作内容变化和工作单位变动,从事一种或多种不同的职业。职业生涯的内涵绝不仅仅是个体从事工作的连续变化过程,还包含个体在职业或工作过程中的主观感受以及相关职业、生活目标的实现。

(二) 职业生涯规划

1. 职业生涯规划的概念 职业生涯规划是指个人根据自身的主观因素和客观环境的分析,确立自己的职业发展目标,选择职业发展路径,制订相应的教育、培训和发展的行动计划,并为自己实现职业生涯目标而确定行动方案。简而言之,指个人为自身的职业发展所作的策划和准备。

职业生涯规划的作用在于树立明确的目标,运用科学的方法、切实可行的措施,发挥个人的专长,开发自己的潜能,克服生涯发展的困惑,避免人生陷阱,不断地修正前进的方向,最后获得事业的成功。由于职业生涯贯穿人的一生,因此,做好职业生涯规划,就是为自己的未来人生绘制理想蓝图。

2. 职业生涯规划的特征

(1) 阶段性与连续性:大学生职业生涯规划要从大一新生阶段、中高年级阶段、毕业生年级阶段、后续跟踪阶段等四个阶段展开。大一新生阶段要树立大学生职业生涯规划的意识;中高年级阶段要确立基本方向、培养相关素质;毕业生阶段要努力实现制订的目标;后续跟踪阶段则要对大学生职业生涯规划进行调整和完善。

(2) 可行性与适时性:大学生制订职业生涯规划时一定要有事实依据,要充分考虑到自身条件和外在环境的约束。这就要求大学生应不断加强自我认知能力,对自己进行全面客观的定位,并对外界条件进行仔细地分析,选择适合自己并且能够实现的职业目标。同时,大学生职业生涯规划要根据各学期、各阶段的特点,合理安排实施。凡事预则立,不预则废。因此,各项活动何时实施、何时完成,都必须做时间和时序上的妥善安排,以作为检查行动的依据。

(3) 自主性与针对性:职业生涯规划具有强烈的个人导向性,因此,大学生职业生涯规划必须由大学生自己来主导。从马斯洛的需求层次理论中,我们已经认识到发展的动力源泉在于自身。每个大学生的成长环境、个性类型、价值观以及能力爱好等不尽相同,因此,大学生在进行自我职业生涯规划时一定要有针对性,不能盲目跟风。

(4) 发展性与前瞻性:大学生在自我定位和选择职业生涯发展道路之前,必须充分了解摆在面前的职业生涯道路的各种可能性,知晓未来的职业发展趋势。只有这样,才能在自我认知的基础上做好自我定位,并选择好一条适合自身特点的职业生涯发展道路。同时,在所选择的职业生涯道路上,应根据社会与时代的变化适时作出必要的调整,以保证职业生涯规划的可持续性和发展性。

(三) 职业生涯发展

1. 职业生涯发展的概念 职业生涯发展是在确定自己事业发展目标的前提下,选择实现这一事业目标的职业或岗位,编制相应的工作、学习培训行动计划,制订出基本措施,高效行动,灵活调整,有效提升职业发展所需的知识、技能、素质等,使自己的事业得到顺利发展,并获取最大限度的事业成功。

2. 职业生涯发展的影响因素

(1) 教育背景:受过不同教育的人,在选择职业时往往表现出各不相同的职业能力、职业行为,关系到职业生涯初期的适应性是否良好;受过较高教育训练的人,有较好的发展空间;受过良好的、多样教育的人,其流动性、机动能力、竞争能力相对较高。所接受教育的专业,对职业生涯的发展起决定性的作用,即使是想转换职业或流动到高层次的职业岗位,也应首先考虑自己所学、所长。不同的教育水平和受教育程度,不同的学科门类,会影响人思维模式和问题解决的方法。

(2) 家庭影响:家庭是人们生活的重要场所,受家庭生活潜移默化的影响,会使人产生一定的价值观念和行为模式。而这种价值观和行为模式,必然影响一个人对职业的评价和对未来职业选择的倾向。此外,职业生涯的每一个阶段都与家庭因素息息相关,如经济因素、家庭关系等。

（3）**个人需求与心理动机**:真正能引发职业需求的心理动机有以下几个方面。①生存的动力:追求生活得更好;追求比过去、比上辈、比别人过得更好;为家庭和子女创造更好的生存和生活条件;为不同的群体争取最佳的生存条件;为了改变整个人类的生存环境。②个体内在的能动性:地位要素、责任要素、权力要素。③目标动力,常表现在取得良好的业绩,获得更快的发展,实现自我价值。

（4）**把握时机的能力**:事实上,许多事业成功的人士,其职业生涯发展的成功不完全依赖社会给予的具体机会,而是在社会给我们搭建的广阔舞台中,在时代赋予我们的发展机遇中,把握住时机,把握住自我发展的命运,从而获得了职业生涯的成功。个体对时机的把握主要受以下因素的影响:①自我支配能力,个人完全能够支配自己的生活、行为和情感。②成功的决心和主动精神。③知识能力的储备。专业知识、动手能力、适应能力、沟通能力、分析能力,以及吃苦耐劳、勤奋踏实的工作作风。

（5）**社会环境因素**:泛指社会政治、经济、文化、科技、教育的发展,所带来的社会产业结构的调整、用人政策和管理体制的变化、社会劳动力市场,人才需求的变化等,对人的职业岗位认同、选择和调整职业生涯发展规划的影响。

二、职业生涯发展的阶段理论

整个职业生涯发展可分为几个阶段,每个阶段有着不同的特征。不同学者划分的职业生涯发展阶段不大相同,划分的阶段数、划分的年龄有差异,但是基本的规律一致,揭示了从兴趣到参与、从参与到熟练、再从熟练到衰退的过程。认识职业生涯发展规律、了解各阶段的特征,将有利于组织引导、协调职业生涯规划。有影响力的职业生涯发展阶段划分理论,主要有以下四种。

（一）金斯伯格的职业生涯发展理论

美国著名职业指导专家金斯伯格（Eli Ginzberg）,是较早的生涯发展理论的提出者。金斯伯格于1951年提出了关于人的职业选择心理与行为发展变化的理论。这一理论主要有以下观点:

1. 职业选择不是某一时刻完成的一次性的决定,而是从幼儿期就开始的包含一系列决策的长期过程。

2. 职业选择的初期和中期在青年期,青年的每一个决定都与本人的经验有关,并且这些决定是连续、渐进的。

3. 为了进行职业选择,应充分理解兴趣、能力、价值观等一系列个人因素,以及这些个人因素与社会需要、职业空缺之间的关系。

4. 他认为人的职业是个体从懵懂憧憬的幼儿阶段到成年后的连续发展过程,每个阶段个体面临的任务对职业发展的影响都不同。人的职业选择可分为三个时期。

（1）**幻想期**（0~11岁）:发生在儿童期,职业愿望还停留在空想阶段,职业意向随生随灭,飘忽不定,极易受外界的影响。儿童们对大千世界,特别是对于他们所看到或接触到的各类职业工作者,充满了新奇,幻想着自己长大从事什么职业,并极力效仿。但只是单纯的兴趣爱好,没有考虑自身的条件和机遇,完全是幻想。

（2）**尝试期**（12~17岁）:这是由少年儿童向青年过渡的时期,人的心理和生理在迅速成长发育和变化,有独立的意识,价值观念开始形成,知识显著增长,能力显著增强,初步懂得社会生产和生活的经验,并开始懂得将自身条件与职业结合。个人的兴趣、能力、价值观都反映到职业意向上。

（3）**现实期**（18岁及以后的青年阶段）:这是面对现实进行职业选择的时期,个体能够客观地评价自己,开始考虑现实环境,有明确的奋斗目标,能够客观地把自己的职业愿望或要求,同自己的主观条件、能力,以及社会现实的职业需要紧密联系和协调起来,寻找适合于自己的职业角色。人们一般在18岁以后就业,或进入具有职业限定性的教育机构中学习,直到最后确定职业。

（二）施恩的职业生涯发展理论

美国著名的职业心理学家施恩根据人的生命周期的特点和不同年龄阶段的人所面临的主要心理、生理、家庭问题及其职业工作的主要任务，将职业生涯划分为九个阶段。

1. 成长、幻想、探索阶段　人处于这一职业发展阶段的主要任务包括以下三个方面。

（1）发展和发现自己的需求和兴趣，发展和发现自己的能力和才干。

（2）学习职业方面的知识，寻找现实的角色模式，从测试和咨询中获取丰富信息发展和发现自己的价值观、动机和抱负，作出合理的教育决策，查找有关职业和工作角色的可靠的信息源，将幼年的职业幻想变为可操作的现实。

（3）接受教育和培训，开发工作中所需要的基本习惯和技能，在这一阶段所充当的角色是学生、职业工作的候选人、申请者。

2. 进入工作世界阶段　步入该阶段的人，首先要进入劳动力市场，谋取可能成为一种职业基础的第一项工作；其次个人和雇主之间达成正式可行的契约，个人成为一个组织或一种职业的成员，充当的角色是应聘者、新学员。

3. 基础入职培训阶段　基础入职培训阶段与上一正在进入职业工作或组织阶段不同，该阶段要担当实习生、新手的角色，即已经迈进职业或组织的大门。此时的主要任务是以下两项。

（1）了解熟悉组织，接受组织文化，融入工作群体，尽快取得组织成员资格，成为一名合格的成员。

（2）适应日常的操作程序，应对工作。

4. 早期职业的正式成员资格阶段　早期职业的正式成员资格阶段面临的主要任务包括以下三个方面。

（1）承担责任，成功地完成与第一次工作分配有关的任务。

（2）发展和展示自己的技能和专长，为提升或进入其他领域的横向职业成长打基础。

（3）根据自身才干和价值观，根据组织中的机会和约束，重新评估当初追求的职业，决定是否留在这个组织或职业中，或者在自己的需要、约束和机会之间寻找一种更好的配合，还要体会第一次工作中的成功和失败。

5. 职业中期阶段　职业中期阶段的主要任务包括以下四个方面。

（1）选定一项专业或进入管理部门。

（2）保持技术竞争力。在自己选择的专业或管理领域内继续学习，力争成为一名职业能手。

（3）承担较大责任，确定自己的地位。

（4）制订个人的长期职业计划。

6. 职业中期危险阶段　职业中期危险阶段的主要任务包括以下三个方面。

（1）现实地估价自己的进步、职业抱负及个人前途。

（2）就接受现状或者争取看得见的前途作出具体选择。

（3）建立与他人的良好关系。

7. 职业后期阶段　职业后期阶段的任务包括以下三个方面。

（1）成为一名良师，学会发挥影响，指导别人，对他人承担责任。

（2）扩大、发展、深化技能，或者提高才干，以担负更大范围、更重大的责任。

（3）如果求安稳，就此停滞，就要接受和正视自己影响力和挑战能力的下降。

8. 准备退休和离职阶段　不同的人会在不同的年龄退休或离职，在此期间重要的职业任务：①学会接受权力、责任、地位的下降是基于竞争力和进取心的下降；②要学会接受和发展新的角色；③评估自己的职业生涯，并准备退休。

9. 离开组织或职业——退休　在失去工作或组织角色之后，面临两大问题或任务。

（1）保持一种认同感，适应角色、生活方式和生活标准的急剧变化。

（2）保持一种自我价值观,运用自己积累的经验和智慧,以各种资源角色,对他人进行"传帮带",回首过去的一生,感到有所实现和满足。

需要指出的是,施恩虽然基本依照年龄增大顺序划分职业发展阶段,但并未限于此,因为施恩教授划分职业周期阶段依据的是职业状态、职业行为和发展过程的重要性,又由于每个人经历某一职业阶段的年龄有别,所以他只给出了大致的年龄跨度。

（三）格林豪斯的职业生涯发展理论

美国心理学博士格林豪斯（Greenhaus）的研究侧重于不同年龄段职业生涯所面临的主要任务,并以此为依据将职业生涯划分为五个阶段:职业准备阶段、进入组织阶段、职业生涯初期、职业生涯中期和职业生涯后期,形成他的职业生涯发展理论。

1. 职业准备阶段 年龄段为 0~18 岁。其主要任务:发展职业想象力,对职业进行评估和选择,接受必需的职业教育。

2. 进入组织阶段 19~25 岁为进入组织阶段。其主要任务:在一个理想的组织中获得一份工作,在获取足量信息的基础上,尽量选择一种合适的、较为满意的职业。

3. 职业生涯初期 处于此期的年龄段为 26~40 岁。其主要任务:学习职业技术,提高工作能力;了解和学习组织纪律和规范,逐步适应职业工作,适应和融入组织;为未来的职业成功做好准备。

4. 职业生涯中期 41~55 岁是职业生涯中期阶段。其主要任务:需要对早期职业生涯重新评估,强化或改变自己的职业理想;选定职业,努力工作,有所成就。

5. 职业生涯后期 从 56 岁直至退休为职业生涯的后期。其主要任务:继续保持已有职业成就,维护尊严,准备退休。

（四）萨帕的职业生涯发展理论

美国著名的生涯研究专家萨帕（D.E.Super）是职业指导和应用心理学博士、哥伦比亚大学教授。1940—1950 年,萨帕出版了两本生涯发展的专著——《职业适应动力学》和《职业生活的心理学》,奠定了他在该领域的权威地位。

萨帕提出关于人的职业心理与职业行为成熟化过程的理论。他认为人因自身人格兴趣及才能的差异而适于从事不同的职业;职业选择行为和心理调适是一个连续的过程。虽然父母的社会经济地位、个人智力与人格及机遇决定着个人的职业生涯,但通过指导可使人生的发展过程更好地进行;职业发展过程是"自我"概念的形成、发展和完成的过程,是一种调和的过程;工作与生活的满足感与个人的才能、兴趣、人格特质、价值观等有联系。

萨帕整合了差异心理学、发展心理学、社会心理学及现象学的长期研究成果,于 1953 年在《美国心理学家》发表文章,提出"生涯"的概念。他把生涯的发展看成是一个持续渐进的过程,一直伴随个人的一生。其主要理论观点是:职业生涯就是对自我的实践。"自我概念"是萨帕理论中的核心概念。自我概念,就是指个人对自己的兴趣、能力、价值观及人格特征等方面的认识和主观评价。一个人的自我概念在青春期以前就开始形成,到青春期较为明朗,并于成人期由自我概念转化为职业生涯概念。工作与生活满意与否,就在于个人能否在工作和生活中找到展现自我的机会。他提出了人一生完整的职业生涯发展阶段模式,认为人的职业生涯发展即自我实现的过程,分为成长阶段、探索阶段、建立阶段、维持阶段、衰退阶段五个阶段。每个阶段都有其独特的职责和角色,以及不同的发展任务,生涯发展阶段见表 2-1。

人的职业心理与职业行为成熟过程理论的主要思想包括以下几个方面。

1. 人的才能、兴趣和性格各不相同,因而适合从事不同类型的职业。

2. 人的职业偏好心理与从业资格、生活和工作的境况及其自我认识都随着时间、经历和经验的变化而改变,职业选择行为和心理调适成为一个不断变化的过程。

3. 人的职业行为可以分为不同的阶段,包括成长阶段、探索阶段、建立阶段、维持阶段和衰退阶段。

表 2-1　生涯发展阶段

阶段	主要任务
成长阶段(0~14 岁)	儿童开始辨认他们周围的事物,认同并建立起自我概念,对职业的好奇占主导地位,并逐步有意识地培养职业能力。这个阶段发展的任务是:发展自我形象和对工作世界的正确态度,并了解工作的意义
探索阶段(15~24 岁)	青少年开始通过尝试一些自己感兴趣的职业活动,对自我能力及角色、职业进行探索。职业倾向趋向于某些特定的领域。主要通过学校学习进行自我考察、角色鉴定和职业探索,完成择业和初步就业
建立阶段(25~44 岁)	个人开始尝试获取一个合适的工作岗位,并谋求发展,是绝大多数人职业生涯周期中的核心部分。这个阶段发展的任务是个人致力于工作上的稳定,大部分人处于最具创造力的时期
维持阶段(45~64 岁)	个人通过不断努力来获得职业生涯的发展和成就,开发新的技能,并逐渐能在自己的领域中占有一席之地。维护已获得的成就和社会地位,维持家庭和工作两者间的和谐关系,寻找接替人选
衰退阶段(65 岁及以后)	由于生理及心理机能日益衰退,个人职业角色的分量逐渐减少,逐步退出职业和结束职业,发展社会角色,减少权利和责任,适应退休后的生活

4.个体的职业生活受其父母的社会经济地位、个人智力、人格及其机遇的影响。

第二节　职业生涯规划的意义和步骤

案例导入

路与方向

几个大学生结伴登山,天气突然变坏,找不到路出山,所幸警察、驻军联合搜救,才幸免于难。

"我们知道方向!"其中一个大学生躺在担架上对搜救者说,似乎觉得很不服气。

"只知道方向有什么用?"搜救者不客气地说,"方向固然可以帮你找路,但并不等于路。方向告诉你该往西走,偏偏西边遇到山谷,你下不去;方向又指示你往北走,偏偏遇到一条河,而你又无法渡过。到头来,方向没有错,路错了,唯有活活饿死、冻死在山里。"

在人生的旅途上,以为设定方向就能达到目标,却不衡量自己的能力,极有可能遭遇失败的命运。

请思考:

什么是职业能力?职业能力包含哪些要素?

一、职业生涯规划的意义

职业生涯发展规划是人生一堂必修课,如果一个人一生中没有任何目标和规划,那会很容易迷失自己。所谓人生赢家,是对自己了解很清楚,知道自己想要什么,想做什么,想过怎样的人生。大学生职业生涯规划是大学生在校期间成长成才极为关键的大学基础教育。大学生如果能通过课程对自己有一个全面的认识,对自身未来能找到科学、准确的定位,能提前开启或点拨自身的人生理想规划,对大学生的职业发展方向有很大促进意义。因此,职业生涯规划对于大学生的职业发展具有以下现实意义。

（一）帮助大学生认识自我

一份行之有效的职业生涯规划可以帮助大学生正确认识自己的性格、气质、能力、兴趣、职业价值观;正确评判自身的不足与长处;正确树立明确的职业发展目标和职业力量;引导个人评估目标与现实的差距;并学会如何运用科学的方法采取可行的步骤与措施。美国心理学家马斯洛在其需要层次论中指出,人的需求从低级向高级不断发展,人生的最高层次的需求是自我实现。不同的职业生涯规划决定不同的人生,因此及早进行职业生涯规划是大学生实现自我价值的有效途径。医学院校的学生由于行业的特殊性,学生的职业取向单一,思维固定,引导他们做好职业生涯规划,对于个人的成长和医疗事业的发展具有重要的意义。

（二）激发大学生个人潜能

职业生涯规划能够帮助我们集中精力,为自己的职业目标尽可能发挥个人潜能。大学期间,并不是所有大学生在组织领导、人际关系和科研发明等方面表现出自己的才华,但是很多人具备这些潜能,只要给他们机会和展示的舞台,如担任学生会干部,班级干部等,赋予大学生工作任务和目标,调动他们的积极性,他们就能在努力学习的同时,充分激发内在潜能,最后出色完成学习和工作任务。因此,通过职业生涯规划,明确了发展的目标和方向,经过个人努力和外在潜能激发,进而实现人生事业目标。

（三）帮助大学生确定职业目标

大学生制订职业生涯规划,可以帮助其进行个人的自我全面定位,了解自己的特点和兴趣,根据自身条件,如能力、性格和社会资源等运用适当的方法进行分析和评估,进而确定自己的职业目标,选择何种职业,在什么地方和单位就业,担任什么职务等。有了职业目标,让自己主宰自己的命运,而不随波逐流,枉度一生。优胜劣汰是自然发展的规则,当今社会,在人才竞争方面,这一点更加得以体现。大学生追求事业成功的愿望更为迫切,而现实中的竞争也更加残酷,机遇是留给有准备的人,大学生有了职业目标和方向,其潜能开发更加淋漓尽致,成功的概率更高。

（四）帮助大学生提升职业品质

进入大学校园,很多学生离开了父母和老师的约束,开始自我放松,失去了生活目标和学习动力,整天无所事事,甚至终日沉迷于网络游戏不能自拔。职业生涯规划一方面将给大学生灌输职业的概念,促使他们主动思考自己想要成为什么样的人,想做什么样的职业;另一方面让大学生理解"人职匹配"的重要性,即他们想从事什么样的职业,想成为什么样的人,需要具备什么样的能力和素质。职业品质即在职业过程中表现出来的综合品质,是个体或群体在行为、作风上所表现出来的思想、认识和品行等。医学院校学生进行职业生涯规划后,有了明确的目标,对专业、自我均有了明确的认识,这样有助于在校期间有目的地安排学习、生活,协调自己的社会关系。此外,有效的职业生涯规划能让学生增强自己的职业针对性和目的性,让自己在实践过程中有目的地建立与职业目标相一致的能力、知识和素质结构,不断提高自己的综合素质。

（五）缩短职业适应期,减少职业试错过程

大学时期正是个人职业生涯早期的学习探索阶段,正处于学习生涯结束期和职业生涯开始期。在这一交替时期,个人将认真探索各种可能的职业选择,对自己的天资和能力进行现实的评价,根据未来的职业选择作出相应的决策,并最终实现就业。在这一时期,合理规划职业生涯之路不仅有助于缩短职业适应期,减少职业试错过程,而且对今后的求职成功和工作过程都有很大帮助。

（六）有利于稳定就业,增强发展后劲

由于缺乏职业生涯规划的指导和长远打算,不少大学生毕业后的几年只是随波逐流地换工作,一方面难以在一个合适的领域内积累必要的工作经验,为今后的职业发展奠定坚实基础;另一方面,频繁跳槽会影响自己职业的稳定发展。经过系统职业生涯规划培训的大学生一般都有明确的职业定向,对择业往往很慎重,在真正双选的基础上找到一个相对适合的职业,从而降低因人职不匹配导致的离职率。

二、职业生涯规划的原则

大学生在思考职业生涯规划时,应该把个体能力和社会需要相结合,把现在与未来相结合。正确的职业生涯规划能使一个人走向成功,不科学的职业生涯规划可能使一个人误入歧途。为了科学制订职业生涯规划,需要遵循以下原则。

(一) 社会需要的原则

当大学生确定职业目标时,要把社会需要作为出发点和归宿,以社会对自己的要求为准绳去观察和认识问题,进而确定自己的职业岗位。职业岗位的产生,是随着社会历史的发展而产生的。社会上每一个职业岗位的出现,也都是社会发展的需要。

目前,社会的需要不断变化,旧的需要不断消失,新的需要不断产生。我们在进行职业生涯规划时,一定要分析社会需求,作出选择。如果漠视社会需求,仅凭主观想象,闭门造车,就一定会自食苦果,不能实现职业发展的目标。因此进行职业生涯的规划设计时,一定要紧密贴近社会需求。

(二) 发挥个人优势的原则

个人在选择职业岗位时,要综合自身素质情况,根据自身的特长和优势选择职业岗位,以利于今后在职业岗位上顺利地、出色地完成本职工作。根据自己能力所长选择职业岗位,既是胜任工作的需要,又是发挥个人的最大潜力进行创造性劳动的需要。适当考虑自己的性格特点,充分发挥性格特长也十分必要,从所学专业特点出发,做到专业基本对口,能够在职业岗位上大显身手。

(三) 独立性原则

独立性原则是指规划职业生涯时有自己的主见,能根据自己的志向和判断独立作出选择。每个人在规划职业生涯时,周围环境、社会动态以及他人会对自己产生一定的影响,有些人的建议会有重要参考价值,尽管有些人建议的出发点是好的,但由于价值观差异、思考角度不同,可能会产生误导作用。

独立性原则要求我们头脑清醒,在了解社会现状及发展趋势的情况下,多看书多浏览网站,多向父母、老师、同学、老乡和亲戚等请教,最后作出正确决策。一般情况下,了解的信息越多,请教的人越广,作出的规划越客观。当然,如果没有主见,听得越多反而会越糊涂。凡是人云亦云、盲目从众的人通常是不会有多大作为。坚持独立性原则并不是我们在做规划时闭门造车,固执己见,不虚心听取别人的意见,需要有自己的抉择。

(四) 主动性原则

主动性原则是指在职业生涯规划实施过程中,主动出击,积极实践。主动性表现在主动地完善自我,完善知识结构,提高个人素质,在就业前掌握一定的职业技能,为以后在职业竞争中获得成功打下基础。主动性具体表现在以下两个方面,第一,主动参与职业岗位竞争,主动与用人单位进行联系,主动寻求父母兄长、老师同学、同事朋友的各种帮助,主动开拓就业岗位、自谋职业、自主创业。第二,主动了解人才供求信息和具体要求,主动搜集各种职业知识和用人信息,主动到人才交流中心进行咨询,主动参加各种职业技能培训,提前准备好求职信,做好面试与形象等方面的准备。凡是有主动性的人,一般是具有积极生活态度的人,比起那些被动、消极的人来说会赢得更多的机会,从而容易取得成就,更快实现自己的职业发展目标。

(五) 分清主次原则

在现实生活中,摆在我们面前的职业或用人单位是多样的,其工作性质、工作条件、薪资待遇、发展方向等不尽相同,且各有各的优劣之处。人们在选择时,会发现不可能有十全十美的职业或用人单位,只能权衡利弊、分清主次,在职业选择决策的过程中抓住主要的、现实的、合理的条件,抛弃次要的、幻想的、过分要求的因素。

分清主次原则就是要求我们规划职业生涯时不要面面俱到,过于追求完美,不然会丧失很多机会而难以就业。同时,分清主次原则要求我们在规划职业生涯时,一定要搞明白哪些是主、哪些是次,不能本末倒置。

(六) 长期性原则

职业生涯规划一定要从长远考虑,只有这样才能给人生设定一个大方向,使我们能够集中力量紧紧围绕生涯发展目标努力。规划一定要明确,各项主要活动何时实施、何时完成,都要有时间和次序上的妥善安排。人生各个阶段的线路划分与安排都具体可行,能够根据个人特点、用人单位发展需要和社会发展需要确定将来的目标。人生每个发展阶段的规划应保持连贯性,各具体规划与人生总体规划保持一致,若摇摆不定,前后矛盾,则会浪费各发展阶段的人力资本积累。规划是预测未来的行动,涉及许多可变因素。因此,规划要有弹性,到了一定的时间要视具体情况予以修正。有了长期性原则,职业生涯规划就会变得清晰起来,从而成为可行的、有效的规划,最终使人走向成功。

三、职业生涯规划的要素

(一) 职业兴趣

由于兴趣爱好不同,人的职业兴趣也有很大差异。有人喜欢具体的工作,例如,室内装饰、园林、美容、机械维修等;有人喜欢抽象和创造性的工作,例如,经济分析、新产品开发、社会调查和科学研究等。职业兴趣对职业选择和职业发展都有一定的影响。兴趣的发展一般经历:有趣、乐趣、志趣三个阶段。对于职业活动,往往从有趣的选择,逐渐产生工作的乐趣,进而与奋斗目标和工作志向相结合,发展成为志趣,表现出方向性和意志性的特点,使人坚定地追求某种职业,并为之尽心尽力地努力。

(二) 职业性格

人的性格千差万别,或沉着冷静,或活泼外向,或急躁火爆。职业心理学研究表明,职业不同对从业人员的性格要求有所不同。例如,作为驾驶员应该具备注意力集中、动作敏捷的职业性格特征;作为医生应该具备耐心细致、热情待人的职业性格特征。当然每个人的性格都不能百分之百地适合某项职业,但可以根据自己的职业方向来培养、发展相应的职业性格。

(三) 职业能力

职业能力是人们从事某种职业必须具备的并在该职业活动中表现的多种能力的综合,并直接影响到职业活动的效率,决定你能做什么。职业能力测试是通过某些测试来预测某人的职业定位以及适合的职业类型,属于一种倾向性的测试又称为职业能力倾向性测试。通过职业测试能更好地确定一个人对其从事职业的综合考量。职业能力主要包含三方面基本要素:第一、为了胜任一种具体职业而要具备的能力,表现为任职资格;第二、指在步入职场之后表现的职业素质;第三、开始职业生涯之后具备的职业生涯管理能力。如果说职业兴趣或许能决定一个人的择业方向,以及在该方面所乐于付出努力的程度,那么职业能力则能说明一个人在既定的职业方面是否能够胜任,也能说明一个人在该职业中取得成功的可能性。

(四) 职业价值观

职业价值观是一个人对各种职业价值的基本认识和基本态度,是人们在选择职业时的一种内心尺度,是一种具有明确的目的性、自觉性和坚定性的职业选择的态度和行为,对一个人职业目标和择业动机起着决定性的作用。理想、信念、世界观对于职业的影响,集中体现在职业价值观上。它表明了一个人通过工作所要追求的理想是什么,是为了财富,还是为了地位,或是因为其他的因素,它探讨人们在职业选择和职业生活中,在众多的价值取向里,优先考虑哪种价值。也就是说,职业价值观决定了人们的职业期望,影响着人们对职业方向和职业目标的选择,决定着人们就业后的工作态度和劳动绩效水平,从而决定了人们的职业发展情况。

(五) 职业生涯目标

职业生涯目标是指个人在选定的职业领域内未来所要达到的具体目标,包括短期目标、中期目标和长期目标。职业生涯目标一般都是在进行个人评估、组织评估和环境评估的基础上,由组织里的部门负责人或人力资源部负责人与员工个人共同商量设定。注意生涯目标要具体明确、高低适度、留有余地,并与组织目标相一致。

四、职业生涯规划的步骤

科学的职业生涯规划包含知己、知彼、抉择、制订目标和行动五大要素,具体依照以下七个步骤进行。

(一) 确立志向

"志不立,天下无可成之事"。纵观古今中外各行各业的佼佼者,他们都有一个共同的特点,就是拥有远大的志向。立志是人生的起跑点,反映着一个人的理想、胸怀、情趣和价值观,影响着一个人的奋斗目标及成就的大小。职业理想是指人们对未来职业表现出强烈的追求和向往,是人们对未来职业生活的构想和规划。

大学生树立职业理想的过程,就是在心中进行职业生涯规划的过程,一旦在心中有了自己认为理想的职业,就会依据职业理想的目标,去规划自己的学习和实践,并为获得自己认为理想的职业而做各种准备。大学生的职业生涯是一条曲折但同时充满机遇的道路,在这条道路上,只要不放弃目标,每一次挫折、每一次失败都会有价值。

(二) 自我评估

自我评估的目的是认识自己,了解自己。一个有效的职业生涯设计,必须在充分且正确认识自身条件与客观环境的基础上进行。自我评估包括自己的兴趣、性格、能力、价值观、特长、学识、智商、情商、思维方式、道德水准以及社会中的自我等内容。

作为刚开始大学生活的新生,应该尽可能多地积累知识、培养能力,发展自己的兴趣、爱好等。这些有助于大学生更好地给自己定位,发现自己在哪一方面更有潜力。对于很多大学生来说,由于信息不对称,在高考结束选择专业时没有经过认真考虑和调研,而现在有足够的时间和条件来重新考虑这个问题,可以选择一个真正感兴趣和适合的专业。

(三) 社会环境评估

主要是评估外部环境对自己职业生涯发展的影响,每一个人都处在一定的环境之中,离开了社会环境,便无法生存与成长。因此,在制订个人的职业生涯规划时,要分析环境条件的特点,环境的发展变化情况,自己与环境的关系,自己在环境中的地位、环境对自己提出的要求,以及环境对自己有利条件与不利条件等。只有对这些环境因素充分了解,才能做到在复杂的环境中趋利避害,使职业生涯规划具有实际意义。如组织环境因素评估,包括组织发展战略、人力资源需求、晋升发展机会等。

(四) 职业方向定位

职业定位是清晰地明确一个人在职业上的发展方向,它是人在整个生涯发展历程中的战略性问题也是根本性问题。职业定位有三层含义:一是确定自己是谁,适合做什么工作;二是告诉别人你是谁,你擅长做什么工作;三是根据自己的爱好、特长、能力以及个性将自己放在一个合适的工作(生活)的岗位上。具体而言,从长远看是找准一个人的职业类别,就阶段性而言是明确所处阶段对应的行业和职能,即在职场中自己应该处于什么样的位置。它是职业规划及职业发展的第一步,也是最重要的一步。定位错误或是偏差较大,意味着接下来职业生涯的挫折和失败。

(五) 设定职业发展目标

职业生涯目标的设定是职业生涯规划的核心。一个人事业的成败,很大程度上取决于有无正确适当的目标。没有目标如同大海的孤舟,四海茫茫,没有方向,不知道自己应走向何方。只有树立了目标,才能明确奋斗的方向,犹如海洋中的灯塔,引导你避开险礁暗石,走向成功。设定职业生涯目标是以自己的最佳才能、最优性格、最大兴趣、最有利的环境等信息为依据,通常职业生涯目标的确定包括人生目标、长期目标、中期目标与短期目标,它们分别与人生规划、长期规划、中期规划和短期规划相对应。我们首先要根据个人的专业、性格、兴趣、能力和价值观以及社会的发展趋势确定自己的人生目标和长期目标,然后再把人生目标和长期目标进行分化,根据个人的经历和所处的组织环境制订相应的中期目标和短期目标。

(六)制订行动计划和措施

在确定了职业生涯目标后,行动变成了关键的环节。没有达成目标的行动,就不可能达成目标,也就谈不上事业的成功。职业生涯路线确定的内容很大程度上是一些阶段性目标,如明年取得初级职称,六年后取得中级职称,十三年后取得高级职称。要实现这些阶段性目标,我们应该制订针对每一阶段的行动计划,其主要内容包括学历提升计划,工作经验计划,结合个人生命周期、家庭周期和职业发展周期三者的综合计划。这些行动计划及措施应该有明确的内容、完成时间、达到的效果、需要做的资源准备等详细内容,以便于定时检查。

(七)评估反馈与调整

职业生涯规划在实施过程中,会受到很多不断变化的因素影响,有的变化因素是可以预测的,而有的变化因素难以预测。要使职业生涯规划行之有效,就必须不断地对职业生涯规划执行情况进行评估反馈和优化调整。首先,要对目标的执行情况进行总结,确定哪些目标已按计划完成,哪些目标未完成。然后,对未完成目标进行分析与反馈,找出未完成原因及发展障碍,制订相应解决障碍的对策及方法。最后,依据评估结果对规划进行修订完善和优化调整。

第三节　医学生的职业生涯规划

医学是生命科学的主导学科,是人类最崇高的职业之一,是人民生命健康的守护者。社会的进步不能缺少高素质的医疗卫生人才,随着经济社会的发展,国家医疗卫生体制的不断完善,社会对医疗人才的需求也不断增加。对医学生进行职业生涯规划教育的核心目的是促进医学生的全面发展,提高医学生的综合素质,满足社会对于高等医疗卫生人才的需求。做好医学生的职业生涯规划教育,一是能够帮助学生有针对性地提升综合素质,提高就业竞争,缓解就业压力;二是能够鼓励学生走出象牙塔,提前探索社会,主动进行职业生涯的规划,根据社会现实分析自己的优劣势,判断经济社会发展趋势,准确定位就业方向,拓宽就业渠道,顺利就业;三是能够促进学生进行个人特质与职业特质的匹配,从事适合并且有兴趣的职业,发挥个人潜能,提高工作的稳定性,减少人才流动性和人才流失,避免人力资源浪费,保障社会和谐发展。

> **案例导入**
>
> 小王是一名医药院校专科一年级的学生,进校不久看到很多高年级学生都在忙于制作简历找工作,自己也开始思考自己的职业规划。
>
> 小张是护理专业大三的学生,性格外向,风趣幽默,学习刻苦,但她对自己就业前景比较迷茫。一方面想在大医院获取高薪且得到更多的工作经验,另一方面又担心在大医院工作专科文凭低无法出人头地。她希望在毕业以后能够闯出一番天地,由于缺乏职业规划相关的知识,小张感觉很困惑,担心自己没有竞争力。
>
> **请思考:**
> 你认为医学生职业生涯规划包含哪些内容?

一、医学生职业生涯规划的主要内容

医学是一个具有较强专业理论知识基础及技术水平的职业。由于任何医疗行为都关系到人的生命安全,注定了医务工作是一项专业性强、责任心强、综合素质要求高的工作。同时,患者对医学知识的了解不深、期望过高、医疗不够完善等因素也增加了医务工作人员的工作难度。因此,医学生做好职业生涯规划尤为重要。

(一)自我定位和评估

在认清自己和认清外部环境的情况下定位自己——"在什么环境下,你是谁",主要考虑性格、兴趣、能力和价值观与职业的匹配。医学生要遵循"深入""客观"的原则对自己进行全面的剖析:弄清自己为人处世所遵循的价值观念,明确自己为人处世的基本原则和追求的价值目标;熟悉自己掌握的知识与技能;剖析自己的性格特征、兴趣等个人情况,以了解自身的优势和不足。自我评价往往是不足的,很多时候"旁观者清",为了对自己的优点和缺点有更切合实际的判断,对于盲点区可以让父母亲、兄弟姐妹、老师或同学帮忙作出客观的评价。做到不排斥对自己的不良评价,不对别人的评价产生抵触、防卫心理,也不因他人的评价而否定自己,产生焦虑与不安的情绪,形成不良的自我观念,做到"有则改之,无则加勉"。

(二)环境评估

当今社会竞争激烈,学生愿意通过各种途径提升竞争力,但外部环境因素可能使他们迷失自己。医学生职业生涯规划受环境因素的制约,主要的影响因素有以下两个方面。

1.高等教育大众化对医学生职业发展带来新的挑战。我国医药类高校毕业生人数迅速增加,充实了卫生人才数量,提高了卫生服务和卫生管理的总体水平,为国家的发展和人民健康水平的提高作出了重大贡献。同时,医学毕业生数量的迅猛增加,给医学生的就业带来了新的困难。医学生整体就业率较高,但也呈现出就业流向趋于多元化、专业需求参差不齐、各高校各地区就业率不平衡等特点,这些给医学生职业生涯规划带来了较大的挑战。

2.医疗卫生行业对医学生提出了新的要求。改革开放40年多来,医学职业得到长足发展,社会对医学人才的需求已经发生了明显的变化,卫健委出台了《中共中央、国务院关于深化医药卫生体制改革的意见》等文件,这些都对高等医学卫生人才的培养和使用产生深远的影响,也对在校医学生的职业生涯规划产生重要的影响。为了符合医学生职业发展的需要,医学生职业生涯规划也要与时俱进,不断进行调整和转变。

(三)确定职业目标

医学生的职业目标设定是在自我分析的基础上,以医务工作者作为职业,设立自己以后的职业生涯目标。职业生涯目标主要从两个方面加以设定:一是从宏观上党和国家对医学生工作所提出的要求出发,要"努力成为党和人民需要的医务工作者";二是从自己个体发展的微观角度出发,结合自己的客观实际所设定的职务、职称以及内心体验等方面的职业目标。

(四)制订行动措施

这里的行动主要是指落实目标的具体措施。主要包括教育、培训、实践等方面的措施。包括以下两方面的内容,一方面是直接的实施措施,即为实现职业生涯规划所需要学习哪些知识,掌握哪些技能,开发哪些潜能等;另一方面是间接的措施,通过哪些方式和渠道提高自己,也就是为了保障职业生涯规划目标的实现而需要做的事情。这些"行动措施"是职业生涯自我规划能否顺利实施的关键。这些具体且可行性较强的行动方案会帮助你一步一步走向成功,实现目标。

(五)反馈与修正

环境是多变的,成功的职业生涯规划需要时时审视内外部环境的变化,在实践中进行修正。因此,医学生要注意自身条件和客观环境的变化,在职业生涯规划实施的过程中不断总结,反思自己的职业生涯规划是否合理,是否符合实际情况,并及时修正自己的目标。只有这样才能立于不败之地,更好地实现自身发展的目标。

二、医学生职业生涯规划的特点

医学生职业生涯规划具有长期性、艰巨性和人文性三大特点。

（一）长期性

首先，医学教育学制较长。医学是生命科学的一部分，分科细致，需要大量的知识储备，所以医学教育与其他教育不同，具有课程多、课时长、学制长等特点。其次，医学生职业成长的周期较长。医务工作者除了要掌握扎实的专业理论基础，还应具备丰富的工作经验和熟练的操作技术，才能解决各种复杂疑难的医疗技术问题。医务工作者的成长成熟一般需要几年甚至十几年的时间，所以医务工作者的成长过程较为晚熟，职业成就随着工作者的年龄、经验和资历的增长而提高。最后，医疗技术发展迅速，需要医学生终身学习。科学技术的发展不断推动医疗技术和设备的更新，医学学科之间的交叉和渗透也要求医务工作者在工作之余不断学习深造，参与医学继续教育，与时俱进地更新知识结构，不断提高医疗技术和业务能力，紧跟医学前沿。

（二）艰巨性

首先，医学职业具有很强的专业性。医务工作者大多是进行"人"的工作，任何医疗行为都关系到人的生命安全，因此，医务工作是一项专业性强，难度高的工作，只有接受过正规的专业教育和技术培养并具备执业资格的人才能够胜任。其次，医务工作者的工作强度大。医务工作者除了承担具体的诊断治疗工作，还要花费大量的时间与患者及其家属进行沟通，部分教学医院工作人员还要承担理论教学与实习指导等工作。医院工作的突发性和连续性，也让大部分医务工作者经常处于加班状态，工作时间长且休息时间不固定，工作强度较大。最后，医学职业具有较大风险。伴随现代医学的迅猛发展，越来越多的疾病被攻克，但没有解决的医学难题仍有很多，新的疾病不断发生并被发现，即使是同样的疾病在不同的人身上也存在差异。医务工作者在短暂的诊疗阶段很难全面了解病情，诊断和治疗的过程也具有探索性，治疗结果难免存在无法预料的不良后果，而病患对于治疗存在偏见甚至盲目迷信，一旦问题发生则对医务工作者产生抑制，容易发生医疗纠纷。

（三）人文性

医务工作者的终极目标是保护人类健康，他们的研究对象是人，以人、人的健康和人的生命为服务对象，在工作的过程中既要治疗病患的躯体病痛，更要尊重病患，关爱病患，在精神上给予支持与照顾，实现人性化的医疗，这就决定了医学生职业生涯的人文性特点。强调医学的人文性及医生的人文精神，并不是否认医学的科学性。首先，技术不等于文化，掌握高技术的人不一定具有很高的人文修养。提高医生对医学人文性的认识，可以增强职业道德教育的渗透力，使职业道德教育收到事半功倍的效果。其次，医生要不断学习人文科学知识。医生除了具备牢固的专业知识、还必须涉猎诸如文学、艺术、伦理、法律、心理、社会、哲学、历史等人文社会科学的相关知识。最后，医生在医疗实践中要自觉养成人文关怀的习惯。医生在诊疗活动中应尊重患者的人格，注重与患者的顺畅沟通与交流，关心患者的疾苦，始终遵循知情同意原则，这些都体现了医生的人文修养。

（朱 娟）

思考题

1. 简述职业生涯发展的概念和影响因素。
2. 简述职业生涯规划的原则。
3. 简述职业生涯规划的步骤。
4. 简述医学生职业生涯规划的主要内容和特点。

练习题

第三章 | 认识自我

教学课件

ER 3-1

学习目标

1. 掌握：价值观、兴趣、性格、能力的基本含义。
2. 熟悉：探索兴趣、性格、技能及价值观的方法。
3. 了解：职业价值观与职业的关系以及能力的不同类型。
4. 能够通过对兴趣、性格、能力、价值观等内容的学习，提升自我认知能力，正确地悦纳自我，从而促进个人职业生涯发展。
5. 具备将个人职业选择和职业规划同社会需求、国家发展相结合，从而担负起个人社会责任的能力。

案例导入

　　高职专科临床医学专业大三的小韩同学最近感觉很苦恼，身边的同学们有的在忙于找工作、有的利用业余时间备战专升本考试、有的在咨询"三支一扶"政策、还有的在等待应征入伍体检通知。看着同学们忙碌而又充实的生活，小韩不知道自己下一步的路在何方、如何进行选择？自己将来要做什么、可以做什么、适合做什么？自己又有哪些特长、优势、经验……

　　请思考：

　　同学们是否也有小韩的苦恼呢？小韩同学的这些苦恼产生的根源是什么？

　　科学且全面的自我认知，是进行职业生涯规划的第一步。自我了解和分析得足够深入、足够清晰、足够全面，才能够在纷繁复杂的职业环境中找到适合自己的职业发展之路。作为一名医学生，只有全面地进行自我分析，清楚自己肩负的使命和责任，才能找到一条能最大限度发挥自身潜力的职业道路，才能够脚踏实地地在各自工作岗位上绘制出属于自己的生涯蓝图。

　　自我是个体对自己存在状态的认知，是个体对其社会角色进行自我评价的结果。在心理学上，自我是一个独特的、持久的、同一身份的我，指在我们的经验中，觉察到自己的一切而区别于周围其他的物与其他的人，这就是自我，就是自我意识。因此，大学生应该正确且全面地认识自己，学会正视自己、悦纳自己，每个人都有自己的特点，在全面的自我了解基础上，寻找自己合适的职业和适合自己的职业，不同的职业对从业者的能力、性格等都有其一定的要求，例如：篮球运动员需要的是好的弹跳能力以及身高基础、歌唱家需要的是美妙的嗓音和乐感。

　　本章我们会从兴趣、性格、能力和价值观四个心理特质来帮助同学们认识自己。兴趣可以为我们提供从事某种职业时需要的动力；性格反映了自身独特的与他人有所区别的心理状态；价值观决定了个体在面临选择时对事物取舍的优先次序；能力可以帮助我们更好地去胜任工作。我们不仅要了解这四方面特质还应该能够使用一些方法来评估自己的特质，最终能够全面地来认识自己。

第一节　职业兴趣与探索兴趣

案例导入

　　临床医学专业的小刘在填报高考志愿时不知道如何选择,父母告诉她"选自己喜欢的",但她发现自己喜欢的太多,从小学过钢琴、画画、舞蹈等,但是都没有坚持下来,她也不知道自己到底喜欢什么。

　　口腔医学专业的小马在选择专业时,是听从了父母、老师的建议,她对口腔专业既不喜欢也不讨厌。

请思考:

你的兴趣爱好是什么? 如何看待兴趣和专业的关系呢?

一、职业兴趣

1.兴趣　兴趣是个人对某个事物或活动的一种选择态度,是人认识某种事物或从事某种活动的心理倾向,它是以认识和探索外界事物的需要为基础的,是推动人认识事物、探索真理的重要动机,因此兴趣是职业选择最初的原动力。孔子就曾说过:知之者不如好之者,好之者不如乐之者。兴趣有直接的,也有间接的,有的兴趣是在生活中长期形成的,那么也有在一定对的情景下由某一事物偶然激发出来的兴趣。

2.职业兴趣　当兴趣直接指向与职业有关的活动时,就可以称为职业兴趣。具体来说,职业兴趣是指人们对某种职业活动具有的比较稳定而持久的心理倾向,使人对某种职业给予优先注意,并向往之。职业兴趣并不是天生的,它的形成与我们所处的历史条件、环境、实践活动和对自身能力的认知有着密切的关系。

3.职业兴趣与职业发展的关系　作家马克·吐温(Mark Twain)曾说过:"最成功的人是那些整天做自己喜欢做的事,并且搞得像是在度假的人"。兴趣是一种无形的动力,而职业兴趣又代表着一个人对待工作的态度,拥有职业兴趣将增加个人的工作满意度、职业稳定性和职业成就感。有研究表明,如果一个人所从事的职业是他感兴趣的,那么在工作时他会发挥出个人才能的80%~90%,且长时间保持高效率不感到疲劳;反之,对工作没有兴趣,那么只能发挥个人才能的20%~30%。通过以上研究数据不难看出,职业兴趣有利于提高工作效率;其次,职业兴趣可以提高职业满意度,进而增强人的职业稳定性,从事自己喜爱的工作,可以带来身心愉快的感受,让自己更加积极地投入到工作中,获得更高的成就,实现人生目标。

二、探索兴趣

(一)霍兰德职业兴趣理论

1.理论假设　约翰·霍兰德(John Holland)是美国约翰·霍普金斯大学心理学教授,美国著名的职业指导专家,他于1959年提出了具有广泛社会影响的职业兴趣理论。霍兰德认为人格可分为:社会型(social type,简称S)、企业型(enterprising type,简称E)、常规型(conventional type,简称C)、现实型(realistic type,简称R)、研究型(investigative type,简称I)与艺术型(artistic type,简称A)。

2.霍兰德六种人格类型

(1)**社会型**:喜欢与人交往、不断结交新的朋友、善言谈、愿意教导别人。关心社会问题、渴望发挥自己的社会作用。寻求广泛的人际关系,比较看重社会义务和社会道德。

典型职业:喜欢要求与人打交道的工作,能够不断结交新的朋友,从事提供信息、启迪、帮助、培训、开发或治疗等事务,并具备相应能力。如教育工作者(教育行政人员)和社会工作者(咨询人员、公关人员)。

(2)**企业型**:追求权力、权威和物质财富,具有领导才能。喜欢竞争、敢冒风险、有野心、抱负。为人务实,习惯以利益得失、权力、地位、金钱等来衡量做事的价值,做事有较强的目的性。

典型职业:喜欢要求具备经营、管理、劝服、监督和领导才能,以实现机构、政治、社会及经济目标的工作,并具备相应的能力。如项目经理、销售人员,营销管理人员、政府官员、企业领导、法官、律师。

(3)**常规型**:尊重权威和规章制度,喜欢按计划办事,细心、有条理,习惯接受他人的指挥和领导,自己不谋求领导职务。喜欢关注实际和细节情况,通常较为谨慎和保守,缺乏创造性,不喜欢冒险和竞争,富有自我牺牲精神。

典型职业:喜欢要求注意细节、精确度、有系统有条理,具有记录、归档、按特定要求或程序组织数据和文字信息的职业,并具备相应能力。如秘书、办公室人员、记事员、会计、行政助理、图书馆管理员、出纳员、打字员、投资分析员。

(4)**现实型**:愿意使用工具从事操作性工作,动手能力强,做事手脚灵活,动作协调。偏好于具体任务,不善言辞,做事保守,较为谦虚。缺乏社交能力,通常喜欢独立做事。

典型职业:喜欢使用工具、机器,需要基本操作技能的工作。对要求具备机械方面才能、体力或从事与物件、机器、工具、运动器材、植物、动物相关的职业有兴趣,并具备相应能力。如计算机硬件人员、摄影师、木匠、厨师、技工、修理工。

(5)**研究型**:思想家而非实干家,抽象思维能力强,求知欲强,肯动脑,善思考,不愿动手。喜欢独立的和富有创造性的工作。知识渊博,有学识才能,不善于领导他人。考虑问题理性,做事喜欢精确,喜欢逻辑分析和推理,不断探讨未知的领域。

典型职业:喜欢智力的、抽象的、分析的、独立的定向任务,要求具备智力或分析才能,并将其用于观察、估测、衡量、形成理论、最终解决问题的工作,并具备相应的能力。如科学研究人员、教师、工程师、电脑编程人员、医生、系统分析员。

(6)**艺术型**:有创造力,乐于创造新颖、与众不同的成果,渴望表现自己的个性,实现自身的价值。做事理想化,追求完美,不切实际。具有一定的艺术才能和个性。善于表达、怀旧、心态较为复杂。

典型职业:喜欢的工作要求具备艺术修养、创造力、表达能力和直觉,并将其用于语言、行为、声音、颜色和形式的审美、思索和感受,具备相应的能力。不善于事务性工作。如演员、导演、艺术设计师、雕刻家、建筑师、歌唱家、作曲家、乐队指挥、小说家、诗人、剧作家。

知识拓展

跳水名将——郭晶晶的成功秘诀

作为国内退役运动员代表,郭晶晶是跳水"梦之队"的领军人物,曾多次获得世界冠军。她5岁开始学跳水,15岁首次参加奥运会一无所获,1998年参加世锦赛,仅获女子3m跳板亚军,在之后的几年赛事中,她始终与奥运会冠军宝座失之交臂。失败和压力并没有让她意志消沉,相反,基于对跳水运动的喜爱,使她咬紧牙关继续练习,终于在2004年,在雅典奥运会上赢得2枚金牌。后来,早可以光荣引退的她,仍向2008奥运冠军冲刺。她每天训练6~7小时,至少跳200多个动作,从周一到周日,几乎全年无休。

是什么动力在一路支撑着自己?郭晶晶说:"因为喜欢,才会投入,才会愿意付出。"成功的背后在大家看不到的地方,郭晶晶走过的是一条荆棘之路,我们寻找她动力的源泉,可以看到,对跳水的热爱是支持着她战胜种种艰辛、勇往直前的中流砥柱。

兴趣是职业发展能否走向真正成功的重要因素。因为对所从事的职业有极大兴趣,才容易在工作过程中全力投入,并享受过程,即使遇到不如意或挫败也能调整心态、坚持下去。

对于学习医学专业的同学们来说,如何运用霍兰德职业兴趣类型(图3-1)帮助我们进行有效的职业生涯规划呢?现实型的同学可能更适合仪器操作、设备维护、检验检疫等医学职业类型;研究型的同学更适合从事医学技术研发、临床科研等工作;艺术型的同学可以向医学整形、医美等方向发展;社会型的同学可以从事一线的医学教育、医学咨询、医护工作等;企业型的同学可在医药卫生管理、医药类公司发挥自己的优势,而常规型的同学可以在医学行政管理中从事具体的工作内容。

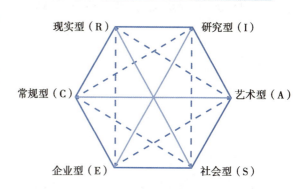

图3-1　霍兰德兴趣类型模型

但是,大多数人都并非只有一种性向(比如,一个人的性向中很可能是同时包含着社会性向、现实性向和研究性向这三种)。霍兰德认为,六种类型之间的相对位置,表现出类型与类型之间心理相似的程度,在六边形上距离越近,越为相似;距离越远,差异越大。

(二)兴趣探索练习

世界上有六个岛屿,分别是:深思冥想的岛屿、美丽浪漫的岛屿、友善亲切的岛屿、显赫富庶的岛屿、现代井然的岛屿和自然原始的岛屿,请同学们根据以下各个岛屿的描述,选择一个自己所向往的,并根据所选项阅读结果分析。

岛屿I——深思冥想的岛屿。岛上人迹较少,建筑物多偏于一隅,平畴绿野,适合夜观星象。岛上有多处天文馆、科技博览馆以及科学图书馆等。岛上居民喜好观察、学习、探究、分析,崇尚和追求真知,常有机会和来自各地的哲学家、科学家、心理学家等交换心得。

岛屿A——美丽浪漫的岛屿。岛上许多美术馆、音乐厅、街头雕塑和街边艺人,弥漫着浓厚的艺术文化气息。当地的居民很有艺术修养、创新和直觉能力。他们保留了传统的舞蹈、音乐与绘画。许多文艺界的朋友都喜欢到这里找寻灵感。

岛屿S——友善亲切的岛屿。岛上居民个性温和、十分友善、乐于助人,社区均自成一个密切互动的服务网络,人们重视互助合作,重视教育,关怀他人,充满人文气息。

岛屿E——显赫富庶的岛屿。岛上的居民善于企业经营和贸易,能说会道,以口才见长。岛上的经济高度发展,处处是高级饭店、俱乐部、高尔夫球场。来往者多是企业家、经理人、政治家、律师等,曾数次在这里召开财富论坛和其他行业巅峰会议。

岛屿C——现代井然的岛屿。岛上建筑十分现代化,是进步的都市形态。以完善的户政管理、地政管理、金融管理见长。岛民个性冷静保守,处事有条不紊,善于组织规划,细心高效。

岛屿R——自然原始的岛屿。岛上保留有原始森林,自然生态保持得很好,有多种野生动物。岛上居民生活状态还相当原始,他们以手工业见长。自己种植花果蔬菜,修缮房屋,打造器物,制作工具,喜欢户外运动。

结果分析:

岛屿I——研究型,喜欢探索事物,爱分析,有智慧;典型职业:实验室研究员、科学家。

岛屿A——艺术型,喜欢自我表达,富有想象力创造力,追求多样性;典型职业:作家、艺术家。

岛屿S——社会型,对人感兴趣,有良好的人际交往能力,乐于帮助别人解决问题;典型职业:教师、护士。

　　岛屿 E——企业型,喜欢推销自己的观点,追求社会影响力,语言说服能力强;典型职业:销售人员、政治家。

　　岛屿 C——常规型,喜欢有条理的工作,愿意听从指挥;典型职业:会计、秘书。

　　岛屿 R——现实型,喜欢具体事务,动手能力强,喜欢户外且与事物打交道的工作;典型职业:工程师。

第二节　探索性格

案例导入

　　捷克著名作家弗兰兹·卡夫卡出生在一个犹太商人家庭。他生活在奥匈帝国即将崩溃的19世纪末,随着他的成长,家人们发现卡夫卡的性格内向、敏感、多虑,他的父亲竭力想要把他培养成一个男子汉,希望他具有刚强勇敢的性格。在父亲的要求下,卡夫卡的性格不但没有变勇敢,反而更加的懦弱自卑,他经常会独自躲在角落里,小心翼翼地面对生活。父亲想让卡夫卡去当兵,但是还没有开始选拔,他就已经选择了逃跑;想让他去律师,内向的性格又不能面对法庭上紧张激烈的辩论;父亲对他失望极了,认为卡夫卡什么事情也不能做好,但是性格内向的卡夫卡有着丰富的内心世界,能敏锐地感受到别人感受不到的东西,因此,在外人看似懦夫的卡夫卡,有着强大的精神世界。他用自己在生活中受到的压抑、苦闷为题材,创作了《判决》《火夫》《变形记》《在流放地》等无数个创世佳作。

请思考:
卡夫卡为什么最后成为一名闻名世界的文学家?

一、性格概述

　　性格是一个人对现实稳定的态度,以及与这种态度相应的、习惯化了的行为方式中表现出来的人格特征。性格也是一种与社会相关最密切的人格特征,一个人的性格与其工作的岗位、工作内容有着紧密的联系,性格与职业相匹配可以增加我们对工作的兴趣,使我们提高工作效率。我们要了解自己的性格特质,才能帮助自己在将来的择业、就业中处于有利位置。性格一经形成便比较稳定,但是并非一成不变,而是具有可塑性的,生活环境的重大变化会带来性格的显著变化。

知识拓展

《西游记》人物的性格分析

　　《西游记》中对人物性格刻画的出神入化,下面我们分析一下师徒四人的性格特点:
　　唐僧——完美型,细致,温柔,悲观。
　　悟空——力量型,坚定,果断,自负。
　　八戒——活泼型,活泼,热情,多变。
　　沙僧——和平型,稳重,随和,寡言。
　　性格不同的人思维方式不同,从而表现出来的行为方式就不同,唐僧给人的感觉很固执,悟空给人的感觉方法多;八戒给人的感觉很好玩;沙僧给人的感觉不想事,但是,这四个人却组成了一个西天取经的精英团队,最后取经成功,全部修得正果。唐僧让这个团队变得正规,悟空让这个团队变得灵活,八戒让这个团队变得快乐,沙僧让这个团队变得冷静。

二、认知性格

(一)影响性格形成的因素

性格的形成有先天遗传因素,但也会在先天遗传因素基础上受到家庭、教育和社会环境的影响。每个人的性格特点在形成过程中受到家庭教育、文化背景、社会环境、学习经验等因素的影响,形成了具有独特性、相对性、稳定性和一致性的性格特征,从而形成相对稳定的不同于其他人的独特的行为方式。影响性格形成的因素主要有以下几点:

1. 生理因素　性格的形成和发展与其生物学根源有着密切的联系,即我们的遗传因素。遗传是先天影响性格的重要因素,它是性格形成的自然基础,也为性格的形成和发展提供了不可或缺的前提条件。

2. 家庭环境　家庭是每个人出生后最初的教育场所,家庭成员之间的关系、教育理念、教育方式以及我们在家庭中所处的位置等等,都对一个人性格的形成有非常重要的影响。生长在大家庭中的孩子往往性格外向得偏多,每天有不同年龄阶段、不同性格特点、不同性别的家庭成员生活在一起,促使了外向性格的形成。

3. 学校教育　随着年龄的增长,早期的家庭教育转向学校教育,学校环境、班级氛围以及任课老师的授课风格都会对我们性格的形成起到重要的影响作用。

4. 社会环境　我们总是生活在不同的社会环境中,社会总体风尚、大众传媒、自然风土人情等等社会因素对每个人的性格形成有着潜移默化的影响。我国历史上"孟母三迁"的故事,正是体现出了社会环境对一个人性格影响的重要性。

(二)通过迈尔斯-布里格斯类型指标(Myers-Briggs Type Indicator,MBTI)认识性格

MBTI 职业性格测试是国际最为流行的职业人格评估工具,是著名心理学家卡尔·荣格(Carl Jung)先生关于心理类型的划分,后经一对母女——伊莎贝尔·迈尔斯(Isabel Myers)和凯瑟琳·布里格斯(Katharine Briggs)研究并加以发展。作为一种对个性的判断和分析,是一个理论模型,从纷繁复杂的个性特征中,归纳提炼出 4 个关键要素——动力、信息收集、决策方式、生活方式,进行分析判断,从而把不同个性的人区别开来。

这种理论可以帮助解释为什么不同的人对不同的事物感兴趣、擅长不同的工作,并且有时不能互相理解。

MBTI 人格共有四个维度,分别是:

1. 外倾性(extroversion,E)和内倾性(introversion,I)维度　外倾者将自己的注意力和能量主要指向外部的人和事,习惯于外界活动,愿意与人打交道。内倾者将自己的注意力和能量集中于内部世界,表现为安静、缄默,喜欢独处或者习惯一对一的人际交往。

2. 感觉(sensing,S)和直觉(intuition,N)维度(获取信息的方式)　感觉型倾向于通过自己的五官来获取有关环境的事实和现实,他们是实际的,需要获取精确的信息,着眼于现在。直觉型习惯于通过想象、无意识等超越感官知识的方式来获取信息,他们更重视事情的含义,象征意义和潜在意识。

3. 思维(thinking,T)和情感(feeling,F)维度(作出决定的方式)　思维型习惯于通过分析数据、权衡事实来作出符合逻辑的、客观的结论和选择。情感型习惯于通过自己的价值判断来做决定,通常会对信息作出个人的、主观的评价。

4.判断(judging,J)和知觉(perceiving,P)维度(与外界联系的方式) 判断型会通过思维和情感去组织、计划和调控自己的生活,喜欢将事情管理得井井有条,习惯过一种井然有序的生活,当作决定时,会对如何实施决定作出明确的计划,并考虑不同的观点。知觉型:倾向于用感觉和直觉的方式去对事物作决定,他们的态度通常是灵活机动的、开放的。喜欢自发、随意地处理问题,愿意保持开放性的选择。

四个维度,两两组合,以各个维度的字母表示类型,就形成了MBTI的十六种人格类型(图3-2)。

(三)性格与医学职业的适配

每个人的性格倾向,就像是用自己的两个手写字一样,虽然都可以写出来,但是习惯的那一边写出来的更加好看。性格与职业的适配也是如此,不同性格类型的人适合的工作类型不同,同时,每一种特定的职业都要求从业者具有适合工作性质的性

ISTJ 检查员型	ISFJ 照顾者型	INFJ 博爱型	INTJ 独立自主型
ESTJ 管家型	ESFJ 主人型	ENFJ 教导型	ENTJ 统帅型
ISTP 冒险家型	ISFP 艺术家型	INFP 哲学家型	INTP 学者型
ESTP 挑战型	ESFP 表演者型	ENFP 公关型	ENTP 智多星型

图 3-2 MBTI 十六种人格类型解析

格类型,良好的职业性格对从业者能力的提高和事业发展有极大的推动作用,医学职业也不例外,试想一下,如果让性格偏内向的人从事医学教育的工作,让一个性格外向的人从事医学研究的工作,他们可能都很难在其中取得好的成绩。因此,了解自己的性格类型有助于选择适合自己的职业类型,帮助我们扬长避短;了解他人的性格类型可以帮我们更好地沟通交流,使得工作和生活更加愉快。

第三节　探索能力

案例导入

小美是某医学院校中医专业大三的应届毕业生,在校期间她不但学习努力成绩优秀,还充分利用课余时间参加了很多学校的活动,例如:辩论赛、演讲比赛、模拟面试大赛等等,这其中有一些还取得了不错的成绩,与此同时,她还自学和参加各类培训,使自己在拿到大学毕业证的同时还多了不少技能证书,这让小美在参加校园招聘时得到了很多单位的青睐。

请思考:

1. 小美为什么会成功?

2. 你看到这则事例想到了什么? 自己该如何努力?

著名心理学家罗圭斯特(Lofquist)与戴维斯(Dawis)提出的明尼苏达工作适应论认为,做自己能胜任的工作,培养和发展自己的能力,挖掘自身的潜力,常常是我们在选择职业时希望能得到满足的需要。人的精力和时间是有限的,同学们应该充分利用大学有限的时间,最大限度地提高自己的个人能力以适应未来的职业要求。只有明确了目标职业的技能需求,才能找到差距,提早准备,通过校内外各种课程的实践活动,重点发展相关的职业技能,从而有计划、有针对性地安排大学生活,在求职应聘时更有信心。

一、能力概述

(一)能力

能力即完成一项目标或者任务所体现出来的综合素质,是能够顺利完成某些活动所必须具备的

个性心理特征。能力既包含已表现出来的实际能力和已经达到的熟练程度,也包括尚未表现出来的潜力。

能力素质模型是指担任某一特定的任务角色所需要具备的能力素质的总和,它是由美国著名心理学家麦克利兰(McClelland)于1973年提出的,也被称为"冰山模型"(图3-3)。麦克利兰认为,不同层次的能力素质在个体身上的表现形式不同。他把人的能力素质形象地描述为漂浮在海面上的冰山,知识和技能属于海平面以上的浅层次的部分,而自我概念、特质、动机属于潜伏在海平面以下的深层次的部分,而研究表明,真正能够把优秀人员与一般人员

图 3-3　冰山模型

区分开的是深层次的部分。因此,麦克利兰把不能区分优秀者与一般者的知识与技能部分,称为基准性素质,也就是从事某项工作起码应该具备的素质;而把能够区分优秀者与一般者的自我概念、特质、动机称为鉴别性素质。

(二)能力与兴趣、技能的关系

1. 能力与兴趣　能力与兴趣是有着紧密联系的,我们有兴趣的事物,常常比较容易培养出相应的能力,但是又不能把能力与兴趣之间画上等号。兴趣是我们喜欢做什么,而能力则是我们能够或擅长做什么,喜欢做的事不一定是擅长的事情。比如,一个人喜欢打篮球,但是身体不好,不能亲自参与到篮球比赛中,只能观看篮球比赛来满足自己的喜好。

2. 能力与技能　能力与技能两个词非常相近,我们又该如何去区分二者呢? 能力更多的是倾向于我们的天赋与潜能,而技能主要是指在能力和知识的基础上,经过后天反复练习发展起来的能力。例如,小明有做钢琴家的才能,其实是指一种音乐能力倾向,在平时可能表现出他对节奏敏感、手指细长等特质。虽然小明现在还不会弹钢琴,但是如果后天接受一定的训练,他能很快掌握钢琴的弹奏技巧。

(三)能力与职业的关系

能力与职业之间的关系也被称为职业能力,它是人们从事某种职业的多种能力的综合。如果说职业兴趣决定一个人的择业方向,以及其付出努力的程度,那么职业能力说明的是他在这个职业方面的胜任力,也能说明一个人在该职业中取得成功的可能性。任何一个职业岗位都有相应的岗位职责要求,一定的职业能力则是胜任某种职业岗位的必要条件。医学职业的特殊性要求医务工作者在平时的诊疗工作中不仅仅需要具有全面过硬的知识储备,还要具备娴熟的实践操作技能、与病患良好的沟通能力、与同事之间的团队协作能力、工作中的自学能力等,并且乐于从事理解、帮助他人的活动,有一颗热忱、负责、诚实的仁爱之心,这也是作为一名医学生全面发展和成才的需要。

二、能力的类型

(一)按照能力获得的方式分类

按照能力获得的方式分类,能力可分为"能力倾向"和"技能"两种类型。

1. 能力倾向　是指上天赋予每个人的特殊才能,它是与生俱来的一种潜能,也有可能因后天的原因而被荒废。职业能力倾向即指经过适当学习或训练后或被置于一定条件下时,能完成某种职业活动的可能性或潜力。

2. 技能　是指经过后天学习和练习而形成的能力。在人们成长的过程中,从什么都不会的婴儿到一个能够生活自理的成年人,我们都在这个过程中学到了无数的技能。个人的能力水平往往是能力倾向和技能两方面综合的结果,主要依赖于后天的练习。辛迪·梵(Sidney Fine)和理查德·鲍尔斯(Richard Bolles)又将技能分为三个类型:专业知识技能、可迁移技能和自我管理技能。

(1)**专业知识技能**：是指那些需要通过教育或者培训才能获得的特别的知识或能力。专业知识技能除了通过正式的专业教育之外，还能通过课外培训、专业会议、讲座或研讨会等途径学到。

(2)**可迁移技能**：也被称为通用技能，是个人能持续运用和最能够依靠的技能。其特征是可以从生活的方方面面，特别是工作之外得到发展，并可以迁移应用于不同的工作之中。

(3)**自我管理技能**：有人把这种技能看作是个性品质，而不是技能。因为它们被用来描述或说明人具有的某些特征。这些特征能够帮助个人更好地适应周围的环境。可以从非工作生活领域转换到工作领域。自我管理技能在工作中对取得成就和处理人际关系是不可缺少的，它们是成功所需要的品质，是个人最有价值的资产。

（二）按照能力的适用范围分类

按照能力的适用范围分类能力可以分为"一般能力"和"特殊能力"两种类型。

一般能力是指个体完成大多数活动都需要的能力，适用于人类广泛的学习、生活等活动。

特殊能力是指个体完成某项具体专业活动所需要的能力，它只适用于少数特定活动范围。

只有当工作环境能满足个人的需求（内在满意），个人也能满足工作的技能要求（外在满意）时，个人在该工作领域才能够得到持久发展。根据这一理论不难理解，一个人的能力与工作的要求相匹配时最容易发挥自己的潜能，并获得一种满足的感觉。反之，一个人做自己力所不及的工作时，就会感到焦虑，甚至产生挫败感。因此，在选择职业时，我们同样要寻求个人能力与职业技能要求的适配。

三、个人能力探索

同学们可以结合自己的经历来了解自己的能力，即成就经历法——通过分析自己的经历来发掘自身的能力。每个人都有值得骄傲和自豪的成就经历，但是大家大都把它们尘封在记忆当中，我们应该以一种全新的视角去发掘它们。

写下在你的成长过程中各阶段令你有成就感的事件，这些"成就事件"不一定都是在学习或工作中，也可以是在业余、娱乐活动中发生的，至少 3 件，当然越多越好。然后进行分析，看在这中间你都发挥了哪些能力。

只要符合以下两点即可认为是"成就"：第一，你喜欢做这件事时体验到的感受；第二，你为完成它所带来的结果感到自豪和高兴。把这些能力都写出来，你就可以从中发现自己的能力优势。

第四节　探索价值观

案例导入

小王同学，来自偏远的小山村，当初学医是为了帮助家乡人民解除疾病痛苦，但是毕业在即看到同学们都选择大城市、大医院就业，他自己也动摇了，不知道是坚持自己最初的梦想还是选择现实，他感到困惑和迷茫。

小韩同学，口腔医学专业大三的学生。当被问及是找一份收入一般但稳定福利好的工作，还是找一份收入高但挑战大不稳定的工作时，他一直犹豫不决。

请思考：

这两个同学反映出的是什么问题？

价值观是人的基本信念，是一种内心尺度，即什么对我最重要。它代表了一个人对于什么是好，什么是对，什么会令人喜爱的意见。价值观是决定人们期望、态度和行为的心理基础，因此在同一客观条件下，具有不同价值观的人会产生不同的行为。

一、价值观概述

（一）价值观的含义

价值观即为一个人对周围的客观事物（包括人、事、物）的意义、重要性的总体评价和看法。价值观一般是指我们一生中最重视的东西，即我们所看重的原则、标准或品质。价值观的最终点是理想，与兴趣有着内在联系。

（二）价值观的特性

1. 主观性 价值观是源于个人的信念，受多种因素影响。由于每个人的人生经历不同，价值观的形成就会受到不同的影响，因此每个人都会有自己的价值观及价值观体系。

2. 稳定性 在特定的时间、地点、条件下，人们的价值观总是相对稳定和持久的。它是随着人们认知能力的发展，在环境、教育的影响下，逐步培养形成的，因此价值观一旦形成就会相对稳定，具有持久性。

3. 历史选择性 在不同时代、不同社会生活环境中形成的价值观是不同的。一个人所处的社会生产方式及其所处的经济地位，对其价值观的形成有决定性的影响。当然，报刊、电视和广播等宣传的观点以及父母、老师、朋友和公众名人的观点与行为，对一个人的价值观也有不可忽视的影响。

（三）价值观的作用

1. 价值观对人生选择有导向作用 当一个人在人生发展中面临重大选择时，价值观往往起着极其重要的决定性作用。每个人都是在各自的价值观的引导下，形成不同的价值取向，追求各自认为最有价值的东西。

2. 价值观反映人们的认知和需求状况 1943 年，美国著名心理学家马斯洛在《人的动机理论》一文中提出了享誉全球的"需求层次理论"，把人的需求划分为五个层次，从低到高依次是即生理需求、安全需求、社会需求、尊重需求和自我实现需求。只有当低层次的需求得到满足之后，个人才能关注并致力于满足下一层次的需求。这些需求是强大的内在驱动力，我们所做的事情正是为了满足这些需求。它们在我们的生活中反映出来，就体现为我们的价值观。

二、职业价值观探索

（一）职业价值观的含义

俗话说"人各有志"，这里的"志"表现在职业选择上就是职业价值观。职业价值观通常是指人生目标和人生态度在职业选择方面的具体表现，也就是一个人对职业的认识和态度以及他对职业目标的追求和向往。

（二）职业价值观与职业的关系

职业价值观决定了人们的职业期望，影响着人们对职业方向和职业目标的选择，决定着人们就业后的工作态度和职业发展情况。

1. 职业价值观影响职业选择 价值观是人们在生活、工作中所看重的原则及标准，是内在驱动力，因此价值观往往决定了我们的生活态度，进而决定我们的职业取向。每个职业都有着各自不同的特性，生活在不同社会群体中的人，对职业的好坏会有不同的评价和取向，这些都会成为每个人选择职业的参照。例如：在择业过程中，有些人追求的是社会地位、有些是追求丰厚的工资待遇、有些是追求舒适的工作环境等，这些都折射出我们的价值观，进而影响人们对就业方向和具体职业岗位的选择。

2. 职业价值观推动职业发展 职业价值观是贯穿整个职业发展的原动力，价值观与职业的契合度越高，职业的满意度就会越高，较高的满意度决定着人们就业后的工作态度及工作效果，从而决定了人们的职业发展状况推动个人的职业发展。

（三）医学职业对价值观的要求

随着时代的发展和社会的进步，人们的生活水平和思想观念在逐步提高，对自身的健康问题不单单停留在过去生病就医的基础阶段，而是更加注重健康权和生命权，开始关注医务人员的医德医风。这就给从事医疗卫生职业的从业者提出了更高的要求，医疗卫生人员应具备正确的价值观及良好的职业道德素质和职业精神。医学是神圣的事业，医学院校学生毕业后担负着消除疾病，救死扶伤、促进医药卫生事业发展的重大职责，因而树立与职业发展相匹配的正确价值观显得尤为重要。在确立医学职业价值观时应注意以下几点：

（1）**正确处理个人需求与社会需求、个人价值与社会价值的关系**：医学生应该首先考虑社会需求，担负起社会的责任，要把社会的客观要求同个人的主观愿望有机地统一起来，要以国家和集体的利益为重，实现个人价值和社会价值的有效融合。

（2）**"救死扶伤"是恒久不变的誓声**：当我们步入医学殿堂，作为一名医学生，"健康所系、性命相托"的誓言就应该铭记于心，作为一名医疗卫生行业人员，我们面对生命时永远应该冷静、积极、珍惜。秉持"救死扶伤以人为本"的信念，培养正确的职业态度，才能发挥医学的真正价值。

（3）**与时俱进，提升服务理念**：当代医学生应当顺应现代医疗卫生服务发展潮流，将"以病人为中心"的理念贯穿于自己的学生、工作中，学会换位思考，注意尊重和体谅病人，提高自身服务意识、责任意识、事业心和学习工作热情。

（4）**终身学习，精益求精**：学医之路漫长而又艰辛，但是医生的医术和医德直接关系着患者的安全和幸福，医务工作者只有具备一流的专业技能，才能更好地为病人解除痛苦。医学生无论在学校还是未来步入社会，都应当在专业领域中不断追求、前进、精益求精，不断攀登医学高峰。

（刘 欣）

思考题

1. 探索自我，请针对"我是谁"写出 5 个答案；针对"我是怎样的人"写出 20 个答案。要求写出"我"区别于其他人的特征。

2. 360 度评估：通过家人、同学、老师和朋友等的反馈，对自身的进行更加全面和客观地了解。请按照下表的内容搜集身边人对自己的评价，以便更好地认识自己。

	同学眼中的我		朋友眼中的我		老师眼中的我		家长眼中的我	
	优点	不足	优点	不足	优点	不足	优点	不足
兴趣								
性格								
学习								
品德								
生活								
能力								
其他								

提示：在所有的答案中我们必须学会选择，坚持自己的主见的同时也要接纳别人的建议。对于别人的批评要虚心接受，有则改之，无则加勉。

3. 我希望的工作？在一分钟的时间内尽可能详细地写出你对将来希望从事的工作的描写，并思考以下问题：你在工作中寻找的是什么？你判断工作"好"与"坏"的标准又是什么？然后将你写下的内容与同学分享。

ER 3-2

练习题

第四章 ｜ 探索职业世界

ER 4-1

教学课件

学习目标

1. 掌握：探索职业世界的方法。
2. 熟悉：临床医学专业概况及就业形势分析。
3. 了解：职业的相关概念。
4. 能够科学合理选择适合自己的职业，积极践行职业探索活动。
5. 具备使用多种方法和策略获取职业信息的能力。

第一节　职业的相关概念

职业是社会发展到一定阶段，随着社会分工的出现而形成的。随着社会管理的变革、科技的进步、经济的发展以及产业和行业的演变，职业也在不断地经历产生和消亡的变化过程。进入 21 世纪，职业的种类越来越多，职业的内容不断更新，职业划分不断细化，而职业更新的周期则越来越短，对从业人员的基本素质和职业技能的要求不断提高。因此，当代大学生要深入了解职业，有针对性地进行相关的学习和准备，才能为将来进行职业决策打好基础，才能科学、合理地规划职业生涯。

一、职业的定义

案例导入

小戴是某高等职业院校临床医学专业的应届毕业生，在校期间学习表现良好。临近毕业时，班上很多同学都找到了满意的工作，而小戴却迟迟没有落实用人单位。家人很是着急，给她在当地县城的一家医院投递了求职简历，刚好她的条件符合医院要求，专业对口，又在家乡。然而她本人的择业意向却是经济发达的一、二线城市，除此之外什么单位都不考虑。在这种心态下，工作自然难以如愿。

请思考：

你会给小戴怎样的建议？

（一）职业的概念

从词义学角度看，汉语中"职"字，《说文解字》释为"记微也"，即记住细微的事物。在古代汉语中，主要指职责、职位、执掌、主要、贡献等；在现代汉语中，则指职务、职位、执掌等。"业"字，《说文解字》释为"大版也"，即钟鼓架子横梁上的木板，由筑墙用的夹板引申而来，在古代汉语指事业、职业、学业、产业、次序、创始等；在现代汉语中，则指行业、职业、学业、事业、产业等。在古汉语中，"业"和"职"都可以指称"职业"，比较而言，"职"字突出一个人在社会中所处位置的高低和所担当角色的大小，而"业"字的"职业"意涵更明确，同时还包含着对类型的区分。

根据民政部职业技能鉴定指导中心的定义,职业是劳动者参与社会分工,利用专门的知识和技能,为社会创造物质财富和精神财富,获取合理报酬,作为物质生活来源,并满足精神需求的工作。是人们为了谋生和发展而从事的相对稳定的、有收入的、专门类别的社会劳动。这种社会劳动是对人们的生活方式、经济状况、生活水平、行为模式、思想情操等方面的综合反映,也是一个人的权利和义务、社会职责和社会地位的综合表现。

(二)职业的特征

1. 社会性　职业随着社会分工的发展而发展。职业的种类反映着社会生产力发展的水平和社会分工的水平。有什么样的生产力,才会产生与之相适应的职业。此外,不同的职业,在社会中具有不同的责、权、利。职业与个人的地位、经济收入相关,反映了社会权益的分配状况。同时职业是个人在社会性劳动体系中从事的一种活动,所以职业活动的过程也是为社会提供服务的过程。所以说职业活动不是个体孤立的行为,而是具有社会性的活动。

2. 规范性　每一种职业都有其特定的职业规范,其包含两层含义:一是职业活动必须符合国家法律和社会道德规范;二是职业活动要符合特定生产技术和技能规范的要求。这两种规范性构成了职业规范的内涵与外延。

3. 统一性和差异性　职业的统一性指同一类别的职业,其劳动条件、工作对象、操作内容等相近或相同。正是由于统一性的存在,才会出现行业规范、行业协会等。而不同职业类别之间却存在着较大的差异性。古代的"三百六十行"发展到今天已是上万种职业,而且随着社会和科学技术的进步、分工的细化,新的职业不断涌现,职业间的差异也会不断变化。

4. 功利性　职业的功利性也叫职业的经济性,是指职业作为人们赖以谋生的劳动过程中所具有的逐利性一面。职业活动中既满足职业者自己的需要,同时,也满足社会的需要,只有把职业的个人功利性与社会功利性相结合起来,职业活动及其职业生涯才具有生命力和价值。

5. 技术性　职业的技术性指不同的职业具有不同的技术要求,每一种职业往往都表现出相应的技术要求。

6. 时代性　不同的时代造就不同的职业,不同的职业服务于不同的时代。随着时代发展需要社会生产领域不断产生新的职业,同时社会变化也会导致现有职业的种类、内涵、特征等发生变化。不同时代有不同的热门职业,也就是社会中人们所热衷、追求的职业。

(三)职业的分类

职业分类是指按一定的规则、标准及方法,把一般特征和本质特征相同或相似的社会职业,分成并统一归纳到一定类别系统中的过程。世界各国国情不同,其划分职业的标准有所区别。社会分工是职业分类的依据。在分工体系的每一个环节上,劳动对象、劳动工具以及劳动的支出形式都各有特殊性,这种特殊性决定了各种职业之间的区别。我国职业分类的标准主要有两种:

1. 根据最新《中华人民共和国职业分类大典(2022年版)》职业分类标准,我国国际职业总分为8大类、79个中类、449个小类、1 639个细类(职业)。

其8个大类是:第一,党的机关、国家机关、群众团体和社会组织、企事业单位负责人;第二,专业技术人员;第三,办事人员和有关人员;第四,社会生产服务和生活服务人员;第五,农、林、牧、渔业生产及辅助人员;第六,生产制造及有关人员;第七,军队人员;第八,不便分类的其他从业人员。

职业是随着生产力发展和社会劳动分工的出现,逐步产生和变化的。职业分类大典则是职业分类的成果形式和载体,在开展劳动力需求预测和规划、统计分析就业人口结构和趋势、开展职业教育培训和就业指导等工作中发挥着基础性和导向性作用。

2. 根据现行《国民经济行业分类》(GB/T 4754—2017)国家标准,分类采用经济活动的同质性原则划分,每一个行业类别按照同一种经济活动的性质划分。分类共分为门类20个、大类97个、中类473个和小类1 382个,每个类别都按层次编制了代码。其中20个门类为:

(1)农、林、牧、渔业；

(2)采矿业；

(3)制造业；

(4)电力、热力、燃气及水生产和供应业；

(5)建筑业；

(6)批发和零售业；

(7)交通运输、仓储和邮政业；

(8)住宿和餐饮业；

(9)信息传输、软件和信息技术服务业；

(10)金融业；

(11)房地产业；

(12)租赁和商务服务业；

(13)科学研究和技术服务业；

(14)水利、环境和公共设施管理业；

(15)居民服务、修理和其他服务业；

(16)教育；

(17)卫生和社会工作；

(18)文化、体育和娱乐业；

(19)公共管理、社会保障和社会组织；

(20)国际组织。

二、高等职业教育医药卫生类专业以及专业对应的职业群

案例导入

　　小罗是某高等职业院校临床医学专业的应届毕业生,在校期间成绩优异,担任学生干部,经常组织参加学校各项活动,性格外向。毕业后通过招聘会顺利进入一家医院工作,医院安排小罗到医务处从事行政管理工作。小罗觉得与所学专业不对口,内心很矛盾,不知该如何选择?

请思考:

1. 临床医学专业的学生只能从事医生职业吗?

2. 专业与职业的关系是什么?

(一)高等职业教育医药卫生类专业

　　专业指根据学科分类和社会职业分工,为满足社会分工的需要而组成的学科划分体系。高等职业教育区别于本科教育,其专业设置要依据国家社会职业分类和行业标准,充分考虑产业发展需求、地方经济社会发展需求、实践教学和实习实训环节、高等教育相衔接、学科门类和专业层次、人才和地方需求以及国家职业资格制度等因素。通过科学合理地设置专业,实现专业设置与产业需求对接、课程内容与职业标准对接、教学过程与生产过程对接、毕业证书与职业资格证书对接、职业教育与终身学习对接,全面提高人才培养质量和就业竞争力,为社会输送各种专门人才。

　　医药卫生类专业包括临床医学类、护理类、药学类、医学技术类、卫生管理类等五大类专业。

(二)专业与职业的关系

　　专业是学业门类,职业是工作门类,专业比职业涉及面广,专业是面向一个及一个以上职业,服

务范围是面向一个职业群。不同的职业需要不同的知识、技能,而不同的知识和技能则是不同专业的主要内容。从经济和效率的角度来看,我们所选择的专业应该是职业目标所需要的知识和技能。然而从专业与职业的相关性来讲,它们并不都是一一对应的关系,而是呈现出一对一、一对多、多对多等非常复杂的相关关系。

1. 一对一 指一个专业方向对应一个职业目标。以专业为基础发展职业,个人的职业发展在所学专业基础上有重点地沿某一方向拓展。此类职业的技术含量比较高,也比较单一,它属于学业规划中比较主动的一种态势。我们可以先定目标,后选路线,这类专业和职业一般适合于专业技术人员。

2. 一对多 指一个专业对应多个职业方向,以专业为核心发展职业,个人的职业发展以所学专业为核心向外扩展。这种情况下,选择的职业与学习的专业虽然方向一致,但职业发展超出所学专业领域,常说的宽口径、厚基础就是指这类专业,它们所对应的职业目标有多个。

3. 多对多 就是多种专业都可以发展到某一种职业的情形。这类职业一般技术含量不高,但要求个人在实践中领悟和学习。

(三)临床医学专业对应的职业群

职业群是指将工作要素相同或相近的职业归类,通常指工作内容、社会功能、操作技能及对从业者素质要求相近的若干职业的集合。职业群思维起源于终身教育思想,它提供给学生的是宽泛、灵活的学术和技能体系,更注重为学生的职业生涯发展做准备,培养职业意识,进行职业导向和职业探索,这种准备有助于学生获得合适的工作,也为学生的终身发展奠定基础。

1. 适用横向发展的职业群 主要体现为高等职业院校毕业生首次就业时择业面的拓展或今后可能转岗的范围。如临床医学专业学生毕业后可在各级医疗、预防、保健机构从事临床医疗、预防保健、医学教学和医学科研或相关工作。

2. 适用纵向发展的职业群 主要体现为技术等级和职务的提升,指高等职业院校毕业生有一段工作经历后可能晋升的岗位,是职业生涯发展潜在的岗位。如医生技术职务的晋升途径为医师、主治医师、副主任医师、主任医师。

第二节 高等职业教育临床医学专业介绍及就业形势分析

一、高等职业教育临床医学专业

临床医学专业是一门实践性很强的应用科学专业,致力于培养具备基础医学、临床医学的基本理论和医疗预防的基本技能,能在医疗卫生单位、医学科研等部门从事医疗及预防、医学科研等方面工作的医学高级专门人才。临床医学专业学生主要学习医学方面的基础理论和基本知识,人类疾病的诊断、治疗、预防方面的基本训练,具有对人类疾病的病因、发病机制作出分类鉴别的能力。

(一)培养目标

本专业培养德、智、体、美、劳全面发展,具有良好职业道德和人文素养,掌握扎实的科学文化基础和基础医学、临床医学、预防医学、基本公共卫生服务、全科医学等知识,具备正确诊断和处理常见病和多发病、识别重大疾病并提出转诊建议、辨识急危重症并进行初步急救处理和及时转诊、实施慢性病管理和社区疾病康复等能力,从事居民基本医疗和基本公共卫生服务等工作的高素质技术技能人才。

(二)主要职业能力

通过对职业岗位能力的分析,归纳出临床医学专业所需的职业素养、知识和技能如下:

1. 职业素养

(1)热爱祖国,忠于人民,树立正确的世界观、人生观和价值观。具有服务基层医疗卫生需求的奉献精神。珍视生命,关爱患者,能将预防疾病、祛除病痛作为自己的终身责任。

（2）具备高尚的职业道德，能将维护人民的健康利益作为自己的职业责任。

（3）具有终身学习观念，能认识到持续自我完善的重要性。

（4）具有一定的人文科学素养，具备正确的审美能力。

（5）具有与患者及其家属进行交流的意识，有较强的沟通与协作、协调与组织能力，具有良好的团队精神。

（6）有耐心、同情心与责任心，尊重患者个人信仰，理解他人的人文背景及文化价值。

（7）实事求是，对于自己不能胜任和安全处理的医疗问题，能主动寻求其他医师的帮助。

（8）具有依法行医的法律意识，掌握常用的卫生法律法规、规章，能依法维护患者和自身的权益。

（9）具有健康的体魄，良好的卫生习惯，达到国家规定的大学生体育和军事训练合格标准。

（10）具有健全的人格和良好的心理素质。

2. 知识要求

（1）熟悉与临床医学相关的基础知识，并能用于指导未来的学习和医学实践。

（2）熟悉人体的正常结构和功能，了解人的正常心理特征。

（3）掌握一般常见病、多发病的发病原因，认识到环境因素、社会因素及心理行为因素对疾病形成与发展的影响，认识到健康促进与疾病预防的重要性。

（4）掌握一般常见病、多发病的发病机制、临床表现、诊断及防治原则。

（5）掌握基本的药理知识及临床合理用药原则。

（6）熟悉疾病预防控制的基本知识，熟悉人群健康与社区卫生服务的相关知识，熟悉康复、缓解与改善疾患和残障的有关知识。

（7）了解临床流行病学和循证医学的基本原理与方法。

（8）熟悉传染病的发生、发展以及传播的基本规律，掌握常见传染病的防治原则。

（9）掌握一定的与医学相关的人文、社会等方面知识。

3. 技能要求

（1）具备进行预防医学及卫生防疫工作的基本技能，具备流行病学调查能力、卫生统计分析能力。

（2）具备全面、系统、正确地采集病史的能力；具备系统、规范、准确地进行体检诊断的能力，规范书写病历的能力；具备较扎实的临床实践操作能力与临床思维能力；具备对基层常见病、多发病、地方病独立进行诊断和治疗的能力；具备对基层常见急、危、重病症进行应急处理和转诊的能力。

（3）具备对基层传染病及时诊断、早期处理的能力；具备开展健康教育和卫生保健指导的能力。

（4）具备对基层医疗机构中常见的肢体功能障碍、智力残疾、听力语言残疾等患者进行社区康复治疗的能力（包括针灸、刮痧、拔罐等中医技术）；具备合理应用中成药的技能。

（5）具备建立、使用和管理健康档案的能力；初步具备服务于社区、家庭、病人的能力。

（6）具备一定的自主学习、终身学习和可持续发展的能力。

（三）资格考试

医师资格考试的性质是行业准入考试，是评价申请医师资格者是否具备从事医师工作所必需的专业知识与技能的考试。医师资格考试分实践技能考试和医学综合考试两部分。医师资格考试分为两级四类，即执业医师和执业助理医师两级；每级分为临床、中医、口腔、公共卫生四类。

临床执业助理医师资格考试分实践技能考试和医学综合笔试两部分。实践技能考试采用多站测试的方式，考区设有实践技能考试基地，根据考试内容设置若干考站，考生依次通过考站接受实践技能的测试。每位考生必须在同一考试基地的考站进行测试。

医师资格考试医学综合笔试于 8 月中旬举行，具体时间以卫生部医师资格考试委员会公告时间为准。其中临床执业助理医师资格考试时间为 1 天，分 2 个单元，每单元均为两个小时。医学综合笔试全部采用选择题形式。执业医师采用 A 型和 B 型题，共有 A1、A2、A3、A4、B1 五种题型。执业助理医师适当减少或不采用 A3 型题。

二、高等职业教育临床医学专业就业形势分析

（一）临床医学专业就业领域与岗位

按照国家行业划分标准，医疗卫生服务行业是为社会提供医疗卫生服务产品的要素、活动和关系的综合体。医学院校毕业生可以在医疗卫生服务行业中找到广泛的就业机会，包括临床医师、护士、口腔医师、药剂师、影像医师等相关职业。通过专业的医学知识和技能，为患者提供诊断、治疗和护理等服务。

临床医学专业的职业领域为医疗卫生领域，毕业生就业面向县级以下医院、社区卫生服务中心（站）内科、外科、妇产科、儿科、五官科、公共卫生科等医生岗位，从事融预防、保健、诊断、治疗、康复、健康管理、优生优育技术服务为一体的医疗服务工作，毕业 1 年后可参加执业（助理）医师资格考试。

（二）临床医学专业职业去向简介

1. 全科医师　全科医师是对个人、家庭和社区提供优质、方便、经济有效的预防、治疗、保健、康复、健康教育一体化的综合基层医疗保健服务，进行生命与健康的全程全方位负责式管理的专业人员。

经过全科医学专门训练、学习，取得了全科医师执业资格证书，工作在基层的临床医生，为个人、家庭和社区提供优质、方便、经济有效的、一体化的基层医疗保健服务，进行生命、健康与疾病的全过程、全方位负责式管理的医生，是执行全科医疗的卫生服务提供者。

（1）**工作内容**

1）建立并使用家庭、个人健康档案，对社区人群提供连续、系统、全面的健康管理。

2）进行社区常见病、多发病、慢性病的诊疗、会诊或转诊。

3）进行疾病预防、筛查与咨询等。

4）进行居家医疗照顾。

5）进行社区老人、妇女、儿童和残疾人等重点人群保健，提供基本的精神卫生服务。

6）进行健康教育、生活干预等大众健康促进工作。

7）参与社区诊断，掌握社区人群健康状况。

8）协调提供康复服务。

（2）**工作环境**：全科医师一般工作在社区卫生服务中心（站）。

（3）**所需资质证书**：大专学历的医学生毕业 1 年后参加临床执业助理医师资格考试，取得临床执业助理医师资格证后 2 年可以参加临床执业医师资格考试，取得临床执业医师资格证。

（4）**主要需求行业**：县级以下医院、社区卫生服务中心各科室。

2. 内科医师　内科医师指从事内科疾病诊断，应用处方药物及合理介入等手段对患者进行治疗、预防和康复的专业人员。

内科医生生涯
人物访谈

（1）**工作内容**

1）询问与检查患者，书写病历，记录病案。

2）实时临床检验、影像学、介入方法、穿刺技术以及其他辅助诊断程序。

3）开具饮食、辅助治疗、处方药物及具体实施药物治疗等医嘱，提出康复、预防建议。

4）选择适应证，应用介入、腔镜等诊疗手段治疗内科疾病。

5）提出会诊请求或介绍患者转科治疗意见。

（2）**所需资质证书**：大专学历的医学生毕业 1 年后参加临床执业助理医师资格考试，取得临床执业助理医师资格证后 2 年可以参加临床执业医师资格考试，取得临床执业医师资格证。

3. 外科医师　外科医师是从事外科疾病诊断，以手术或手法等手段对患者进行治疗和康复的

专业人员。

（1）**工作内容**

1）询问和检查患者，书写病历，记录病案。

2）医嘱或实施化验、影像学、介入方法、手术、穿刺技术以及其他诊断程序。

3）分析化验和检查报告及结果，作出诊断，确定是否施行外科手术或组织器官移植治疗。

4）医嘱术前准备，制订施行外科手术方案，并实施手术。

5）开具处方，进行药物治疗、化学疗法、输血、补铁等辅助支持治疗。

6）术后观察患者病情变化并采取相应的治疗措施，书写病历，记录备案。

ER 4-3

外科医生生涯
人物访谈

（2）**工作环境**：外科医师一般在各级各类医院外科科室工作。

（3）**所需资质证书**：大专学历的医学生毕业 1 年后参加临床执业助理医师资格考试，取得临床执业助理医师资格证后 2 年可以参加临床执业医师资格考试，取得临床执业医师资格证。

4. 乡村医生　乡村医生是在村卫生室从事基本公共卫生和基本医疗服务的专业人员。

（1）**工作内容**

1）进行疾病预防控制、健康教育和其他与居民健康相关的公共卫生服务。

2）进行一般常见病初级诊治及提供转诊服务。

3）进行居民健康管理及妇幼保健。

4）收集、统计、填报疾病控制、卫生监督、妇幼保健等相关数据。

5）协助处置突发公共卫生事件。

6）协助专业公共卫生机构提供其他公共卫生服务。

（2）**工作环境**：乡村医生一般工作在各乡村卫生室。

（3）**所需资质证书**：已在乡镇卫生院或村卫生室工作满一年且考核合格，符合《医师资格考试报名资格规定（2014 版）》中报考临床类别和中医类别医师资格学历要求的考生，具备《中华人民共和国医师法》及国家规定的专业、学历、工作经历要求，可以报名参加乡村全科助理医师资格考试，取得乡村全科助理医师资格证。

5. 放射科医师　放射科医师是主要从事疾病影像学诊断和介入放射学治疗的专业人员，为临床医生提供诊断支持。

ER 4-4

影像诊断医生
生涯人物访谈

（1）**工作内容**

1）获取患者病史及相关资料，必要时检查患者并掌握该种检查的适应证。

2）医嘱进行 X 线透视、拍片，电子计算机体层摄影（CT）与磁共振成像（MRI）等影像学检查。

3）分析对比影像资料，作出诊断意见。

4）进行介入性放射学检查和治疗。

5）介入性放射学的检查和治疗术中、术后，与临床医师共同处理出现的并发症，术后观察反应和疗效。

（2）**所需资质证书**：临床医学相关专业大专以上学历、具有执业医师证，大型设备（CT、MRI）要有医用大型设备上岗证。

（三）临床医学专业职业岗位（群）的任职要求分析

职业岗位分析是对各类岗位的性质、任务、职责、劳动条件和环境，以及员工承担本岗位任务应具备的资格条件所进行的系统分析与研究，并由此制定岗位规范、工作说明书等人力资源管理文件的过程。医学生可以通过了解本专业对应职业岗位（群）的任职要求，在学习和实践中有所准备，为科学地规划职业生涯奠定基础。临床医学专业职业岗位（群）的任职要求分析见表 4-1~表 4-7。

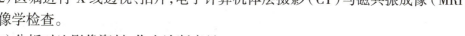

表 4-1　县级以下医院、社区卫生服务中心公共卫生科医生

岗位工作任务	标准要求	岗位职业能力
建立健康档案	1. 会建立、使用和管理档案,能熟练操作计算机 2. 能诊断基层常见病、多发病	1. 具备建立、使用和管理档案的能力及计算机应用能力 2. 具备临床实践操作能力与临床思维能力 3. 具备开展计划免疫工作的能力 4. 具备按《传染病防治法》进行传染病登记、报告、处理的能力 5. 具备慢性病病人管理能力 6. 具备开展健康教育和卫生保健指导的能力 7. 具备进行健康体检的能力 8. 具备生殖健康以及计生知识 9. 具备与人进行良好的沟通、交往的能力,与辖区居民建立良好关系 10. 有良好的团队精神,责任心强,有吃苦耐劳精神
计划免疫工作	1. 会皮内、皮下、肌内注射 2. 有耐心和爱心 3. 能遵照计划免疫工作规程对适龄儿童开展计划免疫工作,并完成建册建簿 4. 能对疑似预防接种异常反应进行处理	
传染病登记、报告、处理	1. 能对常见传染病作出初步诊断,及时报告 2. 能按规范要求对病人进行医疗救治和管理,及时转诊 3. 能对传染病密切接触者和健康危害暴露人员进行管理 4. 会进行流行病学调查 5. 能正确对疫点疫区进行处理 6. 会应急接种和预防性用药	
慢性病病人管理	1. 会规范测量血压、血糖 2. 能与人进行良好的沟通、交流 3. 能协助内科医生诊治高血压、糖尿病、冠心病、脑卒中等慢性病,并协助内科医生做好慢性病病人的随访; 4. 能进行健康体检 5. 会建立、使用和管理档案,能熟练操作计算机	
基层常见病、多发病诊断与治疗	1. 能根据病人病史、体检诊断、辅助检查结果对基层常见病、多发病作出正确的诊断 2. 能根据病人的具体情况,制订切实可行的治疗计划 3. 会规范书写门诊及住院病历、做好门诊记录	
开展各种健康教育,提供有针对性的预防服务	1. 有良好的公众表达能力和心理素质 2. 能讲解基层常见病病因和发病机制,预防措施,治疗原则和常用药物 3. 能开展多种形式健康教育和卫生保健指导 4. 会讲解《传染病防治法》《食品卫生法》等卫生法规和常见传染病的预防措施	
提供优生优育宣传、技术咨询和指导等服务	1. 有良好的公众表达能力和心理素质 2. 会讲解计生知识	

表 4-2　县级以下医院、社区卫生服务中心内科医生

岗位工作任务	标准要求	岗位职业能力
内科常见病、多发病诊断与治疗、急危重症处理及转诊	1. 能收集可靠而完整的内科病病史 2. 能全面、正确而细致地对病人进行体检诊断 3. 会准确阅读各种辅助检查结果,并理解其意义 4. 能根据病人病史、体检诊断、辅助检查结果对常见病、多发内科疾病作出正确的诊断 5. 能根据病人的具体情况,制订切实可行的治疗计划 6. 会规范书写病历 7. 能对基层内科常见急、危、重病症进行应急处理和转诊判断 8. 能对常见传染病作出初步诊断,及时报告,按规范要求对病人进行医疗救治和管理,及时转诊;会进行流行病学调查;会应急接种和预防性用药	1. 具备较扎实的临床实践操作能力与临床思维能力 2. 具备对基层内科常见病、多发和地方病独立进行诊断和治疗的能力 3. 具备对基层内科常见急、危、重症进行应急处理和转诊的能力 4. 具备对重大传染病及时诊断、早期处理的能力 5. 具备开展健康教育和卫生保健指导的能力 6. 具备进行健康体检的能力

岗位工作任务	标准要求	岗位职业能力
慢性病病人管理	1. 会规范测量血压、血糖 2. 能与人进行良好的沟通、交流 3. 能正确诊治高血压、糖尿病、冠心病、脑卒中等慢性病 4. 能开展健康教育和卫生保健指导 5. 会进行健康体检 6. 会建立、使用和管理健康档案	7. 具备建立、使用和管理档案的能力及应用计算机的能力 8. 具备良好的人际沟通能力，实现医患和谐 9. 具备对神经系统疾病和伤残、心血管及呼吸系统疾病进行社区康复治疗的能力
康复服务	1. 会康复医学知识，能为残障人士提供咨询与指导 2. 能对神经系统疾病和伤残、心血管及呼吸系统疾病进行简单的康复治疗 3. 会运用中医常用诊疗技术对病人进行治疗	10. 具备运用中医常用诊疗技术对病人进行诊疗的能力

表 4-3　县级以下医院、社区卫生服务中心外科医生

岗位工作任务	标准要求	岗位职业能力
外科常见病、多发病诊断与治疗、急重症处理及转诊	1. 能收集可靠而完整的外科病病史 2. 能全面、正确而细致地对病人进行体检诊断 3. 会准确阅读各种辅助检查结果，并理解其意义 4. 能根据病人病史、体检诊断、辅助检查结果对常见、多发外科疾病作出正确的诊断 5. 能根据病人的具体情况，制订切实可行的治疗计划 6. 会规范书写病历 7. 能遵循无菌观念进行清创、换药、止血、包扎，开展常见中小型手术 8. 能对基层外科常见急、危、重病症进行应急处理和转诊判断	1. 具备应用外科无菌原则和技能对相关外科疾病进行技术处理的实践操作能力与临床思维能力 2. 具备对基层外科常见病、多发病独立进行诊断和治疗的能力 3. 具备对基层外科常见急、危、重病症进行应急处理和转诊的能力 4. 具备良好的人际沟通能力 5. 具备对骨关节肌肉疾病和伤残、术后病人的社区康复治疗的能力
康复服务	1. 会康复医学知识，能为残障人士提供咨询与指导 2. 能对骨关节肌肉疾病和伤残、术后病人进行简单的康复治疗	

表 4-4　县级以下医院、社区卫生服务中心妇产科医生

岗位工作任务	标准要求	岗位职业能力
妇科常见病、多发病诊断与治疗、急重症处理及转诊	1. 能收集可靠且完整的妇产科病病史 2. 能正确而细致地对病人进行盆腔检查或产科检查 3. 会根据病情需要选用恰当的辅助检查项目，会准确阅读各种辅助检查结果，并理解其意义 4. 能根据病人病史、体检诊断、辅助检查结果对常见、多发妇产科疾病作出正确的诊断 5. 能根据病人的具体情况，制订治疗计划； 6. 具有实施人工流产术、上环术、取环术、诊刮术、后穹隆穿刺术、剖宫产术等妇产科常见手术的能力 7. 会规范书写病历 8. 能对基层妇科常见急、危、重病症进行应急处理和转诊判断	1. 具备较扎实的临床实践操作能力与临床思维能力 2. 具备对基层妇产科常见病、多发病独立进行诊断和治疗的能力 3. 具备对基层妇产科常见急、危、重病症进行应急处理和转诊的能力 4. 具备规范全面孕期健康管理的能力 5. 具备对有妊娠危险因素和可能有妊娠禁忌证或严重并发症的孕妇，及时转诊的能力
孕早期健康管理	1. 能规范建立《孕产妇保健手册》 2. 能规范全面地对孕妇健康状况评估 3. 会对孕早期孕妇个人卫生、心理和营养保健进行指导 4. 能正确记录产前随访服务记录表	6. 具备对有意外情况孕妇及时转诊的能力 7. 具备正确监护及处理正常分娩的能力

岗位工作任务	标准要求	岗位职业能力
	5. 能对具备妊娠危险因素和可能有妊娠禁忌证或严重并发症的孕妇及时转诊	8. 具备剖宫产手术的能力 9. 具备对产妇进行全面检查和指导的能力 10. 具备对产妇进行产褥期保健指导的能力 11. 具备对产后常见问题的处理能力 12. 具备新生儿护理指导能力 13. 具备良好的人际沟通能力,实现医患和谐
孕中期健康管理	1. 会对孕妇健康和胎儿的生长发育状况进行评估 2. 会健康指导和宣传预防出生缺陷的产前筛查和产前诊断 3. 能对异常的孕妇及时转诊	
孕晚期健康管理	1. 会对孕晚期孕妇进行孕产妇自我监护方法、促进自然分娩、母乳喂养以及孕期并发症、合并症进行防治指导 2. 能对高危孕妇作出诊断 3. 能对有意外情况孕妇及时转诊	
产科常见病、多发病诊断与治疗、急重症处理及转诊	1. 能正确监护及处理正常分娩 2. 会剖宫产手术	
产后访视	1. 会对产妇进行全面检查和指导 2. 会对产妇进行产褥期保健指导 3. 能对产后常见问题进行处理 4. 能对新生儿护理进行指导	
产后 42 天健康检查	1. 会对产妇进行全面检查和指导 2. 会对产妇恢复情况进行评估 3. 会对产妇应进行性保健、避孕、预防生殖道感染、纯母乳喂养 6 个月、婴幼营养等方面进行指导 4. 会运用中医药方法进行保健服务	

表 4-5　县级以下医院、社区卫生服务中心儿科医生

岗位工作任务	标准要求	岗位职业能力
儿科常见病、多发病诊断与治疗、急重症处理及转诊	1. 能收集可靠而完整的儿科病病史 2. 能全面、正确而细致地对病人进行体检诊断 3. 会准确阅读各种辅助检查结果,并理解其意义 4. 能根据病人病史、体检诊断、辅助检查结果对常见、多发儿科疾病作出正确的诊断 5. 能根据病人的具体情况,制订切实可行的治疗计划 6. 会规范书写病历 7. 能对基层儿科常见急、危、重病症进行应急处理和转诊判断 8. 能对常见传染病作出初步诊断,及时报告,按规范要求对病人进行医疗救治和管理,及时转诊;会进行流行病学调查;会应急接种和预防性用药	1. 具备较扎实的临床实践操作能力与临床思维能力 2. 具备对基层儿科常见病、多发病独立进行诊断和治疗的能力 3. 具备对基层儿科常见急、危、重病症进行应急处理和转诊的能力 4. 具备皮内、皮下、肌内注射能力 5. 具备对疑似预防接种异常反应进行处理的能力 6. 具备儿童健康管理能力 7. 具备与儿童及其亲属进行良好的沟通、交流的能力 8. 具备对儿童脑瘫、脊髓灰质炎(小儿麻痹)后遗症、儿童听力及语言障碍、弱智、大脑发育迟缓等进行社区康复治疗的能力
计划免疫工作	1. 会皮内、皮下、肌内注射 2. 有耐心和爱心 3. 能遵照计划免疫工作规程协助公共卫生科医生对适龄儿童开展计划免疫工作,并完成建册建簿 4. 能对疑似预防接种异常反应进行处理	
0~6 岁儿童健康管理	1. 会开展儿童 4-2-1 体检 2. 能为 4~6 岁儿童提供健康管理服务	

岗位工作任务	标准要求	岗位职业能力
康复服务	1. 会康复医学知识,能为残障人士提供咨询与指导 2. 能对儿童脑瘫、脊髓灰质炎(小儿麻痹)后遗症、儿童听力及语言障碍、弱智、大脑发育迟缓等进行简单的康复治疗 3. 会运用中医常用诊疗技术对病人进行治疗	
开展各种健康教育,提供有针对性的预防服务	能为儿童保健措施提供咨询与指导	

表 4-6　县级以下医院、社区卫生服务中心五官科医生

岗位工作任务	标准要求	岗位职业能力
五官科常见病、多发病诊断与治疗、急重症处理及转诊	1. 能收集可靠而完整的五官科疾病病史 2. 能全面、正确而细致地对病人进行体检诊断 3. 会准确阅读各种辅助检查结果,并理解其临床意义 4. 能根据病人病史、体检诊断、辅助检查结果对五官科常见病、多发病作出正确的诊断; 5. 能根据病人的具体情况,制订切实可行的治疗计划 6. 会规范书写病历 7. 能对基层五官科常见急、危、重病症进行应急处理和转诊判断 8. 能熟练使用五官科常用检查仪器设备进行检查操作,具备无菌操作观念,能够对五官科常见疾病进行简单的手术治疗	1. 具备较扎实的临床实践操作能力,能够熟练运用常用眼科、耳鼻喉、口腔检查方法 2. 具备对基层五官科常见病、多发病独立进行诊断和治疗的能力 3. 具备对基层五官科常见急、危、重病症进行应急处理和转诊的能力 4. 具备良好的人际沟通能力,实现医患和谐

表 4-7　村卫生室、社区卫生服务站医生

岗位工作任务	标准要求	岗位职业能力
医疗,传染病防控,孕产妇、儿童保健,健康教育,居民健康档案,慢性病防治,老年人保健	1. 会诊治基层常见病、多发病 2. 能对基层常见急、危、重病症进行应急处理和转诊判断 3. 能对常见传染病进行初步诊治,会讲解常见传染病的预防措施 4. 会建立、使用和管理档案,能熟练操作计算机 5. 能开展健康教育和卫生保健指导 6. 会进行健康体检	1. 具备较扎实的临床实践操作能力与临床思维能力 2. 具备对基层常见病、多发病、地方病独立进行诊断和治疗的能力 3. 具备对基层常见急、危、重病症进行应急处理和转诊的能力 4. 具备建立、使用和管理档案的能力及计算机应用能力 5. 具备与人进行良好的沟通、交往的能力

(四) 医疗卫生服务行业发展现状与发展趋势

1. 医疗卫生服务行业资源的布局不合理　我国医疗资源总量相对庞大,但人均占有量与发达国家尚有差距,资源布局不合理。当前我国医卫服务体系布局不够合理:一是地区之间、城乡之间差距较大;卫生资源过度集中在大城市的大医院;社区卫生资源不足,人才短缺、服务能力不强。二是同质化比较严重,各级医疗卫生机构功能定位重复,职责并不清晰。需要对医疗卫生资源布局进行调整,明确各级各类医疗卫生机构的功能定位,使它们的职责清晰起来,这样可以更好地发挥医疗卫生服务体系的整体效率,满足老百姓不同层次的医疗需求。

2. 社会人口老龄化使医疗就诊需求增加　我国人口老龄化趋势日趋明显。国家统计局发布的

数据显示,截至 2022 年,我国人口为 141 175 万人。根据联合国《世界人口展望 2022》的预测结果,到 2050 年,我国总人口仍将保持在 13 亿以上。除了具备一定规模之外,我国人口还表现出一定的内部结构特征。国家统计局发布的数据显示,截至 2022 年底,我国 60 岁及以上人口 28 004 万人,占全国人口的 19.8%,其中 65 岁及以上人口 20 978 万人,占全国人口的 14.9%。按照 65 岁以上人口超过 14% 的标准,我国已经进入中度老龄化阶段。我国将在 2035 年以前进入重度老龄化阶段(65 岁以上人口超过 21%),2050 年以前进入极度老龄化阶段(65 岁以上人口超过 28%),在结构上表现出快速老龄化趋势。伴随社会人口老龄化和患病率的上升,对医疗卫生服务的需求将持续提升。

3. 收入增长与医保覆盖扩大推动我国医疗服务市场规模持续增长　近年来,随着国民经济的发展,我国居民可支配收入水平持续上升,公众的健康意识也在不断增强,使得我国居民对医疗服务的消费能力和消费需求得到了有效提升。另一方面,我国的城镇职工医疗保险制度、城镇居民医疗保险制度和新型农村合作医疗保险制度相继建立并不断完善,大大提升了患者及其家属对医疗费用的支付能力。受此推动,我国医疗服务需求持续增长,医疗服务市场规模不断扩大。

4. 政策引导和需求刺激下民营医疗机构迅速发展　近年来,经济水平不断提升,民众的医疗需求也呈现扩大化、多样化的态势,而有实力的公立医院所能提供的就医资源有限,给民营医院带来了较大的发展机遇。随着我国医药卫生体制改革的不断深化,政府提出了多项政策意见鼓励社会资本进入医疗领域。由于具备融资渠道广、机制灵活、提供市场化服务等特征,民营医院有能力去高薪聘用专家以及提供舒适的就医环境来满足高端消费群体个性化的就医需求。根据国家卫生健康委发布《2022 年我国卫生健康事业发展统计公报》,2022 年末,全国医疗卫生机构总数 1 032 918 个,比上年增加 1 983 个。其中:医院 36 976 个,基层医疗卫生机构 979 768 个,专业公共卫生机构 12 436 个。医院中,公立医院 11 746 个,民营医院 25 230 个,民营医院在医疗服务行业中发挥着日益重要的作用。

5. 加大政策力度,拓宽基层就业空间　2023 年,国家卫生健康委员会、中央机构编制委员会办公室、教育部等部门首次启动实施"大学生乡村医生专项计划",由各省专项招聘医学专业高校毕业生免试注册为乡村医生到村医务室服务,并加大激励和保障力度,引导大学生乡村医生服务农村、扎根农村。教育部会同人力资源社会保障部、团中央等部门持续做好"特岗计划""三支一扶""西部计划"等基层项目。会同民政部做好 2023 年高校毕业生到城乡社区就业创业工作,多渠道吸纳高校毕业生到城乡社区就业创业。依托教育部国家大学生就业服务平台,推出面向西部地区毕业生专场招聘会和"乡村振兴,大有可为"专场招聘会,提供岗位 3.5 万个。

第三节　探索职业世界的方法

案例导入

　　小刘是某高等职业院校临床医学专业的应届毕业生,毕业后顺利被一家医院录用为急诊科医生。在校期间小刘通过网络、学校就业指导中心及已经在医院工作的学哥学姐沟通,了解医院对招聘人员在学习成绩、专业技能和综合素质等方面的要求,为毕业参加招聘做好了准备,顺利被医院录用。

请思考:
1. 毕业生对岗位选择的前提是什么?
2. 探索职业世界的方法有哪些?

对于初入职场的大学生来说,积极探索职业世界是非常重要的。大学生只有掌握了一定的探索策略和分析方法,才能更客观、更全面地认识职业,进而更合理、更有效地提升自己的职业技能,明确职业发展方向和进行科学的职业生涯规划管理,提升职业发展的能力和竞争力。

职业探索通常采用查阅、讨论、参观、实习和访谈的方法。内容既包括宏观职业世界的现状如经济形势、经济发展水平、收入水平、人口环境、劳动力市场供求状况、产业结构调整、新技术革命、行业发展等,也包括微观职业世界如企业的文化、制度、工作内容和职责、工作要求的知识、技能和素质等工作要求的资历和资格、工作的可发展空间、薪酬待遇和福利等。

一、资料查阅法

1. 网络、媒体　信息传播的载体为书刊、报纸、网络等,因此,媒体、网络应该是现代大学生探索职业世界非常好的信息手段。报刊、广播电台、电视台都有开辟职业介绍专栏,大学生通过媒体便可获得职业信息,进而深入探索自己感兴趣的职业世界。

2. 各类招聘会　招聘会有两种,一种是大型的面向社会的招聘会,一种是只针对在校毕业生的校园招聘会。校园供需见面会一般都是由学校和相关单位联系后举办的,信息的准确性和实用性非常强,毕业生应该积极参与各类招聘会,通过走进人才交流会和行业展览会等途径,可以了解相关职业信息,如职场需求和行业发展状况,为未来作好准备。

3. 相关机构　全国县级以上的行政机构都设有人才(劳务)服务机构,包括各级人才交流中心、人才服务中心、各类劳务市场等。这类机构一般适合毕业生获取所需的背景信息。

二、生涯人物访谈法

生涯人物访谈,是通过与一定数量的职场人士(通常是自己感兴趣的职业从业者)会谈而获取关于一个行业、职业和单位"内部"信息的一种职业探索活动。通过访谈,帮助求职者检验和印证通过其他渠道获得的信息,并了解与未来工作有关的特殊问题或需要,如潜在的入职标准、核心素质要求、晋升路径和工作者的内心感受。通过生涯人物访谈,还可以帮助大学生了解和认识社会需求、职业需求、职业环境、获取职业信息、扩大职业人际关系、提升职业决策能力、增强求职信心和自我认知、发现自身优势和不足,确立职业目标和发展方向,可以更好地规划和准备自己的职业生涯,实现职业发展和个人成长的目标。

(一)生涯人物访谈流程

1. 确定访谈内容　访谈前先对自己意向的职业发展方向有大致认识,确定访谈希望了解的内容和方向(行业、企业、职业、职位方面的信息),确保访谈的针对性和有效性。可以通过霍兰德职业倾向测试、职业能力测量表、职业价值观自测表或测评软件,分析自己的兴趣、性格、能力和价值观。以此为基础确定自己的目标职业,通过对目标职业的初步了解和认识,设计生涯访谈问卷。

2. 确定访谈对象　在选择生涯人物时,应根据访谈内容确定不同的访谈对象,如家人、朋友、老师、校友或其他职场人士。既可以是初入职场的人士,也可以是工作了一定年限的中高层人士。正式访谈前,对生涯人物的信息要掌握全面,如姓名、职务和联系方式,对生涯人物的讲话、文章或者通过网络可以获取的信息尽可能地收集和熟悉。

3. 选择访谈方式　结合访谈者实际情况选择访谈方式,包括面对面访谈、书面访谈(电子邮件、微信、QQ 等)和电话访谈,并提前与被采访者预约。预约时首先介绍自己,然后说明找到他的途径、自己的采访目的、感兴趣的工作类型以及进行采访所需要的时间,确认采访的日期、时间和地点。在电话联系前要做好充分准备,准备好纸和笔,以备临时电话采访。

4. 准备访谈提纲　为了提高访谈的效率,需要事先根据访谈对象的特点和访谈任务设置不同的访谈内容清单。结合目标职业信息设计访谈问题,访谈可以结合目标职业信息设计问题,可以围绕以下要点进行:行业、单位名称、职业(职位)、职责、工作性质类型、时间、地点、主要内容、任职资格、所需知识技能、福利薪酬、市场前景、行业相关信息、工作环境、工作强度、工作感受、员工满意度等。

5. 进行访谈　营造良好的访谈氛围,注意尊重被访谈者,合理安排访谈的内容和顺序,感受真实的工作氛围。访谈一般采用结构化的访谈方法,问题设计以封闭式的问题为主,以便更加准确地了解相关信息。访谈中,视情况对谈话进行录音或书面记录,或不记录;提问要灵活变通,注意观察被访谈者的工作环境。访谈结束要礼貌地表示感谢,向被访谈者反馈自己的访谈收获。

6. 整理访谈结果　及时将生涯人物访谈的经过、所收集的资料和心得,整理撰写成《生涯人物访谈报告》。生涯人物访谈通过交谈的方式使得现场感和直观感大大地增强,一般情况下可以通过文字形式将访谈内容以对话方式呈现出来,在生涯人物授权的情况下,也可以采用录音和录像的方式形成音频或视频文件进行呈现。通过生涯人物访谈获取相关职业领域的信息,了解职业岗位的实际工作情况,帮助大学生进行职业探索和职业环境认识,确定自己是否适合这一行业、职业和工作环境,合理进行职业生涯规划。

(二) 生涯人物访谈提纲

职业生涯人物访谈一般采用半开放型访谈,访谈者对访谈的结构具有一定的控制作用,同时也允许受访者积极参与。访谈者事先备有访谈提纲,根据自己的设计对受访者提出问题。访谈内容一般包括访谈时间、访谈人物简介、工作日常内容、职业发展前景、薪酬福利待遇、工作环境、职业要求等。访谈者在访谈过程中,根据具体情况对访谈的程序和内容进行灵活的调整,例如:

1. 您是如何找到这份工作的?
2. 您工作的主要职责是什么?
3. 您认为做好这份工作需要哪些知识、技能和经验?
4. 您认为什么样的个人品质或能力对本工作来讲是最重要的?
5. 您认为大学中的哪些课程对职业发展帮助最大?
6. 该职业从业资格方面有何要求?
7. 该职业对新入职人员提供哪些培训?
8. 在工作方面,您每天都做些什么?
9. 该职业的薪酬待遇如何?
10. 您的工作环境是怎样的?
11. 您认为男女工作者在这份工作上机会均等吗?
12. 您认为该职业以后的发展前景如何?
13. 您认为什么样的个人品质、性格和能力对做好这份工作来讲是重要的?
14. 如何在高压和快节奏的工作环境中平衡自己?
15. 在您的职业生涯中取得最大的成就是什么? 您是如何实现的?
16. 您如何评价职业生涯上的挑战? 您是如何克服的?
17. 有什么渠道能帮助我深入了解这个行业的有关信息吗?
18. 您对该职业是如何评价的?
19. 对学弟、学妹您有何建议?
20. 在您的学习和职业生涯中,对您影响最深的一件事或者一个人,请描述这件事情经过或者这个人对您的影响。

(三) 生涯人物访谈注意事项

1. 把握访谈技巧　在访谈过程中,访谈内容不能仅限于访谈提纲所列内容,还需要把握一定的谈话技巧。同时,访谈者应具备应对突发事件的能力,使访谈能够正常进行,完成访谈任务。

2. 紧密联系访谈提纲　在生涯任务访谈之前，需要熟悉访谈提纲，防止在访谈过程中偏离访谈提纲内容，在适当的时间内获取必要的信息。

3. 守时、简洁　在访谈过程中，要保持守时和简洁，在规定的时间内完成访谈内容，不要拖延时间。

4. 表示感谢　访谈完成以后，应定期地与被访谈者联系表示感谢，感谢对方抽出时间接受访谈。

三、行动调查法

1. 社会实践　社会实践是指通过体验的方式提高大学生综合素质的一系列教育活动的总称，是探索行业环境、组织环境及岗位环境常用的方法。通过社会实践了解职业的相应工作性质、内容、职业环境和氛围，提升大学生职业技能、增强团队协作能力、拓展人际关系网络、发掘自我兴趣与潜力、增强自我信心、培养社会责任感，获得实实在在的职业感受，在真实的工作环境中学习和成长，为未来的职业发展打下坚实的基础，增强了就业竞争优势，是大学生进行职业探索的有效途径。

社会实践包括角色扮演、模拟工作场景或典型日常事务，直接实地参观工作场所等。社会实践具有教育性、多样性、社会性的特点。

2. 顶岗实习　顶岗实习是到职业场所进行一定时间的兼职或教学实习，是一种比较全面地了解职业的方法，是大学生向"职业人""社会人"过渡的角色转变的重要时期。通过顶岗实习，使学生走向社会，接触本专业及相关工作，增强感性认识，培养、锻炼大学生综合运用所学的专业知识和基本技能，独立分析和解决实际问题的能力。可以更深入、更真实地对职业的工作任务、工作要求、工作环境及个人的适应情况进行了解、判断，了解工作的程序、报酬、奖罚、管理及升迁发展的信息，为今后走向社会，更好适应未来的职业生涯做好思想准备和业务准备。与社会实践相比较，顶岗实习目的比较明确，是对自己所学理论知识的检验、验证、运用。它使学生完全履行其实习岗位的所有职责，独当一面，具有很大的挑战性，对学生的能力锻炼起很大的作用。

（徐晓东）

思考题

1. 职业探索的具体方法有哪些？

2. 请根据所学知识，积极搜集职业信息，开展生涯人物访谈和调查，完成下列表格和访谈报告，并与同学交流自己从探索活动中获得的启示。

ER 4-5

练习题

职业名称	工作内容	工作地点	工作环境	工作满意度	工作薪酬	……	该工作吸引你的地方

第五章 | 发现职业方向

教学课件

学习目标

1. 掌握：什么是职业生涯决策；常见的决策方法、工具有哪些？
2. 熟悉：大学毕业后多种路径选择及与所学专业的关联。
3. 了解：常见的决策类型及影响个人生涯决策的因素。
4. 能够树立科学理性的决策观念，能运用常见的决策工具完成决策。
5. 具备管理职业生涯目标的执行力、行动力，确保职业生涯目标达成。

时代为当代大学生提供了无限的发展空间和施展才华的机会。站在职业生涯规划的十字路口，如何顺应时代的发展，透视自己内在的需求，树立科学合理的就业观念，掌握常用的决策方法，有效应对决策中存在的困扰和阻碍，尽早明晰未来职业的方向，确立学业、职业目标，克服当前所面临的种种难题，坚实地迈出职业探索和求职创业的步子，奋勇争先，打造出一片属于自己的天地，回馈家人、回馈社会？是每一个青年学子亟待思考的问题。

第一节　职业生涯决策

案例导入

小伟是西北一所医学院校的大专毕业生。在校期间成绩优异，积极活跃，经历丰富。毕业前他在校园招聘会上应聘到边疆城市的一家社区卫生服务中心，但遭到家人强烈反对。最终权衡各方利弊后，他在家人的"抱怨"声中踏上了西去的火车，同班同学有的说他选择的地域太远、又是基层岗位，同去的伙伴也因为语言不通、岗位艰苦等理由陆续离开。但他却以超人的毅力战胜各种困难，踏实工作。在上班的第二年因工作表现突出选调至卫生健康委员会，后又因在疫情防控中的优秀表现选调进入市政府工作。他说："回首当初义无反顾的选择和点滴中超越的自己，终是青春无悔的样子！"

请思考：小伟在职业决策时体现出什么样的决策类型和就业观念？

一、职业生涯决策的类型

决策是根据已经获得的信息作出选择的过程。生涯决策是个人在多项选择之间权衡利弊，以达成最大价值的历程，任何的决策都应当是承前启后的。职业生涯决策是一个理性分析和感性判断相互交融的过程，因经历、个性、年龄等差异，不同的人会呈现出不同的方式或风格，同时也有科学的决策方法。根据诺贝尔经济学奖获得者赫伯特·西蒙（Herbert Simon）的有限理性决策理论，特别是当代大学生处在当下被称之的"VUCA"时代（VUCA 是 volatile, uncertain, complex, ambiguous

的缩写,分别指的是易变不稳定、不确定、复杂和模糊的意思),不确定性增加,大学生尚处在职业生涯学习和探索的时期,信息和知识都无法达到"完备状态",因此,更加需要通过决策工具或方法作出理性的职业生涯决策。人们通常的决策类型有直觉型、拖延型、宿命型、冲动型、顺从型、犹豫型、理智型等7种,详见表5-1。

表 5-1　典型的职业决策类型

类型	表现	原因	利弊分析
直觉型	将自己的直觉而不是理性分析作为决策基础。常常说不出为什么,认为"就是觉得好"	决策者信息有限或需要快速决策,以自我判断为导向	在无法获得信息的时候比较有效;但有时候会因决策者先入为主的偏见导致结果产生较大误差
拖延型	相信车到山前必有路,以回避或拖延作出决策为特征。如"备考式拖延""等待式拖延"等	决策者缺乏规划、责任或承诺,倾向于不考虑未来的方向,不去做准备	有时候问题因得不到解决,会使决策者失去机会或者使问题越来越严重
宿命型	怨天尤人,违心地相信"顺其自然",以不能独自承担责任,而将命运交给外部的形势为特征	缺乏担当和责任,放弃对自己生命的主宰	容易成为环境的受害者
冲动型	容易以第一个选择快速作出决定,不愿意更加充分收集信息,如"先决定,以后再考虑吧!"	可能是对困难的回避或者不愿意花更多的时间和精力去探索,有决策"惰性"	可能存在很大风险,错失更好的选择机会
顺从型	以寻求或等待他人的指导和建议为特征,顺从别人的计划而非独立地作出决定	决策者不能承担自己的决策责任,允许他人参与决策和分享决策过程	忽略自身的独特性,追求"虚假的安全感",作出的选择有可能不适合自己
犹豫型	会花很长时间和很多精力收集信息,向专家询问,反复比较,却难以决策。以压力较大、犹豫不决、难以作出决策为特征	决策者过多关注外部因素,比如别人的决策或非理性的情绪等等,而忽略了自己内在的需求	过于追求完美或者被一些情绪所困,导致收集再多信息也无济于事
理智型	各方收集信息,综合考虑各种因素,确定自己的职业定位和职业方向,有控制地发展自己的职业生涯	决策者具备深思熟虑、理性分析和逻辑推理的能力,会以决策的长期效用并以事实为基础作出决策	往往会帮助决策者作出相对理性的决策。但可能会忽略自身深层次的感受和价值需求

知识拓展

大学毕业后的常见路径选择

　　大学毕业后常见的路径选择有三个方面。一是升学,包括国内或者国外升学两种路径。二是就业。以就业单位的性质来分,包括党政机关、事业单位、国有企业、民营企业、外资企业和自由职业等选择路径。三是创业。无论选择哪种路径,都要尽可能地收集多的信息,或者通过生涯访谈、向相关人士咨询等方式,去低成本试错,不断评估和调整,最终作出适合自己的职业生涯决策。

二、职业生涯决策的方法

　　每个人都具有不同的决策风格,不同的决策风格会产生不同的决策效果。职业生涯决策是个人最重要的决策,因此要运用科学的决策方法加以调节和改善,指引自己理性、客观、正确地做好职业定位,选择职业目标,构建职业路径。常见的职业生涯决策方法有以下三种。

(一) SWOT 分析法

SWOT 分析法又称为态势分析法,SWOT 是英文单词 strengths(优势)、weakness(劣势)、opportunity(机会)、threats(威胁)的缩写(表 5-2)。其中,优势和劣势是对个人对自身内部因素的评估,而机会和威胁则是对外部环境因素的评估。通过这种方法,个体能够综合自身的优势和劣势,辨析周围职业环境的有利因素和发展趋势及前景,集中优势与机会,或者作出最佳决策。下面是一个简单的职业决策的 SWOT 分析模型示例。

表 5-2　SWOT 分析示例

内部个人因素	**优势优点** 你可以控制并可以利用的内在积极因素 你最优秀的品质? 你的能力体现? 你曾经学习了什么? 你曾做过什么? 最成功的方面是什么? ……	**弱势缺点** 你可以控制并努力改善的内在消极因素 你的性格有什么弱点? 经验或者经历上还有哪些缺陷? 最失败的是什么? ……
外部环境因素	**发展机会** 你不可控制但可以利用的外部积极因素。 社会环境对你的发展目标的支持; 地理位置优越、专业发展带来的机会; 就业机会增加; ……	**挑战威胁** 你不可以控制但可以弱化的外部消极因素 什么样的环境是我的威胁? 名校毕业生的竞争者; 同专业的本科生带来的竞争; ……

你自己真实的体会:

对拟制订的职业目标总体评估:

(二) 生涯决策平衡单法

当我们综合各种因素,明确自己的职业定位,并面对两种以上不同的选择时,可能难以抉择,这时可以选择运用生涯决策平衡单法来科学、理智地进行决策。常用的方法如下。

1. 可以先思考、列出个人所有的重要价值观作为决策的影响因素,或者从决策选择中提取出一些个人认为的有价值的指标。通常我们从个人——他人、精神——物质两个维度来分析,包括个人物质方面的得失、精神方面的得失,他人物质方面的得失、精神方面的得失四个方面,主要的指标项目如表 5-3 所示。

表 5-3　生涯决策中通常考虑的指标方向

个人物质方面的得失	个人精神方面的得失
1. 收入	1. 生活方式的改变
2. 工作的难易程度	2. 成就感
3. 升迁的机会	3. 自我实现的程度
4. 工作环境的安全	4. 兴趣的满足
5. 休闲的时间	5. 挑战性
6. 生活变化	6. 社会声望的提高
7. 对健康的影响	7. 其他
8. 就业机会	
9. 其他	

他人物质方面的得失	他人精神方面的得失
1. 家庭经济 2. 与家人相处的时间 3. 其他	1. 父母 2. 师长 3. 配偶 4. 其他

2. 将各种生涯选择项水平地排列在生涯决策平衡单的顶部。

3. 在平衡单（表 5-4）的左侧，垂直列出"自我物质方面的得失""他人物质方面的得失""自我精神方面的得失""他人精神方面的得失"四个方面的重要价值观及其主要代表因素，或者决策者认为对自己来说较重要的其他因素。

4. 考量价值观或者因素对自己的重要程度，赋以 1~5 不同等级的权重分。价值观或因素越重要，权重就越高，"5"为最高权重，"1"为最低权重。

5. 分析各项选择能够满足个体价值观和考虑因素的程度，进行打分。分值在"-10"到"+10"之间，其中"+10"表示价值观和因素在该生涯选择中得到了完全满足，"0"表示不知道或无法确定，而"-10"表示价值观和因素完全未能得到满足。

6. 将各项生涯选择的得分与各项价值观和考虑因素的权重相乘计分，将结果记录在相应的空格内。

7. 将每一选择项下所有正负积分相加，得出总分，进行比较并排序。

8. 对各项生涯选择项的得分作出分析与思考，作出最终选择。

表 5-4　生涯决策平衡单运用示例

考虑因素	选项一：工作		选项二：升学	
	正面预期（+）	反面预期（-）	正面预期（+）	反面预期（-）
个人物质得失：				
个人收入（4）	8（+32）			-6（-24）
健康状况（2）		-4（-8）	3（+6）	
休闲时间（3）		-3（-9）		-2（-6）
未来发展（2）	2（+4）		4（+8）	
升迁状况（1）	1（+1）		3（+3）	
社交范围（3）	3（+9）			-1（-3）
他人物质得失：				
家庭收入（5）	1（+5）			-2（-10）
个人精神得失：				
所学应用（2）	4（+8）		5（+10）	
进修需求（3）	2（+6）		6（+18）	
改变生活方式（3）		-4（-12）	4（+12）	
富有挑战性（4）	2（+8）		3（+12）	
个人成就感（5）	4（+20）		3（+15）	
他人精神得失：				
父亲支持（4）	6（+24）		3（+12）	
母亲支持（3）	5（+15）		5（+15）	
男/女朋友支持（2）		-8（-16）	2（+4）	
总分	89		72	

(三)六顶思考帽思考法

六顶思考帽是全球创新思维训练法开创者英国的爱德华·德·博诺(Edward de Bono)博士提出的一种全面思考问题的模型,强调决策者从不同的角度思考同一问题,每次只思考一个方面,把原本复杂的问题变得简单和清晰,从而作出理性的判断和决策的方法。这个思考模型把人的思维方式分成6种不同的方式,每个方式用一顶不同颜色的帽子代替。当人们使用六种思考方式时分别戴上一顶虚假的帽子,对同一问题从不同视角或方向分析,综合思考。思考帽代表的只是方向,而不是对已经发生的事情的描述,六顶思考帽代表的是六种颜色对应的六种方向。这个方法成功的地方在于,帽子一换,就要放下帽子所代表的思考流,强调平行思考观。

1. 白帽子代表的是理性、客观的信息或数据。指的是决策者要尽可能完整地收集与选项相关的信息,客观地、不带任何主观评价地将信息罗列出来。

2. 红帽子代表的是直觉、感受和情绪。指的是在某一决策方案中,你体验到了什么样的情绪感受? 不必有任何理智的分析和分辨,无论是积极的还是消极的,都把它记录下来。

3. 黑帽子是理性、理智、谨慎地分析。理智地思考选出来的方案是否可行? 它是否符合情境的需求或相应的规定要求? 有哪些缺点与可能遇到的困难、风险需要面对。

4. 黄帽子代表的是阳光、乐观。以乐观的态度评估选项的优点与强项,这样选择有哪些可行性? 可能带来哪些积极的结果? 价值是什么呢? 结合个人的兴趣与价值观来分析。

5. 绿帽子代表生机和创新。针对黑帽子提出的风险点,在原有方案之外提出创新性建议,改进原有方案。思考还有没有更好的办法? 整合前面的思考,创造性地寻找其他可能。

6. 蓝帽子代表整合思考。指的是决策者可以统筹前几个阶段的所有解决方案与替代方案,作出最后的决策,并结合红帽子的感受,并将价值观纳入考虑范畴。

决策者可以通过几轮次的反复思考,最终发现决策方案的利弊点,通过从不同角度的分析思考,优化决策方案,从而作出最终决策和判断。

第二节 职业生涯目标的设立与管理

案例导入

小舟是西北一所高职医学院校 2007 届毕业生。在校期间她勤奋上进,成绩优异。她说,毕业时,面对日益严峻的就业形势和自己的从医梦想,她决心去边疆工作,顺利与某市社区卫生服务中心签约。面对陌生的环境、艰苦的条件、简单琐碎的基层工作,她全力以赴,通过每一项工作充实自己,提高自己的综合能力,学会了如何与群众沟通和高质量完成工作。她的吃苦耐劳、乐观积极成为她的"个人品牌",她成了社区卫生服务中心"拼命三郎""邻家小妹"。因为在工作中的优秀表现,她于 2018 年被调入市卫生健康委员会,并很快被提拔任命为人事科负责人,全面负责卫生系统人事工作。她还积极分享自己的求职经历,帮助学弟学妹们走出求职困境,鼓励她们赴边疆就业。

请思考:小舟在职业决策时主要考虑了什么因素?

一、职业生涯目标的设立

(一)职业生涯目标的含义

职业生涯目标是指个人在确定的职业领域,期待未来想要达到的具体职业目标或者成果,是一个人的人生理想在职业领域的重要体现。职业生涯目标如同"心理合同",是一个人对美好愿望的期待、展望,以及为了实现愿望而制订的行动计划。大学生应尽早确立自己的职业生涯目标,明晰未来职业发展的方向和路径,以最大限度减少在校期间和就业过程中的盲目性,充分利用大学的宝贵时光,不断激发自身的潜能、突破职业生涯发展的障碍,提升职业理想实现所需要的综合能力。

由于每个人所具有的特质不同,所处的环境不同,职业生涯目标也会千差万别,带有明显的个性特征。职业生涯目标的选择的前提是必须在一定的职业领域内,通常情况下,个人首先要明晰自己的职业方向或专业领域,再确定职业目标。比如,一个临床医学专业的毕业生期待毕业5年以后,在民营医院的医学美容领域得到一个整形外科主治医生的职位就是一个职业生涯目标。

(二)目标设立的指导原则

SMART法则是设立职业生涯目标时被广泛运用的方法和原则。SMART是英文单词specific、measurable、achievable but challenging、rewarding、time-bound的首字母组合,其具体含义如图5-1所示。

S(specific)表示目标在设立时不能含糊不清,要尽可能地明确和具体,具有可执行的实施方案。职业目标可能是仰望星空,但更重要的是脚踏实地。往往一个宏大的目标背后对应多个承前启后的、可具体执行的小目标和实施方案。具体可行的目标实现会激励一个人进一步探索和努力,激发自己的潜能,形成职业生涯目标实现的良性循环。

反之可能因缺乏执行性,从而使目标仅仅停留在想象的层面。

M(measurable)表示目标可以量化,能够明确评估。每一个目标的实现,都是由一个个阶段性的积累形成。在制订目标前尽可能地把目标分解成一个个可沟通、可操作、可评估、可考量、可发展的小目标或者内容,这样才能使实现目标的过程变得可控,使目标实现的进程加快。

A(achievable but challenging)表示目标的可实现性,同时具有一定挑战。在制订目标的过程中,制订的目标一定是经过个人有规划、有时限的努力,这个目标是能够达到、可以实现的,没有超出自己的能力和可支配资源的范围,否则目标就会成为遥不可及的空想、无从下手的奢望。

R(rewarding)表示目标要有意义和价值,能积极服务于某个大目标。每一个目标的实现一定是承前启后、具有一定的关联性、服务于长远的大目标,满足自己内心的真实需求,能实现社会价值和个人价值。比如在大学期间的学业规划、实践探索都是服务职业发展这个长远目标。

T(time-bound)表示目标的实现要具有明确的时间限制。每一个美好的计划都需要承载在时间的刻度上,时间管理和时间约束是职业生涯目标制订和管理的主旨。给自己的目标设定一个时限,主要是为了提高学习工作的效率、目标控制的自律性。

(三)目标设立的基本框架

设立目标时我们不但要遵从目标设立的原则,让目标变得清晰,还要依照一定的框架,让目标更加具有指引性、标志性和可操作性。我们可以通过询问自己以下几个问题,将目标尤其是短期目标具体化、期限化和量化,以便于我们执行和实现自己的目标。

1. 某个时间点或者期限,你期望达到的具体成果是什么? 主要为阶段性成果,比如本学年课业成绩取得年级前三、这学期加入某个感兴趣的社团、本学期至少参加一次与专业相关的实践活动等等。

2. 如何知道自己已获得成果? 目标要清晰到自己、别人都可以评估,不可以是模糊的、难以评估的概念。

3. 成果是在何时、何处、由谁创造出来的? 目标实现的过程中,除时间、地点等具体要求外,最好能够体现协作性,包括和别人在时间上、智力上的协作等等。

图5-1 SMART法则的含义

4. 得到成果后会产生什么改变？认真体会目标实现以后,带给自己的真实体验,反思目标对自己的价值感和与下一个目标的连续性。

5. 目前既有的资源,比如能力、知识是什么？为了得到成果,必要的能力、资源又是什么？

6. 得到成果后,令你感到棘手或受限的事是什么？寻找自己的差距与短板对职业生涯目标实现造成的障碍和限制,思考怎么样去解决这些障碍和限制。

7. 得到成果对你而言具有什么意义？思考和验证目标实现以后带给我们的价值体验。在职业生涯规划中我们常常运用生涯幻游的方法去澄清和体验自己的职业价值。

8. 第一步要做的事是什么？

知识拓展

快速职业定位法

一般情况下,一个好的职业定位,需要满足以下 4 个条件。

(1)做你最喜欢做的事:工作本身带给我们的满足感会让职业生涯妙趣更生。

(2)做你最擅长做的事:在工作中发挥优势能力,有助于我们体现胜任力和竞争力。

(3)做你认为最有价值的事:在职业规划时,考虑自己的预期收益,追求个人幸福最大化常常是我们择业的基本条件。

(4)选择发展趋势良好的行业或组织:满足相对长远的社会需求是职业生涯发展的关键。

(四)职业生涯目标的分解

职业目标的分解就是根据观念、知识、能力差距将远大的职业生涯目标分解为有时间规定的长、中、短期分目标,直至将目标分解为可以实施的具体步骤。因此,目标分解是一个将目标清晰化、具体化的过程,是一个将目标量化成为可操作性的具体化的手段,是非常重要的目标实现的方法。

1. 按性质分解 美国著名职业指导专家爱德华·施恩(Edgar·H·Schein)最早把职业生涯分为外职业生涯和内职业生涯。外职业生涯规划确定的目标是外职业生涯目标,内职业生涯规划确定的目标是内职业生涯目标。外职业生涯是指从事职业时的工作单位、工作地点、工作内容、工作职务、工作环境、工作待遇等因素的组合及其变化过程,主要侧重于职业过程的外在标记;内职业生涯是指从事一项职业时所具备的知识、观念、心理素质、能力、内心感受等因素的组合及其变化过程,主要侧重于职业过程中的自我效能感。内职业生涯目标的发展可以带动外职业生涯目标的发展,外职业生涯发展目标的实现可以促进内职业生涯目标的实现,只有内、外职业生涯目标结合,职业生涯计划才能得到有效实施和执行。

2. 按时间分解 按时间分解就是为按性质分解的目标给出明确的时间规定。个人的职业目标按时间划分可以分为人生职业目标、长期职业目标、中期职业目标和短期职业目标。通常跨度:短期目标为 1~2 年,中期目标为 3~5 年,长期目标为 6~10 年,整个职业生涯的目标,时间长至 40 年左右。职业生涯目标是以自己的最佳才能、最优性格、最大兴趣、最有利的环境等信息为依据来确定自己的人生目标和长期目标,然后再把人生目标和长期目标进行有效地分解,根据个人经历和所处的组织环境制订相应的中期目标和短期目标。

长期目标和人生目标都需要个人经过长期的艰苦努力、不懈奋斗才能实现。确立长期目标时要立足现实、全面考虑、慎重选择,使之既有现实性又有前瞻性。大多数情况下,长期职业目标和人生目标不是很明确,也不具体,随着环境的变化而变化,所以在制订时宜以勾画轮廓为主。比较理想的是,在确定职业生涯目标后,大学生首先根据个人素质与社会大环境条件确立人生目标和长期目标。

短期目标和中期目标更具体,对人的影响也更直接,要能够支持长期职业目标。需要注意的是,短期、中期职业目标既要有阶段性,又要体现出前后连贯性。后期职业目标应该以前期职业目标为基础,并且有所提高。每一个目标都应清楚、明确、现实和可行,不能把短期目标只看作是一个阶段的终点(图 5-2)。

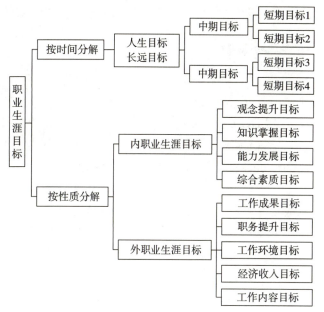

图 5-2 职业生涯目标的分解

选择职业生涯发展路径是职业生涯设计的关键环节。当个人确定了自己的职业生涯目标以后,选择什么样的发展路径对职业目标的实现来说至关重要。在个人的职业生涯发展过程中,每个人都会遇到不同的、多元的路径选择,有的人适合从事研究工作,有的人可能会在某一专业领域成为一名专家学者,有的人适合从事管理工作等等。在这个选择中,个人会再次对自己的职业兴趣、性格、能力、价值观和外在环境进行思考和衡量,选择适合自己的职业生涯发展路径。比如一位临床专业的毕业生可能有如下两种职业生涯选择路径,如图 5-3 所示,为某医疗机构的行政层级设置和医生专业技术职称的层级设置。

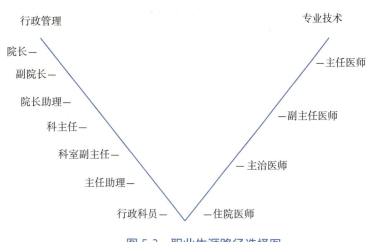

图 5-3 职业生涯路径选择图

二、职业生涯目标的管理

职业生涯目标制订后,并不是一劳永逸的,更重要的是个人需要不断克服外界的干扰和障碍,采取有效的措施和方法,制订合理的计划和措施,管理自己的时间,确保职业生涯目标的实现。

1. 制订目标管理的计划与措施

(1)**对目标进行细化和拆解**:综合考虑目标实现的层次性和可能性趋势,明确拆解目标出可能实现的具体目标或者目标实现的具体路径、计划、时间及方案。按照长远目标、近期目标、短期目标、年目标、月目标的时间路径思考长远目标可以分解为哪些小目标,实现目标有哪些策略。当目标拆解以后,发现目标仍难以完成时,则应继续拆解。

(2)**制订行动计划与措施**:有效连接拆解后的目标,突出自己的优势和差距,聚焦阶段性目标的标志性成果,严格执行目标实施计划。比如这个阶段的目标是取得执业医师的资格证书,那接下来的计划与措施将要针对到这个阶段性标志性成果而制订。

知识拓展

PDCA 循环法

PDCA 循环法是美国质量管理专家休哈特博士首先提出，后经戴明博士修订完善后获得普及，所以又被称为"戴明环"。它的核心内容即 PDCA 循环，包括计划（plan）、执行（do）、检查（check）、处理（act）四个环节和阶段。

（1）计划阶段：这个阶段主要是结合现状和可能存在的差距，明确任务和目标要求，确定达成这些目标的措施和方法，包括计划、预算等部分。

（2）执行阶段：这个阶段主要是按照计划和措施，具体地实施和执行。

（3）检查阶段：根据计划措施对目标执行结果进行评估，采取检查、沟通、控制等方式对目标的执行情况进行反馈。

（4）处理阶段：巩固之前的成绩或者教训，制订下一个目标，开始新的 PDCA 循环。

2. 充分地运用时间 全球知名时间管理大师博恩·崔西认为，一个人成就的大小取决于他做事情的习惯。他认为分清轻重缓急、克服拖延、先处理重要的事情，是一种身心相互协调的技能。这一技能即时间管理能力的培养，可以通过不断学习和练习，逐步形成一种固定的行为习惯，进而获得自我效能感。对每个人来说不管身处怎样的境遇和阶段，管理好时间就能弥补并创造出其他资源，从而实现人生梦想。时间本身没有任何问题，时间管理的对象不是时间，而是使用时间的人。时间管理的本质是自我管理，做好自我管理就管理好了时间。

3. 定期评估与调整 我们正处在一个快速变化的时代，职业生涯规划中的易变、不确定因素很多，有些影响因素是可以预测的，有些因素是难以预测的。要使我们的计划行之有效，就需要定期地对职业生涯设计进行评估和调整。职业生涯目标的评估与调整有时包括实施措施和计划的变更、路径的变化，甚至是目标的调整。在这种不断的评估与调整中，职业生涯目标呈现螺旋上升的趋势，尤其是内职业生涯目标会得到夯实，同时支撑外职业生涯目标的实现。

第三节　医学生职业生涯决策技巧

案例导入

小雯是一所医学院校临床专业毕业生。2010 年在上海实习期间，她积极参与上海世博会志愿者选拔，通过中国残疾人联合会的层层考核，幸运入选"上海世博会生命阳光馆"讲解员。世博会结束后，因其表现优秀，被推荐至医院工作，之后任某地中国乡村儿童大病医保公益基金执行长、某医院社工部负责人。回首职业历程，她认为"热爱是一个人职业发展的基石，聚焦一个可以长期发展的赛道，兼备长期成长逻辑，提升自己的综合竞争力，是我们职业生涯成功的关键。""基于人口老龄化条件，医疗健康产业规模催增，医学生有足够大和多的空间去探索、实践和获取。"

请思考：

1. 小雯的职业选择方向有什么不同？

2. 你认为自己毕业后有哪些可能的选择路径？

一、医学生毕业后常见的决策矛盾

结合当前社会发展阶段和医学生求职就业中的一些共性特点和高校就业工作实践,罗列出以下几种在职业选择中存在的典型性困难,希望能够为医学毕业生的职业方向选择提供参考和借鉴。

(一)"公立""民办"的选择纠结

随着我国医疗卫生领域用人门槛的提升,医疗卫生机构对医务工作者的学历层次要求越来越高。低学历层次的医学生毕业后进入公立医疗卫生机构从业的机会正大幅减少,但精准医学、转化医学、智能医学、人工智能等新医学领域,正在引领高等职业教育专科层次医学毕业生就业市场发生巨大转变。民营资本在卫生健康领域的投入加大,市场份额和承担的医疗卫生服务功能也在持续扩容。社会发展建设对医学人才培养的需求,正从传统的医院功能科室为主,拓展到对创新型、经验型人才的需求。社会资本运营的第三方医药卫生服务机构蓬勃发展,比如第三方独立医学实验室、第三方医药供应链和以数字医学、智慧医学、医康养护一体化服务为主导的医药卫生类企业进一步带动行业资源归集和人员需求扩增。在职业选择中,是选择"公立"还是"民办",需要大学生精准分析岗位需求,不能简单地进行感性判断。

(二)"从医""医养结合"的现实分歧

由于医学类专业特点相对突出,培养目标和就业方向清晰明确,就业去向相对单一,很大比例的医学生的从业期待是毕业后进入医疗卫生机构就业。教育部高校毕业生就业统计显示,医学生所选行业与专业的匹配度较高,放弃专业、转换行业的比例较低。如临床医学专业的毕业生多进入医疗卫生机构从事临床工作。当然这中间也包括一些毕业生通过继续升学,从事科研、教学工作,但是真正选择完全脱离医疗行业的毕业生很少。这使得医学生在职业选择时可能存在思维窄化,即毕业以后一定要进入医疗卫生机构从事相关工作。但社会经济的发展为医学生提供了越来越多的就业选择可能,医学生并不限于医疗卫生等传统行业。随着我国深度老龄化时代的到来,养老、康复、护理等医、康、养、护行业快速发展。民营资本持续流入,行业规模化增长。公立医疗卫生机构的医养功能同样蓄势待发,以公立医疗机构为依托的医养、康养中心新建、扩增。高职高专医学生更多关注医康养护行业,确立多元化、宽口径的就业观是顺利就业的关键。

(三)"升学""就业"的选择两难

毕业后选择升学还是就业对医学生来说是"天然"的两难选择,能不能通过继续升学取得更高学历,进入更高级别的医疗卫生领域就业几乎是每一位医学生最真实的愿景规划。相比较其他学科,高职高专医学院校"专升本"升学比例相对较低。对大部分的医学生来说,在升学准备的同时,合理科学地做好职业生涯规划和学业规划,加速提升自己的综合素质,紧抓求职机会是大学时期的重中之重。高职高专医学生入校以后学习任务繁重,需要掌握和记忆的知识多,需要熟练的操作技能,还需要掌握必要的人文社科知识、严谨细致的科研能力,加之学制相对本科生来说比较短,能投入在多元选择、实践探索、综合能力提升上的精力和时间往往有限。因此,结合自身的实际条件,锚定自己毕业后的职业发展方向,有目标地去寻求有助于自己的资源和信息,制订行之有效的行动计划。

(四)"基层""城镇"的利弊得失

在职业决策的过程中,地域选择被很多大学生放在重要位置,甚至是把地域的选择放在所有选择因素的首位,但职业决策的过程是一个多因素权衡的过程。选择地域时我们应该分析意向地域的就业机会、人才需求、发展趋势等客观因素,这个地域中有哪些职业、岗位适合自己、是否符合自己的职业兴趣、职业能力、专业期待等等。相比高层次医学人才日益聚集的大型医疗卫生机构和发达地区的医疗卫生服务网络,我国西部偏远、农村基层地区医务人员缺少的局面尚未消除,对医学毕业生还有大量需求。这些地区在国家乡村振兴战略、西部发展战略的有力支持下,医疗卫生机构的硬件条件、软件设施全面升级,收入水平和福利状况将明显提高,蕴藏着更为广阔的发展空间,等着树立雄心大志的毕业生前去建功立业。医学生愿不愿意突破在职业选择上的地域限制,为自己建立更加多元的选择空间是在职业生涯规划、学业规划中必不可少的一环。

二、掌握契合专业特点的决策技巧

(一) 树立择世所需的决策理念

一个时代有一个时代的择业观,大学生的择业观不仅仅与个人的追求、职业兴趣和价值观有关,更加与社会的发展趋势、国家的发展战略密切相关。大学生在选择自己的职业方向时要站在更高的层面和维度,了解所学专业在社会中的需求趋势,扩展自己的职业发展思路。具体分析职业目标的制订和实现路径时,要了解目标行业、目标地域的就业大环境,结合国家发展战略和重要的产业布局,分析本专业、本学校毕业生近年来总体的就业趋势、就业分布和就业流向,合理定位,理性预期自己未来的就业方向和就业目标。医学生的职业选择和决策必须建立在国家卫生健康事业的发展需求和区域卫生事业发展的现实需求的基础上,认真收集本专业在某一地域可能的就业机会,客观分析就业市场岗位存量和岗位要求的变化趋势,理性判断自己未来的就业机会和主要的就业方向。

(二) 确立择己所长的决策理性

医学学科对从业者的综合能力有着较高要求,而一个人不可能掌握所有的技能,人们的能力总是具有差异。因此,客观分析自身的特点,明确自己的优势和核心竞争力,在职业中发挥自己的专长,才能使自己对求职就业保持积极期待,激发职业发展意识。准确定位自己、分析自己的优势时可以从知识、技能、天赋三方面进行分析。知识是我们知道的和理解的东西,广度和深度是知识的评价标准。技能是我们能操作与完成的事情,操作和完成技术的熟练程度,是技能的评价标准;天赋指的是个性、品质、内在的特质、情感或行为方式,它可以激发一个人的潜能。我们可以结合前几章节的学习,科学整合职业认知和自我认知,确定自己的职业目标和职业发展路径。

(三) 体现择己所爱的决策基础

兴趣是职业方向选择的首要基础,一个人如果能够根据自己的爱好去选择职业,他的主动性会得到充分的发挥,将他的潜能最大限度地调动起来,提高工作效率,保证职业稳定,获得工作的满足感。研究发现,如果一个人对所从事的职业有兴趣,能发挥他全部工作才能的 80%~90%,并且长时间保持高效率不感到疲劳;而对工作没兴趣的人,只能发挥全部才能的 20%~30%,也容易感到精疲力竭。毕业生在选择职业时可以借助职业兴趣测试、生涯人物访谈等多种方式来探索自己的职业兴趣。多问自己什么是你每天一睁眼睛就想去做的,不管能否从中获得多少报酬,而且对别人也是有益的事情。在职业决策时考虑自己的特点,珍惜自己的兴趣,能择己所爱是职业发展的动力所在。

(四) 发挥自主决策的主观能动

培养自己独立自主的决策风格,在我们进行了充分的自我了解和职业调研后,我们可以带着探索的结果去寻求重要他人的看法和建议,再开启有效的行动。寻求重要他人的意见往往区别于决策上的依赖,是另一种积极主动的方式取得重要他人在我们决策上的支持,以免在职业生涯规划或者发展的过程中受到重要他人的拖拽。同时,现代社会对人才的需求越来越高,人才的竞争更加激烈,独立自主的决策和工作能力被看作职业能力的重要部分。因此,大学生要树立职业竞争、职业发展的思想和意识,打破"等、靠、要"的消极的观念,不断学习新的知识与技能,不断提高自身素质,努力提升自己的职业胜任力。

(五) 运用科学决策的方法工具

在很多情况下,决策不力或者作出不适合自己职业发展的决策往往是因为没有真正清楚地认识问题,或者把决策的焦点聚集到错误的或者并非重要的问题。所以说,正确地界定问题通常是决策成功的前提。否则可能导向错误的决策方向,不仅无法解决问题,还可能产生新的问题。在职业生涯决策工具中,大家习惯使用的模型是 CASVE 决策模型。

美国职业生涯理论家皮特森(Peterson)等人在认知信息加工理论中提出 CASVE 决策模型,

该模型认为一个良好的决策需要经历五个步骤,即沟通(communication)、分析(analysis)、综合(synthesis)、评估(valuing)和执行(execution),缩写为 CASVE。这五个步骤有助于个体作出更好的职业决策,在决策过程中能被循环使用。皮特森强调,个体要想作出更好的决策,就必须知道决策中的每一阶段所涉及的内容是什么。

1. 沟通阶段 个体要知道需要做决策,而且需要作出一个好决策。要搜集与决策有关的咨询。在开始搜集之前,必须先评估自己有哪些咨询是知道的,有哪些是不知道或不清楚的;依据咨询对于决策目标之间的关联性及重要性来判断哪些信息是需要的,哪些可以忽略。比如临床医学的学生可以搜集临床专业对应的就业方向、多数毕业生的就业流向及岗位招聘条件、某一地域的岗位存量及就业机会等,对比分析自己当下的实际,就会收到关于职业理想与现实之间存在差距的信息,这些信息可能通过内部或外部交流途径传达给我们。内部沟通包括情绪信号和身体信号等,外部沟通包括周围的亲友对你的职业规划的询问和评价等。

2. 分析阶段 个体需要花时间去了解自己和自己的职业选择方向,要明确列出决策所要实现的目标,了解自己有效地作出反应的能力。同时,决策者必须牢记决策所要实现的限定条件,把各种因素联系起来,把家庭和个人生活的需要融入职业选择中。很多情况下鱼与熊掌不可兼得,你必须设定优先顺序,对目标进行优先排序和取舍。这个阶段最常听到的抱怨就是:"想不出好的解决方法。"事实上,不是想不出来,只是因为考虑得太多,觉得什么都不可行。但是这个阶段的重点在于提出各种想法,不要考虑后续可行性的问题。比如头脑风暴法、六项思考帽法等决策工具和方法,就可以帮助你获得更多更好的创意和想法。

3. 综合阶段 主要需要综合和加工上一阶段提供的信息,扩大或缩小所选职业生涯决策的范围,从而制订消除差距的行为方案,这一阶段的核心任务是依据实际确定如何去解决问题。某些方案如果确定不可行或是超出能力之外,可先行剔除,再讨论其余的方案。美国科学家本杰明·富兰克林曾提出一个不错的方法,这就是成本效益分析法。把每项方案的优缺点罗列出来,优点的部分给予 0 到 +10 的评分,缺点的部分给予 0 到 −10 的评分,最后将所有优缺点的分数相加,这样就可以得出每个方案的总分,决定哪一个是正确的方案,这就是著名的"本杰明·富兰克林决策法"。

4. 评估阶段 个体就要选出某个职业目标,对综合阶段得出的方法选项进行排序,把能够最好地消除差距的选项排在第一位,次好的排在第二位,依此类推。每一种方案的优缺点是什么?可能造成的正反面结果是什么?这些选择方案是否符合你设定的预期目标?除了理性的思考外,个人主观的感受也很重要。反复思索每一个选项,想想未来可能的结果,你对这些结果有什么感受。有些你可能觉得是对的,有些可能感觉不太对劲。你可以问问自己:"如果我做了这个决定,最好的结果会是什么?最坏的结果又会是什么?"

5. 执行阶段 执行是整个 CASVE 循环的最后一部分。前面的步骤只是确定了最适合的职业,还不能带来职业选择的成功,需要我们在执行阶段将想法付诸实践。你必须拟订一套详细的行动计划,包括:有哪些人应该知道这项决策?应采取哪些行动?什么人负责哪些行动?还有如何应对可能遭遇的困难?在执行的阶段,当遇到新的重大变化或者难以解决的问题时,我们可以再次使用 CASVE 循环模型进行下来一轮的评估和决策。

(郑 雪)

思考题

1. 目前你在职业生涯决策中遇到的主要难题是什么?
2. 你可以通过什么途径和方法解决目前遇到的难题?
3. 在解决职业决策难题时你用到了哪些决策的方法和工具?

练习题

第六章 | 提升职业能力

ER6-1

教学课件

第一节 职业能力

一、职业能力的概念

（一）能力

能力是直接影响活动效率、并使活动顺利完成所必须具备的个性心理特征。能力是顺利实现某种活动的心理条件，是完成某项目标或者任务所体现出来的综合素质，总是和人们的某种具体活动相紧密相连，表现在活动中并在活动中得到发展。

案例导入

2022 年"最美医生"先进事迹

在第五个"中国医师节"即将到来之际，中宣部、国家卫生健康委员会向全社会公开发布 2022 年"最美医生"先进事迹。丁仁彧、马文义等 10 名医生光荣入选。他们有的悬壶济世，为中医药事业奉献一生；有的潜心钻研，为消除疟疾作出重要贡献；有的躬身前行，呵护儿童青少年视力健康……他们坚持人民至上、生命至上，积极投身健康中国建设，矢志不渝维护人民健康，生动展现了党领导卫生健康事业的奋斗历程和光辉成就，深刻诠释了"敬佑生命、救死扶伤、甘于奉献、大爱无疆"的崇高精神。

请思考：从事医生工作需要哪些能力？

影响能力的因素有很多，先天遗传因素是能力形成和发展的自然前提和基础，后天的环境和教育对能力的形成和发展有十分重要的作用。所以能力是先天素质、后天环境和教育的相互作用的结果。人与人之间在能力上的差异主要表现为能力类型的差异、能力发展水平的差异、能力发展早晚的差异。例如，我国唐朝初期的王勃，6 岁善言辞，10 岁能作赋，13 岁就写了著名的《滕王阁序》。而画家齐白石，40 岁逐渐显现出绘画才能，50 岁才成为著名画家。

人的能力是存在差异的，但人的能力没有优劣之分，每个人的能力方面都有自己的强弱项，关键是把具有不同才能的人匹配到最合适的职业岗位上去，以便做到人尽其用。因此我们作为个人，必须评估自己掌握的技能，善于剖析自己的强势与弱势，注重发展自己的特长，选择与自己的学识和能力相匹配的工作。另外，从发展的眼光看，每个人身上都蕴藏着可以挖掘的潜能，都可以通过不断地学习和实践来培养、提高自己的能力。

（二）职业能力

职业能力是指人们从事某种职业必须具备的多种能力的综合。职业能力主要包含三方面基本要素：一是为了胜任一种具体职业而必须要具备的能力，表现为任职资格；二是指在步入职场之后表现的职业素质；三是开始职业生涯之后具备的职业生涯管理能力。例如：一位教师只具有语言表达能力是不够的，还必须具有对教学的组织和管理能力，对教材的理解和使用能力，对教学问题和教学效果的分析、判断能力等。

如果说职业兴趣或许能决定一个人的择业方向，以及在该方面所乐于付出努力的程度，那么职业能力则能说明一个人在既定的职业方面是否能够胜任，也能说明一个人在该职业中取得成功的可能性。任何职业岗位都有相应的岗位职责要求，一定的职业能力是胜任某种职业岗位的必要条件。

由于职业能力是多种能力的综合，因此，我们可以把职业能力分为职业通用能力、职业特定能力和职业核心能力。

职业通用能力主要是指一般的学习能力、文字和语言运用能力、数学运用能力、空间判断能力、形体知觉能力、颜色分辨能力、手的灵巧度、手眼协调能力等。此外，任何职业岗位的工作都需要与人打交道，因此，人际交往能力、团队协作能力、对环境的适应能力，以及遇到挫折时良好的心理承受能力都是我们在职业活动中不可缺少的能力。

特定职业能力主要是指从事某一职业的专业能力。在求职过程中，招聘方最关注的就是求职者是否具备胜任岗位工作的专业能力。例如：你去应聘教学工作岗位，对方最看重你是否具备最基本的教学能力。专业能力常常与我们的专业学习或工作内容直接相关，是具体的、专业化的、针对某一特定工作的基本技能，需要有意识、经特殊的培训学习、并通过记忆掌握，是不容易迁移的能力，属于智力范畴。

职业核心能力又称为"关键能力"，是指除岗位专业能力之外在不同职业领域和岗位之间普遍适用的基本能力。职业核心能力是职场中非常重要的一项能力，具有普遍适用性和可迁移性。它不仅能够帮助个人在职场中更好地适应和发展，而且能够提高工作效率和工作质量。因此，每个人都应该注重培养和提高自己的职业核心能力，以适应现代社会的发展需求。

二、提升职业能力的重要意义

（一）具备相应的职业能力是顺利就业的重要保证

一个人具有某种职业能力，就能够胜任某种职业岗位，顺利完成工作任务，而且职业能力的大小决定着职业活动效率的高低。因此，职业能力是择业的基本参考和顺利就业的重要保证。在劳动力市场竞争激烈的今天，用人单位在进行人员招聘时，都很务实，要求所招聘的人员一上岗即能使用，甚至能独当一面。可见具备相应的职业能力是大学生顺利就业的基本条件。

（二）具备相应的职业能力是胜任某种职业岗位的必要条件

任何一个工作岗位都有相应的岗位职责要求。一定的职业能力是胜任该岗位工作的必要条件。因此，求职者在进行择业时，首先要明确自己的能力优势所在以及胜任某种工作的可能性，在基本确定自己的职业能力和发展可能性的基础上进行正确职业选择。

（三）职业能力是个人发展和创造的基础

个人职业能力越强，各种能力越是综合发展，就越能促进其在职业活动中的创造和发展，也就越能取得较好的工作绩效和业绩,给个人带来职业成就感。

总之,职业能力是大学生求职择业必备的条件。从事任何职业,无论是适应该职业,还是在该职业岗位上成就一番事业,都必须具备相应的职业能力。

三、职业对从业者能力的要求

(一)不同的职业对从业者能力有不同的要求

不同的职业,由于职业的工作性质、社会责任、工作内容、工作方法、服务对象和服务手段不同,决定了它对从业者能力有不同的要求。从业者要顺利完成某项工作,除要具有一般能力外,又要具有该项工作所要求的特殊能力,如从事教育工作需要有阅读能力和表达能力;从事数学研究需要具有计算能力、空间想象能力和逻辑思维能力。如法官就应具有很强的逻辑推理能力,却不一定要很强的动手能力;而建筑工应有一定的空间判断能力,却不需要良好的语言表达能力。

(二)对从事医生职业的能力要求

从事医生职业需要具有的一般能力:较强的一般学习能力;较强的语言表达能力;较强的算术能力;较强的动作协调能力;很强的空间判断能力;很强形态知觉能力强;很强的手指灵活能力等。

从事医生职业需要具有的核心能力:交流的能力;将基础理论与医疗实践相结合的能力;了解社会因素在疾病诊治中的作用的能力;领悟医学伦理和职业精神的能力;应用循证医学作出医疗决定的能力;自省能力;继续学习的能力;解决问题的能力等。

职业能力是在长期的职业实践中逐渐形成的,通过自身努力是可以不断提高的。作为医学生,需要努力学习医学专业知识、增强科技意识、加强专业技能实践训练,挖掘自身潜能,发挥优势,不断提高职业能力。

第二节　提升职业核心能力

案例导入

优秀医师典型事迹

张医生,参加工作 6 年来,兢兢业业,任劳任怨,恪尽职守,以扎实的工作作风和忘我的敬业精神,在平凡的工作岗位上默默奉献。以实际行动,展现了一名白衣工作者的优秀品质,受到领导、同行和患者的一致好评。一是努力钻研业务,不断提高专业能力。以工匠精神为指引,在临床工作中,努力学习专科前沿知识,熟练掌握专科技术。二是服从医院安排,积极参加任务活动。以职业精神、抗疫精神为指引,积极参加医院活动。三是推动专科发展,指导基层体系建设。担任慢性呼吸系统病专病联络人,推动基层医疗机构开展呼吸疾病规范化防治体系建设。

请思考: 医生等职业的核心能力有哪些?

一、职业核心能力的概念和分类

(一)职业核心能力的概念

职业核心能力是人们职业生涯中除岗位专业能力之外的基本能力,它适用于各种职业,能适应岗位不断变换,是伴随人终身的可持续发展能力。核心职业能力是一种跨专业领域的综合能力,是可以通过后天学习获得。"职业核心能力"这一概念最早由德国的梅腾斯(Mertens)于1972年提出,曾经受到很多国家职业教育的关注,并作为职业教育改革的指导思想。职业核心能力培养已成为全球各地教育、培训的基本趋势。目前,各个国家和地区对职业核心能力的界定仍存在分歧,如德国称为"关键能力",美国称为"基本能力",中国香港称为"基础技能""共同能力"等。

(二)职业核心能力的分类

1998 年,我国劳动和社会保障部在《国家技能振兴战略》中明确提出开发核心职业能力培训认证体系,并组织专家负责开发八项核心能力,包括:数字应用、信息处理、与人合作、与人交流、解决问题、自我学习、创新革新、外语应用等。

教育部在教高〔2006〕16 号文件指出,要"教育学生树立终身学习理念,提高学习能力,学会交流沟通和团队协作,提高学生的实践能力、创造能力、就业能力和创业能力并在办学水平评估指标体系中要求测评学生的"自我学习、信息处理、语言文字表达和合作协调能力"。同时,教育部与其他部委的相关文件中也一再强调学生以及职业人士的职业核心能力的重要性。

当前,职业核心能力已经成为人们就业、再就业和职场升迁所必备的能力,也是在校大学生、已就业人群和即将就业人群竞争力的重要标志,它也逐渐成为用人单位选人、用人、培养人的重要标准,也日趋成为高职教育的重要培养目标。

国际上重视培养的职业核心能力主要包括四个方面:

1. 跨职业的专业能力 从以下三方面可以体现出一个人跨职业的专业能力:一是运用数学和测量方法的能力;二是计算机应用能力;三是运用外语解决技术问题和进行交流的能力。

2. 方法能力 方法能力是指主要基于个人的,一般有具体和明确的方式、手段、方法的能力。它主要指独立学习、获取新知识技能、处理信息的能力。方法能力是劳动者的基本发展能力,是在职业生涯中不断获取新的技能、知识、信息和掌握新方法的重要手段。职业方法能力包括:"自我学习""信息处理""数字应用"等能力。

3. 社会能力 社会能力是经历和构建社会关系、感受和理解他人的奉献与冲突,并负责任地与他人相处的能力。它是指与他人交往、合作、共同生活和工作的能力。社会能力既是基本生存能力,又是基本发展能力,它是劳动者在职业活动中,特别是在一个开放的社会生活中必须具备的基本素质。职业社会能力包括:"与人交流"(包括"外语应用")"与人合作""解决问题""革新创新"等能力。

社会能力主要是指一个人的团队协作能力、人际交往和善于沟通的能力。在工作中能够协同他人共同完成工作,对他人公正宽容,具有准确裁定事物的判断力和自律能力等,这是岗位胜任和在工作中开拓进取的重要条件。

4. 个人能力 主要包括个人的社会责任心、诚信等职业道德,以及爱岗敬业、工作负责、注重细节的职业人格。

2009 年,吴真教授主持的全国教育科学"十一五"规划课题《我国劳动者职业核心技能的结构、测评与提升对策研究》显示:我国劳动者职业核心技能结构由信息收集与处理技能、问题解决技能、数字运算技能、自我提高与自我管理技能、沟通技能、言语表达技能、实践技能、协作技能八个因素构成。

知识拓展

《我国劳动者职业核心技能的结构、测评与提升对策研究》中的职业核心能力因素

1. 信息收集与处理技能 指应用信息技术处理一系列日常工作(如文字处理信息、模型设计等)的技能。

2. **问题解决技能** 指确定问题、提出解决问题的方案并付诸实施,检查其实效的技能。

3. **数字运算技能** 指解释、呈现和运用数字材料的技能。

4. **自我提高与自我管理技能** 指具有良好的自我管理,善于利用可能途径学习,总结经验,根据目标调整自己行为的技能。

5. **沟通技能** 包括专心地倾听以及传递、反馈信息的能力。

6. **言语表达技能** 指表达清晰、简练,能够以容易的方式介绍信息,准确使用专业术语的技能。

7. **实践技能** 指较快掌握一般工具的使用,对工具进行一定维护、改造的技能。

8. **协作技能** 即与他人交往、协作的能力。

二、职业核心能力的主要内容

我国十分重视职业核心能力的培养。在职业核心能力中,最为重要的就是自我管理能力、沟通能力等。自我管理能力是指个人在生活和工作中有效地管理自己的能力。它包括认知、情感和行为三个方面的能力,可以让一个人更好地了解自己和提高自己。学会管理自我是成功的基础,在此基础上,培养出激情、毅力、创新和效率等成功的要素。自我管理能力涵盖了多个方面,包括时间管理、情绪管理、身体管理、目标设定、计划制订和执行监督等。无论是在学校、职场还是日常生活中,都需要用到这些能力。

(一) 时间管理

1. **时间的特性** 时间是一个较为抽象的概念,是物质的运动、变化的持续性、顺序性的表现。时间的特性主要有以下几个方面:一是无法开源。时间的供给量是固定不变的,在任何情况下不会增加,也不会减少。不论性别、职位、贫富,我们度过的每一年都有 365 天,每一天都有 24 小时,所以我们无法开源;二是无法节流。孔子说,"逝者如斯夫,不舍昼夜"。时间不像人力、物力和技术那样被积蓄储藏,不论我们愿意不愿意,我们都必须消费时间,所以我们无法节流;三是不可取代、任何一项活动都有赖于时间的堆砌,也就是说,时间是任何活动所不可缺少的基本资源。因此,时间是不可取代的;四是不可再生特性。陶渊明说,"盛年不重来,一日难再晨"。时间一旦失去,则会永远丧失,任何人都无法失而复得。

2. **正确理解时间管理** 时间管理是指通过事先规划和运用一定的技巧、方法与工具,实现对时间的灵活及有效的运用,从而实现个人或组织的既定目标。时间管理的目的在于以最小的代价或浪费获得最佳的期待结果,因此,时间管理就是"自我"管理。

3. **大学生觉得时间不够用的原因** 主要原因总结如下。主观因素:缺乏时间计划、没有目标;没有完全适应大学的生活;社会工作过多,挤占了学习的时间;自制力不够,自我懈怠等。客观因素:学校上课时间不合理;大环境的影响、周围同学影响等。

4. **时间管理四象限法则** 时间管理四象限法则是根据重要性和紧迫性两个维度,把要做的事情分成第一象限、第二象限、第三象限、第四象限,根据重要性和紧迫性程度来确定事情处理的优先顺序,是时间管理的重要法则。

(1)**使用四象限法把当下的事情分出轻重缓急**

1)第一象限:重要又紧迫。比如,抢险救灾、即将到来的考试、复习,一天后要交的实验报告作业等。这些事情必须马上去做,否则后果会很严重。

2)第二象限:重要但是不紧迫。比如,期末考试,有规律地复习,大一的学生准备执业医师资格考试,建立人际关系,锻炼身体等。这些事情属于重要但是不紧迫。人们应该把时间管理的重点放在做重要但是不紧迫的事情上。

3）第三象限：不重要但是紧迫。比如，不速之客，老师、家人交给的事情，不必要的会议，突然打来的电话等。这些事情，虽然紧急，但不重要。可能是当时忙忙碌碌，但事后回想觉得没意义。

4）第四象限：不重要也不紧迫。比如漫无目的地逛街，无节制地看电视、睡觉、玩游戏、打扑克等。这些事情都是不重要，也不紧迫，做了不会有什么价值。

（2）时间管理 4D 原则：第一象限重要又紧迫的事情马上去做（do it now），第二象限重要但是不紧迫的事情定出时间来做（do it latter），第三象限重要但是不紧迫的事情可以授权别人去做（delegate），第四象限不重要也不紧迫的事情能不做就不做（don't do it）。

5. 有效利用时间的技巧　首先，坚持要事第一原则，建立一个清晰的时间表，将每天的活动按照今天必须做的事，今天应该做的事和今天可以做的事，安排得井井有条。其次，要学会说"不"和拒绝不必要的邀请和任务，以避免过度消耗时间。此外，要学会专注和集中注意力，以避免分散注意力而导致的时间浪费。

（二）情绪管理

1. 情绪概述　情绪是对一系列主观认知经验的统称。

（1）情绪的概念：情绪（emotion）是指人们在内心活动过程中所产生的心理体验，或者说，是人们在心理活动中，对客观事物是否符合自身需要的态度体验。客观事物是情绪的源泉，情绪以需要是否满足为中介产生的一种内心感受，情绪有其生理反应（不以人的意志为转移），会表现在行为中。

（2）情绪的分类

第一种分类：基本情绪和社会情绪。基本情绪是指与人的生理性需要相联系的内心需要，如快乐、愤怒、恐惧、悲哀等；社会情绪是指与人的社会性需要相联系的需要，如幸福感、荣誉感、责任感等。

第二种分类：心境、激情、应激。心境、激情、应激是心理学当中心理过程里面情绪过程的内容，是情绪的三种状态分类。心境，又叫心情，是一种微弱、平静、持久的情绪状态。这类情绪状态有两个主要的特点，即弥散性和长期性。激情，是一种爆发强烈而持续时间短暂的情绪状态，多带有一定的指向性和外部动作。应激是出乎意料的紧迫情况所引起的急速而高度紧张的情绪状态。这里需要注意，激情和应激都是比较短暂的状态，但是应激会强调紧张的状态，而激情不强调这个特征。

（3）情绪的功能

1）自我防御功能：情绪能够帮助我们作出更迅速的反应。当身体或人的其他方面受到威胁时，人产生恐惧以应对；当发生利益或权利上的冲突时，人产生愤怒以应对；当吃到不适的食物或污物时，会产生厌恶感。这些情绪反应表现出非常明显的自我保护性倾向。

2）社会适应功能：情绪能够使个体针对不同的刺激事件产生灵活自如的适应性反应，并调节或保持个体与环境间的关系。譬如，羞怯感可以加强个体与社会习俗的一致性；当个体对他人造成伤害时，内疚感可激发社会公平重建。其他的情绪，诸如同情、喜欢、友爱等，也能起到构建和保持社会关系的作用。它们可以增强群体内的凝聚力，而且有提高个体的社会适应能力的作用。

3）动力功能：达尔文认为，人类祖先在捕猎和搏斗时，发生愤怒的情绪反应，有助于增强体力，战胜猎物或敌人。现代科学更清楚地揭示了人在紧张情绪发生时会表现出一系列生理变化，如血压升高，呼吸频率提高，肾上腺分泌增加等。这一切都有助于一个人充分调动体力，去应对紧急状况。适度的情绪反应能够激励人的活动，提高人的活动效率，进而推动人们有效地完成工作任务。

4）强化功能：大量研究表明，当出现紧急情况时，消极的情绪（如愤怒和恐惧）能够唤起大脑的警觉水平；积极的情绪（如高兴），能使一个人的感觉、知觉变得敏锐、记忆获得增强、思维更加灵活，有助于一个人内在潜能的充分展示。

5）信号功能：一个人不仅能凭借表情传递情感信息，而且也能凭借表情传递自己的某种思想和愿望。表情是思想的信号，如微笑表示赞赏，点头表示默认，摇头表示反对。中国有"出门看天色，进门看脸色"的俗语，意思是说通过别人的情绪反馈信息，领悟到别人对自己的态度。

2. 大学生情绪的特点　大学生情绪的特点主要表现在以下几个方面：

（1）**情绪的敏感性**：对新事物有很强的好奇心和求知欲，对外部刺激的反应比较敏锐，情绪变换比较频繁。

（2）**情绪的冲动性**：有着丰富、强烈而复杂的感情世界，情绪体验强烈，喜怒哀乐常常一触即发，表现出热情奔放的特点。心理学家常用"疾风暴雨"来形容这一激情性的情绪特征。

（3）**情绪的起伏性**：追求事业上的成功却没有明确的方向和途径，追求爱情上的完美却可能事与愿违，追求生活的充实和前进的动力却又不知道如何去做。满足时很容易激动、欢天喜地，不满足时又很容易感到失落、孤独，情绪落差比较大。

（4）**情绪的多变性**：丰富的情感世界、情绪的复杂多样以及对外部事物的敏感性使大学生的情绪容易随着人、事、物而时刻变化，同一种情绪状态的持续时间一般比较短，情绪变化频率比较快。

（5）**情绪的隐藏性**：大学阶段，生理和心理都走向"完全成熟"的阶段。面对学习、工作、爱情等方面的问题，大学生的情绪变化不仅变得激烈而敏感，而且还会隐藏自己的情绪，不太愿意和别人完全袒露自己的心胸。

3. 情绪的自我调节和控制　情绪能够影响人的工作和学习，并反映一个人的精神状态和面貌。它标志着个性成熟的程度。一个个性成熟的人知道如何保持情绪健康，能够自觉而有效地控制和调节自己的情绪，因此有更多的机会取得成功。情绪是我们情感的表现，对我们的行为和思考方式有着重要的影响。因此，我们需要学会如何控制和调节情绪。

（1）**情绪智力**：又称为情商（EQ），指个人对自己情绪的把握和控制、对他人情绪的揣摩和驾驭，以及人生的乐观程度和面临挫折的承受能力。情绪智力包括认识自身和他人情绪的能力，理解情绪及分析情绪的能力，控制和调节情绪的能力。情绪智力高的人，能够很好地觉察和意识到自己与他人的情绪状态，并能有效地调节和控制自己的情绪。而情绪智力低的人，则较难觉察和意识到自己与他人的情绪状态，只能听任情绪的摆布，产生不良的情绪体验以及错误的行为表现。

（2）**不良情绪的调控**：首先，要学会认识自己的情绪，并了解情绪是如何影响我们的生活和行为的。其次，要学会使用一些情绪调节技巧和方法。如掌握深呼吸、冥想和放松等技巧调节自己的情绪；如运用情绪宣泄法，通过倾诉、喊叫、唱歌等使情绪得到合理的宣泄；运用活动转移方法，通过锻炼、参加活动、听音乐等转移自己的注意，帮助自己摆脱不良情绪；运用心理暗示法，通过积极心理暗示，调节情绪；运用寻求帮助法，通过心理咨询等，在他人的帮助下恢复积极心态。最后，要建立积极的人际关系和支持网络，以便在情绪低落时及时得到有效支持和帮助。

（三）健康管理

健康是人类一生中最重要的财富之一，它不仅关系到个人的生命安全，更关系到每个人的幸福感和生活质量。身体是我们行动和思考的基础，健康管理已经成为现代人生活中必不可少的一部分。因此我们需要学会如何保持身心健康。健康管理包括以下几个方面内容。

1. 基础健康指标的管理是健康管理的基础。这些指标包括血压、体重、体温、心率、呼吸、大小便等，我们需要定期自我检测这些指标，掌握它们的正常范围，并通过观察数据来判断自己的健康状况。

2. 饮食与睡眠的管理也是健康管理的重要方面。一日三餐应该合理搭配，保证科学营养，并按时规律进餐。此外，成人每天应该保证 7~9 小时的睡眠。睡眠不足会引起内分泌紊乱、降低机体抵抗力，增加糖尿病、高血压、心血管病及肥胖等疾病的风险。因此，不要熬夜加班，保证充足的睡眠是非常重要的。

3.心理健康管理是健康管理的另一个重要方面。人们经常说健康的一半是心理健康,疾病的一半是心理疾病。我们需要学会自我管理情绪,调节身心,释放压力,保持积极健康的心态面对生活,并在社会生活中找到自己的最佳平衡点。只有拥有健康的身心,才能享受健康的生活。

4.运动健康管理也是非常重要的一部分。根据自己的身体状况选择正确科学的运动处方,并坚持运动锻炼,增强体质。运动不仅能够帮助我们保持身体健康,还可以缓解压力、提高免疫力、改善心情等。

综上所述,健康管理包括基础健康指标的管理、饮食与睡眠的管理、心理健康管理和运动健康管理等方面内容。只有在这些方面做好了自我管理,我们才能拥有真正意义上的健康生活。首先,要保证充足的睡眠和休息时间,以保持身体和精神状态的稳定。其次,要保持健康饮食,避免过度饮食和不健康的饮食习惯。最后,要学会如何应对压力和焦虑,以避免身体和心理健康问题的发生。

(四) 沟通能力

1. 沟通的定义   沟通是指为了设定的目标,把信息,思想和情感在个人或群体间传递,并达成共同协议的过程。沟通能力是指与他人沟通有效信息、思想、情感的能力。在生活中我们每一天都要与人交流。沟通是我们时刻都在运用的能力。沟通能力包含着表达能力、倾听能力等。沟通能力是一个人内在素质的重要体现,表面上来看沟通能力是外在的东西,实际上它是一个人从穿衣打扮到言行举止的综合能力。沟通能力一部分属于技能技巧,是后天个人学习和实践得来的,一部分是人格特征,是潜伏在心理因素上的思维活动,受遗传、家庭环境和成长经历的影响。通常在企业人才测评中,沟通能力是考查重点之一。

沟通能力是每个人都必备的生存之道。沟通可以促进人与人之间、人与组织之间、组织与组织之间以及个人对本身的了解与理解。对个人而言,有效的沟通可以使你可以消除误会与隔阂,构建良好的人际关系,获取更多的帮助和支持,可以提高你成功的概率。

2. 沟通的要素   沟通过程应包括五个要素,即沟通主体、沟通客体、沟通介体、沟通环境、沟通渠道。

(1)**沟通主体**:是指有目的地对沟通客体施加影响的个人和团体,诸如党、团、行政组织、家庭、社会文化团体及社会成员等。沟通主体可以选择和决定沟通客体、沟通介体、沟通环境和沟通渠道,在沟通过程中处于主导地位。

(2)**沟通客体**:即沟通对象,包括个体沟通对象和团体沟通对象;团体的沟通对象还有正式群体和非正式群体的区分。沟通对象是沟通过程的出发点和落脚点,因而在沟通过程中具有积极的能动作用。

(3)**沟通介体**:即沟通主体用以影响、作用于沟通客体的中介,包括沟通内容和沟通方法。沟通主体与客体间的联系,保证沟通过程的正常开展。

(4)**沟通环境**:既包括与个体间接联系的社会整体环境(政治制度、经济制度、政治观点、道德风尚、群体结构),又包括与个体直接联系的区域环境(学习、工作、单位或家庭等),对个体直接施加影响的社会情境及小型的人际群落。

(5)**沟通渠道**:即沟通介体从沟通主体传达给沟通客体的途径。沟通渠道不仅能使正确的思想观念尽可能全、准、快地传达给沟通客体,而且还能广泛、及时、准确地收集客体的思想动态和反馈的信息,因而沟通渠道是实施沟通过程,提高沟通功效的重要一环。沟通渠道很多,诸如谈心、座谈等。

3. 沟通能力的重要性   沟通能力的重要性主要有如下两点:

(1)**人际交往的基础**:人是群居的社会性动物,需要团队协作。人际关系对于每一个人来说都是无比重要的。良好的人际关系就像近水楼台,给我们带来广阔的人脉和有效的资源。好的人际交往可以缩短我们与他人的距离,促进彼此的合作、达成友谊。脱离了人际关系我们无法生存,尤其是在当今互联网的时代,人与人之间的联系越来越密切,高效的人际沟通已经成为我们人类生存的能力之一。

（2）**获取信息的渠道**:信息时代要求我们跟上时代的步伐,无论你是否有文化,都逃不开信息社会的发展趋势。在这个高度联系、紧密融合的时代,我们无时无刻不在接受各种各样的讯息。讯息给我们提供了发展的方向,为我们的事业提供导航。我们获取信息的渠道多种多样,但是最可靠的讯息来自我们身边的人。通过身边的亲朋好友我们可以获取安全可靠的讯息,比我们苦苦搜索要省很多工夫。

4. 沟通的方式　沟通方式包括两大类,即语言沟通、非语言沟通。最有效的沟通是语言沟通和非语言沟通的结合。

（1）**语言沟通**:语言沟通是通过语言这种媒介而实现的信息交流,借助语言(文字)符号进行的人际沟通,是人际交往中最常用的方式。语言沟通包括口头语言沟通和书面语言沟通两种方式。口头语言沟通是借助口头语言实现的沟通,如可利用面对面的交谈、讨论。

（2）**非语言沟通**:非语言沟通是通过语言以外的媒介,主要是各种身体语言,具体是指通过眼神、姿态、表情、动作、声调等,实现的信息交流。非言语沟通是言语沟通的重要的补充形式,能起到增强表达、促进理解的作用。非语言沟通的类型包括声音语气、肢体动作、面部表情、目光、姿势。

真正将身体语言有效地运用到人际交往中去却不是一件很容易的事。这需要我们做两件事情:一是理解别人的身体语言,二是恰当使用自己的身体语言。

1）理解别人的身体语言:身体语言比口头语言能够表达更多的信息,因此,理解别人的身体语言是理解别人的一个重要途径。从他人的目光、表情、身体运动与姿势,以及彼此之间的空间距离中,我们都能够感知到对方的心理状态。了解了对方的喜怒哀乐,我们就能够有的放矢地调整我们的交往行为。

需要注意的是,要培养自己敏锐的观察力,善于从对方不自觉的姿势、目光中发现对方内心的真实状态。不要简单地下结论。比如,中国人喜欢客套,当来作客的人起身要走时,往往极力挽留,然而很多时候,这些挽留都并非出自诚意,我们从主人的姿势上是可以看出来的,口头上慢走,却早已摆出了送客的架势。

2）恰当使用自己的身体语言:恰当地使用自己的身体语言,要求我们做到以下几个方面:经常自省自己的身体语言,检验自己以往使用身体语言是否有效,是否自然,是否使人产生过误解;有意识地运用身体语言;注意身体语言的使用情境;注意自己的角色与身体语言相称,注意言行一致,改掉不良的身体语言习惯。

5. 如何提高沟通能力　提高沟通能力的一般步骤如下:

（1）**开列沟通情境和沟通对象清单**:这一步非常简单。闭上眼睛想一想,你都在哪些情境中与人沟通,比如学校、家庭、工作单位、聚会以及日常的各种与人打交道的情境。再想一想,你都需要与哪些人沟通,比如朋友、父母、同学、配偶、亲戚、领导、邻居、陌生人等。开列清单的目的是清楚自己的沟通范围和对象,以便全面地提高自己的沟通能力。

（2）**评价自己的沟通状况**:在这一步里,问自己如下问题。

对哪些情境的沟通感到愉快?

对哪些情境的沟通感到有心理压力?

最愿意与谁保持沟通?

最不喜欢与谁沟通?

是否经常与多数人保持愉快的沟通?

是否常感到自己的意思没有说清楚?

是否常误解别人,事后才发觉自己错了?

是否与朋友保持经常性联系?

是否经常懒得给人写信或打电话?

……

客观、认真地回答上述问题,有助于了解自己在哪些情境中、与哪些人的沟通状况较为理想,在哪些情境中、与哪些人的沟通需要着力改善。

(3)**评价自己的沟通方式**:在这一步中,主要问自己如下三个问题:

通常情况下,自己是主动与别人沟通还是被动沟通?

在与别人沟通时,自己的注意力是否集中?

在表达自己的意图时,信息是否充分?

主动沟通者与被动沟通者的沟通状况往往有明显差异。研究表明,主动沟通者更容易与别人建立并维持广泛的人际关系,更可能在人际交往中获得成功。

沟通时保持高度的注意力,有助于了解对方的心理状态,并能够较好地根据反馈来调节自己的沟通过程。没有人喜欢自己的谈话对象总是左顾右盼、心不在焉。

在表达自己的意图时,一定要注意使自己被人充分理解。沟通时的言语、动作等信息如果不充分,则不能明确地表达自己的意思;如果信息过多,出现冗余,也会引起信息接收方的不舒服。最常见的例子就是,你一不小心踩了别人的脚,那么一句对不起就足以表达你的歉意,如果你还继续说:"我实在不是有意的,别人挤了我一下,我又不知怎的就站不稳了……"这样啰唆反倒令人反感。因此,信息充分而又无冗余是最佳的沟通方式。

(4)**制订、执行沟通计划**:通过前几个步骤,你一定能够发现自己在哪些方面存在不足,从而确定在哪些方面重点改进。比如,沟通范围狭窄,则需要扩大沟通范围;忽略了与友人的联系,则需写信、打电话;沟通主动性不够,则需要积极主动地与人沟通等等。把这些制成一个循序渐进的沟通计划,然后把自己的计划付诸行动,体现在具体的生活小事中。比如,觉得自己的沟通范围狭窄,主动性不够,你可以规定自己每周与两个素不相识的人打招呼,具体如问路,说说天气等。不必害羞,没有人会取笑你的主动,相反,对方可能还会在欣赏你的勇气呢!

在制订和执行计划时,要注意小步子的原则,即不要对自己提出太高的要求,以免实现不了,反而挫伤自己的积极性。小要求实现并巩固之后,再对自己提出更高的要求。

(5)**对计划进行监督**:这一步至关重要。一旦监督不力,可能就会功亏一篑。最好是自己对自己进行监督,比如用日记、图表记载自己的发展状况,并评价与分析自己的感受。

计划的执行需要信心,要坚信自己能够成功。记住:一个人能够做的,比他已经做的和相信自己能够做的要多得多。

第三节　临床医学生专业技能的培养

案例导入

三张纸与一个垃圾桶的故事——谈医学生职业素养的培养

陈教授负责某校2016级麻醉专业的诊断学课程。A组上课前,陈教授提早半小时来到教室,特意在教室门口过道显眼位置放了三张废纸,坐在教室一角仔细地观察入场的学生们,结果没有一个学生去把纸捡起来。在B组上课前,陈教授决定再次验证,这次放在过道的是个垃圾桶,然而结果同样令陈教授感到失望——放在过道显眼位置的垃圾桶仍无人理睬,所有学生们都直接绕道走过！陈教授在所有学生面前亲手把垃圾桶挪在了教室角落。在座的学生们见到陈教授的举动，个个都红着脸，羞愧地低下了头。为什么学生们会"无视"过道上的三张废纸及挡在路中的垃圾桶？

请思考：临床医生岗位的核心胜任力有哪些？

临床医学专业是一门实践性很强的应用科学专业。它致力于培养具备基础医学、临床医学的基本理论和医疗预防的基本技能；能在医疗卫生单位、医学科研等部门从事医疗及预防、医学科研等方面工作的医学高级专门人才。该专业学生主要学习医学方面的基础理论和基本知识，人类疾病的诊断、治疗、预防方面的基本训练，具有对人类疾病的病因、发病机制作出分类鉴别的能力。

一、提高临床医学生的专业技能

临床医学生的专业能力提升对未来医疗工作至关重要。理论学习、实践操作和综合素质提升是提高临床医学生专业能力的重要途径。临床医学生需要通过不断地学习和实践，提高自己的专业能力，为未来的医疗工作作出更大的贡献。

（一）理论学习是临床医学生专业技能提升的基础

临床医学生需要通过系统地学习，掌握扎实的医学理论知识，才能更好地进行实践操作和应对临床问题。在理论学习过程中，需要注意以下几点：首先，深入理解基础知识。充分利用好课前、课中、课后三个环节，对临床医学基础知识进行充分的学习和理解。要注重基础概念的掌握，理解其内在联系和作用机制，以建立稳固的知识框架。其次，关注前沿进展。医学领域的知识和技术在不断更新，临床医学生需要时刻关注最新的研究成果和医学进展。可以通过阅读学术期刊、关注权威医学网站等途径获取最新信息。这有助于不断更新自己的知识储备，跟上医学发展的步伐。

（二）实践操作是临床医学生专业技能提升的关键

实践操作对于临床医学生专业技能提升至关重要。临床医学是一门实践性很强的学科，通过实践操作，医学生才能更好地理解和掌握医学知识，逐渐熟练掌握各种临床技能，提高诊断和治疗能力。临床医学生在实践操作过程中，需要注意以下几点：首先，要遵守法律法规规定的标准操作规范、流程进行操作，确保操作的安全性与准确性；其次，要注重反思与反馈。每次实践操作后，医学生应该进行反思和总结。回顾自己的操作过程，反思其中的不足之处，并寻找改进的方法和策略。此外，及时向导师或其他医生请教，接受他们的反馈和指导，可以加快自己的进步和提高。最后，要注重实践与理论相结合，多参与义诊、实习等实践活动，不断提高自己的实践操作能力，并更好地应对临床工作中的各种挑战。

（三）综合素质提升是临床医学生专业技能提升的保障

综合素质指的是一个人在知识、技能和态度等多个方面的全面发展。在综合素质提升过程中，需要注意以下几点：首先，要注重人文素质的培养，如具备良好的沟通与协作能力、高尚的职业道德和良好的医学伦理素养等，有助于建立良好的医患关系，提高治疗效果。其次，要注重专业素质的培养，如诊断和治疗的能力等的培养，提高临床决策的准确性和科学性；最后，要注重个人素质的培养，如耐心、自信心、责任心等，逐渐形成尊重和爱护患者的价值观，提供高质量、安全、有效的医疗服务。

二、临床医学生必备临床技能

临床医学生是未来的医疗工作者，他们需要掌握许多临床技能，以便在未来的职业生涯中能够有效地诊断和治疗患者。临床技能是临床医学生必备的重要技能之一，它们可以帮助临床医学生更好地理解医学知识，并在实践中应用这些知识。因此，医学生必须努力学习并掌握这些技能。

(一）病史采集和体格检查

临床医学生必须能够有效地与患者交流，了解病史、症状和体征，并能够进行全面的体格检查，以确定患者的病情和症状。在采集患者病史时，临床医学生应该与患者及其家属进行有效的沟通和协作，学会与患者建立信任关系，以便患者能够坦诚而全面地讲述自己的病情及症状。在给患者做体格检查时，临床医学生应该注意细节及注意事项，以确保体格检查的准确性与安全性。

(二）诊断和治疗

临床医学生必须学会根据患者的病史和体格检查结果，作出准确的诊断并制订合适的治疗方案。在诊断时，临床医学生应该考虑多种可能性，并采取适当的检查和测试来证实诊断。在治疗时，医学生应该了解多种治疗方法，包括药物治疗、手术治疗、物理治疗等，并能够选择最适合患者的方法。

(三）临床思维和决策

临床医学生应该能够根据患者的情况和医学证据，进行合理的诊断、治疗方案与管理的决策，并评估治疗效果，学会运用临床思维和决策来解决问题。临床思维是指能根据患者的病情和症状，结合自己的医学知识和经验，提出合理的诊断和治疗方案的能力。决策是指临床医学生能够根据患者的病情和症状，运用医学知识和临床经验，准确地诊断。作出正确的决策，以达到最佳的治疗效果。

(四）团队合作

临床医学生必须学会与患者、家属和其他医护人员进行有效的沟通和合作，能够全面地向他人表达自己的想法和观点，以确保让患者的疾病能得到最好的治疗。团队合作包括与医院同事协商、分享信息与经验，以及与患者进行充分沟通和建立信任关系。临床医学生既要学会在团队中充分发挥自身的优势，又要学会尊重团队其他成员的意见与贡献。

三、培养临床医学生的就业能力

专科临床医学是一门应用性很强的学科，其就业特点主要表现在以下几个方面：专科临床医学毕业生就业方向比较单一，主要是医院、诊所等医疗机构。这也意味着，专科临床医学毕业生的就业竞争比较激烈，需要具备较高的专业素养和实践能力。专科临床毕业生需要不断提升自己的专业技能和知识水平，以适应医疗行业的发展变化。专科临床医学毕业生的就业薪资相对较高，但是工作强度也比较大。因此，毕业生需要具备较强的心理素质和抗压能力，以应对工作中的各种挑战和困难。

为了提升临床医学毕业生的就业能力，需要从以下几个方面入手：

(一）提高综合素质，提前做好职业生涯规划

不少临床医学生的综合素质难以达到用人单位的要求。求职应聘时，由于专业知识的欠缺，还有面试、笔试、沟通和礼仪等方面的表现不佳，导致他们失去了很多的就业机会。因此临床医学生除了要掌握专业基础知识外，还要学好人文社科方面的知识。提升临床医学生的就业能力，应从低年级就抓起，一年级就要做好他们的职业生涯规划教育。职业生涯规划和就业指导教育是临床医学生的指路明灯，可以帮他们指明生涯的发展方向，使人生避免走弯路，激发追求理想和目标的动力和潜能。通过职业规划教育使临床医学生朝着制订的目标不断努力，为就业夯实基础。

(二）引导临床医学生树立正确的就业价值观

医学院校和家长都有责任和义务对学生进行职业价值观、就业观、成才观教育。首先要进行思想政治教育和社会主义核心价值观教育，并牢记医学生誓词：救死扶伤，不辞艰辛，执着追求，为祖国医药卫生事业的发展和人类身心健康奋斗终身。其次要进行红医精神和白求恩精神教育，学习他们不怕苦、不怕累，为了人民的健康不惜牺牲个人生命的无畏大爱精神，培养临床医学生为国家、为社会作贡献的价值观。在择业时把个人需要和社会需要、国家需要相结合，要根据自身条件、国

家的就业政策和形势及招聘单位的招聘条件,去脚踏实地地选择就业岗位,不能不切实际地好高骛远,树立先就业后择业的就业意识。

临床专业医学生在基层医院、社区医院、民营医院、企业职工医院等单位就业同样能体现个人价值。同时还可考虑一些和医学相关的新兴行业,如美容整形、康复保健、老年健康管理等;还可报名"三支一扶"、大学生志愿服务西部计划和大学生应征入伍等,多渠道地开辟自己的就业途径,增加就业机会。

(三) 提高就业指导的实效性,提高临床医学生的就业能力

临床专业医学生就业能力的不足,是导致其就业难的关键影响因素之一。因此,必须提高医学院校就业指导的实效性,提高医学生的就业能力。一是不断提高就业指导课任课教师的综合素质,培养他们认真负责的工作态度,从思想上让其认识到自己肩负的就业指导的重要性,医学院校应定期派送就业指导教师参加就业指导培训及参观学习,不断提高他们的理论和实践水平,努力提高就业指导的质量。二是要不断探索和创新就业指导工作的方法。大力开发第二课堂,鼓励学生多参加社会实践,培养实践能力和团队精神。邀请事业成功的校友进行现身启发和引导,分享成功的经验,提高新形势如何提升医学生就业能力的信心。三是积极为毕业生搭建就业平台。

另外,医学院校要及时为临床医学生提供国家新的就业政策和就业信息,定期举办校园招聘会,给用人单位和毕业生搭建一个双向选择平台,为临床医学生提供更多的就业机会。总之,新形势下大学生的就业形势越来越严峻,提升大学生就业能力变得尤为重要。

通过以上措施,可以提高就业指导的时效性,加强临床医学生的就业能力,帮助他们更好地应对就业挑战,实现职业发展的目标。

知识拓展

医师在执业活动中履行的义务

中华人民共和国医师法第二十三条　医师在执业活动中履行下列义务:

(一) 树立敬业精神,恪守职业道德,履行医师职责,尽职尽责救治患者,执行疫情防控等公共卫生措施;

(二) 遵循临床诊疗指南,遵守临床技术操作规范和医学伦理规范等;

(三) 尊重、关心、爱护患者,依法保护患者隐私和个人信息;

(四) 努力钻研业务,更新知识,提高医学专业技术能力和水平,提升医疗卫生服务质量;

(五) 宣传推广与岗位相适应的健康科普知识,对患者及公众进行健康教育和健康指导;

(六) 法律、法规规定的其他义务。

(张天涛)

思考题

1. 作为一名合格的临床医生需要具备哪些能力?
2. 应当怎样培养临床医学生的就业能力?

ER 6-2

练习题

就业指导

第七章 │ 就业信息收集与权益保护

教学课件

学习目标

1. 掌握：就业信息收集的方法与技巧。
2. 熟悉：就业协议书和劳动合同的相关事宜。
3. 了解：就业信息的内容与特征。
4. 具备查找、搜集、筛选就业信息的能力。
5. 能利用就业信息筛选出合适的职位，并能规避就业风险。

第一节 毕业生就业程序

案例导入

小乔是某高职院校临床专业大三的学生，在实习期间，别人还在按部就班上下班，只顾着实习时候，他已经忙碌起来了，他着手做求职应聘的准备，利用闲暇时间学习制作个人简历，梳理在校期间获奖情况，找校内师弟帮忙打印成绩单、毕业生推荐表，与辅导员进行线上模拟面试，与已经毕业的师兄师姐了解用人单位招聘情况，尽管小乔在外地实习，却总比班上其他同学消息灵通，实习刚结束，小乔的工作单位也顺利敲定。

请思考：作为一名即将毕业的学生，你是否掌握完整的就业程序？

一、用人单位的招聘程序

不同的用人单位在招聘人员时，招聘的程序一般会根据岗位的层次、职系和职责的不同而略有不同。随着互联网时代来临，无论是对用人单位还是求职者来说都更方便、快捷，而对于毕业生来说，校园招聘会、用人单位专场招聘会、医疗卫生专场招聘会、校企合作等形式在高校还占有主导的就业市场。用人单位的招聘程序一般分为以下的几类：

（一）一般用人单位的招聘程序

充分了解用人单位的招聘程序，对每一位求职者都能起到事半功倍的作用。一般情况下，用人单位的招聘程序可以分为以下六个步骤：

1. 拟订招聘计划 用人单位根据企业人力资源规划确定当年需要招聘人员的数量、质量和类型。包括员工的岗位、学历层次、专业技术、年龄、专业等条件，从而制订详尽的招聘计划。

2. 发布招聘信息 用人单位可以通过多种渠道向社会发布招聘信息。利用选定的渠道，开展招聘广告宣传工作，寻找和吸引潜在的职位候选人。主要的渠道有：人才服务中心、广播电视、报刊、官方网站以及新媒体等。若是以毕业生为主要招聘对象，用人单位通常会与学校毕业生就业工作主管部门取得联系，以企业宣讲会、专场招聘会的形式给毕业生宣传介绍本单位的企业文化、发展历程、实力规模、用人制度、人才需求情况、晋升渠道、福利待遇等学生关心的问题,如有需要也会进行现场答疑、面试,甚至会现场签订就业协议书。

3. 搜集应聘信息　用人单位可以从多种途径搜集应聘信息,如可以参加省、市毕业生就业主管部门组织的供需洽谈会搜集应聘者信息;参加高校就业工作部门组织的校园招聘会获取应聘者信息;可以通过人才服务平台中毕业生所登记的求职信息搜集信息;还可以通过毕业生的自荐获取应聘者信息。

4. 分析应聘信息　在搜集到应聘者的信息后,用人单位会依照职位要求筛选出合格的简历,再根据本人的教育经历、专业技术、工作经验、职业规划等方面进行全方位的考量,从而得出初选名单,以便进一步进行考核。

5. 组织测试、考核　在对应聘者进行初选后,用人单位会采用笔试和面试的方式对应聘者进行考核与选拔。一般通过专业技术知识、技能考试和能力测验等方面加以评定。

6. 签订协议　在经过初筛、复核后,用人单位经研究确定录用人员名单,跟应聘者签订就业协议书。用人单位和应聘者间的劳动关系初步确定。

为使新进员工尽快适应本单位的工作岗位及工作环境,尽快熟悉本单位的工作环境、企业文化、规章制度、组织结构、岗位职责、工作流程等情况,用人单位一般会为新员工进行入职培训。

(二)国家公务员的招录程序

国家公务员一般是指政府机关工作人员,即在各级国家行政或党务机关依法行使行政权、执行国家公务的在职人员(不包括工勤人员)。按照《中华人民共和国公务员法》的有关规定,机关单位的公务员的录用程序严格遵守"凡进必考"的制度,招录程序一般分为以下七个阶段。

1. 制订及发布招考公告　招录机关一般通过知名度高、权威性强的报纸、政府官方网站或新媒体发布招考公告。公务员录用招考公告主要包括以下的内容:招考时间、招考计划和职位、招考对象、招考条件、报名办法、考试科目、考试录用的方法及程序、考试(笔试和面试)的办法、录用的程序和方法、其他报考须知事项等。

2. 资格审查　招录机关根据招考公告的报考资格与条件对报考人员进行资格审查。通常提供如身份证、报名登记表、学历、学位证书、报名资料上填写的各类证书及相关材料,如报考职位要求出具基层工作经历有关证明材料,也需要一并提供。

3. 笔试　考试内容根据公务员应当具备的基本能力和不同职位类别分别设置,一般国家公务员的笔试公共科目分为《行政职业能力测试》《申论》两个科目。《行政职业能力测验》均为客观单选题,分为言语理解与表达、常识判断、数量关系、判断推理、资料分析这五大题型模块。《申论》为主观题,由注意事项、给定资料、作答要求三部分组成。

4. 面试　公务员考试面试基本流程一般为签到、核实身份、抽签、进入面试、退场计分、等待面试成绩。要特别注意的是,考生不能自报姓名,如在考场内自报姓名,考生会被当场取消面试资格。

5. 体检和考察　面试和专业科目笔试结束后,将按照综合成绩从高到低的顺序,依据一定的比例确定进入体检和考察的人选。

6. 公示　拟录用人员由招录机关按规定的程序和标准从考试成绩、考察情况和体检结果合格的人员中综合考虑,择优确定,并在考录专题网站上公示。公示内容包括拟录用人员姓名、性别、准考证号、所在工作单位或毕业院校,同时公布举报电话,接受社会监督,公示期为7天。

7. 录用　考察合格的,确定为拟录用人选,由招录机关通过互联网等媒体公示7天后无异议的,按规定程序和权限报批录用。

(三)事业单位的招录程序

事业单位,一般是国家在政府机构之外设置的带有一定公益性质的机构,为了增进社会福利,满足社会文化、科学、教育、卫生等方面需要,提供各种社会服务为直接目的的社会组织。

按照人力资源和社会保障部制定的《事业单位公开招聘人员暂行规定》的相关要求,除了参照公务员制度进行管理和转为企业的事业单位外,事业单位招聘管理人员、专业技术人员、工勤人员,主要采用公开招聘的方式。考试的主要内容是招聘岗位所必需的业务能力、专业技能和专业知识。招聘的程序一般为:①制订招聘计划;②发布招聘信息;③审核应聘者资格;④考试及考核;⑤体检;⑥公示拟招聘人员;⑦签订聘用合同,办理聘用手续。

二、毕业生就业程序和手续办理

毕业生在求职择业的过程中,全方位地了解整个就业程序,熟悉求职的每一个过程,这样才能达到顺利就业的目的。对于毕业生来说,一般一个完整的就业程序主要包括搜集和处理就业信息、自我分析、准备求职材料、求职应聘、签订协议、办理离校手续和报到上岗等环节。

(一)搜集和处理就业信息

就业信息是毕业生求职的先决条件,只有及时获取了有效的就业信息,才能获得求职的主动权。在校期间就可以提前参加学校组织的校园招聘会、用人单位宣讲会,对于毕业生应当抓住最后一年校内组织的与自己相关的宣讲和招聘会,以免错过重要的就业信息。也可以通过学校的毕业生就业管理部门、社会实践活动、临床实习活动、师长校友、社会媒体等途径广泛获取就业信息。在搜集到这些可靠的就业信息,结合自身实际情况,进行分析、筛选、整理,保证信息的全面性、有效性和准确性,更好地为自己所用。

(二)自我分析

知己知彼,百战不殆。毕业生需要对自己进行全面、客观的自我评价,充分了解自己的强项、弱点和兴趣爱好、希望从事的行业及职业等状况,对就业进行理性分析。可以通过与师生、亲友交流,对就业进行理性选择和分析,从而形成较为明确的个人定位和社会定位。

(三)准备求职材料

如何从众多的求职者中脱颖而出,准备求职材料是就业过程中关键的一步,良好的求职材料可以展示个人的能力、经验和适应性,提高获得面试的机会。求职材料包括毕业生推荐表、求职信、简历、成绩单、荣誉证书或获奖证书、资格考试证书、已发表的文章、取得的成果、实习报告和经历、培训经历等。要获得用人单位的关注,一份优秀的简历必不可少。简历中要突出与目标职位相关的经验和能力。求职信中要介绍个人背景、动机和职业目标,并强调与目标职位的匹配度和价值。

(四)求职应聘

对于毕业生的招聘,常见以下的形式:

一是毕业生到用人单位去参加招聘(笔试、面试);二是毕业生通过各类就业市场应聘,投递简历;三是用人单位到院校进行宣讲招聘,与毕业生进行现场交流活动;四是毕业生按照用人单位的要求,以电话、互联网等形式应聘,直接免去部分应聘环节。

(五)签订协议

求职者与用人单位进行沟通后,双方都得到了认可,初步口头约定后,毕业生就可以与用人单位及学校签订就业协议书。就业协议书一旦签订,便视为有效合同,不能随便更改。毕业生一定在慎重选择、认真考虑的基础上再行签约,切忌冲动盲目。

(六)办理离校手续、报到上岗

签订了就业协议,接着要着手办理毕业派遣等离校手续。同时,毕业生要按照协议上的要求,在规定时间内携带相关资料到单位进行报到。

第二节　就业信息

案例导入

　　小陆是某高职院校临床专业的学生,实习期结束后,由于个人原因未在实习单位直接留用,看着一起实习的同学直接就业了,自己工作还没有着落,她非常着急,每天都上网去找寻各类招聘信息,只要符合条件的都投递简历,但是,一个月过去了,她的简历似乎石沉大海,没有任何回应。看着室友陆续都找到工作,她很是苦恼,于是找到辅导员寻求帮助,辅导员询问小陆是否喜欢自己的专业? 自己预期的岗位是什么? 未来工作的地点想在哪? 通过跟辅导员的聊天,她想清楚这些答案,思路就清晰多了,按照老师教的方法搜集就业岗位,精准投递简历、面试,没多久小陆就找到了心仪的工作。

请思考:

1. 小陆求职过程中出现了什么问题?
2. 获得就业信息的方法有哪些?

一、就业信息的内容

　　就业信息指的是通过各种媒介传递出来的有关就业方面的消息和情况,一般包括就业形势与就业政策、就业市场、社会需求、招聘单位信息和岗位信息等。它是毕业生求职择业的基础和前提条件。

(一)就业形势

　　就业形势对于毕业生就业有着至关重要的作用。国家宏观的就业形势直接关系到劳动力市场的供需关系,同时也关系到毕业生可否充分就业。了解就业形势,有助于毕业生有针对性地、有目的地进行择业等求职活动和确定自己的求职目标。一般而言,就业形势包括以下几个方面:国内、国际经济发展的趋势和总体情况;产业结构的调整和变化;目标行业或所在专业领域的发展状况;目标地域的经济情况、人才市场的供需比例;当年毕业生的供求形势等。了解这些社会形势,有助于毕业生更好地把握择业方向,形成合理的就业期望,提高求职的成功率和职业生涯的长远性。

(二)就业政策

　　就业政策是指政府和社会群体为了解决劳动者就业问题,所制订和推行的一系列方案及采取的措施。国家、地区、部门及学校所出台的这些政策措施,从大学生的指导思想、就业机制、就业渠道、就业的方式方法等方面都作出了详尽的指导。全面解读大学生就业政策,可以更好地促进毕业生顺利就业,有效降低求职风险和求职成本,极大地提高求职成功率。我国当前的就业总政策就是就业优先政策,我们毕业生要知晓常见的就业政策主要有以下五种:

　　1.大学生志愿服务西部计划　该项目由共青团中央、教育部、财政部、人力资源和社会保障部共同组织实施,按照公开招募、自愿报名、组织选拔、集中派遣的方式,招募普通高等学校应届毕业生或在读研究生,到西部基层从事为期 1~3 年的教育、卫生、农技、扶贫等方面的志愿服务工作。具体的招募信息、专项情况、地方项目、报名等可以查询"大学生志愿服务西部计划",具体的招募文件可参考中青联印发的《大学生志愿服务西部计划实施方案》。

　　2.三支一扶计划　该项目是由中央组织部、人力资源和社会保障部、教育部等八部门联合组织实施,"三支一扶计划"主要是选送高校毕业生到乡镇从事两年的支教、支农、支医和扶贫等服务,为基层输送和培养一批青年人才,为促进教育、农业、卫生、水利和扶贫等社会事业的发展提供人才支撑,营造和鼓励高校毕业生到基层工作的良好氛围。医学生可以选择报考"三支一扶"的"支医"项目。

3. 应征入伍　应征入伍是部队每年从应届高校毕业生中征收义务兵。有意愿应征入伍的毕业生可以登录全国征兵网了解信息,每年有春季和秋季两次应征入伍报名机会。高校毕业生也可以直接到本校征兵工作管理部门了解相关信息,填写《应届毕业生预征对象登记表》。根据征兵办的政策,高校毕业生应征入伍,可以享有多项优待政策(注:不同省份,政策有差异,每年政策也会有一定的调整)。

4. 自主创业　对于大学毕业生创业,每个省份均有不同的扶持政策。毕业生如果要查找相关的就业创业政策支持,可以前往本市的市人力资源和社会保障局了解,或是登录该局网站采集信息。

5. 专升本　专升本考试的选拔工作各省份各有不同,现基本上由各省教育厅主持举办,统一考试。各省的政策、所有专业与招生计划都有所不同。具体的信息可以在省教育厅和省教育考试院查询。

(三) 社会需求

社会需求是指各级、各行业、各类用人单位对毕业生的需求情况,这是毕业生求职、择业的导向。不同的领域、不同的行业对人才人口老龄化等背景下,给我国的医学领域带来了深远的影响。作为一名医学生,应当充分了解本专业、本校毕业生在社会上的需求情况和变化情况,强化求职择业的针对性,并根据情况适时调整求职择业的期望值,从而获得适合自身情况的最佳职业和岗位。

(四) 单位信息

1. 用人单位的具体情况　毕业生可以通过就业信息,了解用人单位的类型、规模、业务范围、工作环境、设施条件、管理体制、岗位需求、人才结构、晋升机会、联系方式以及单位的效益、福利等情况,这对毕业生的求职准备和目标定位等有较大的指导意义。同时,求职者从用人单位的相关情况中,也大致清楚自身在该单位的工作内容和发展前景。

2. 用人单位的企业文化　企业文化,是指一个团队实质上倾向、推崇的做事方式、做事理念。它是企业最核心的竞争力,是企业生存、竞争和发展的灵魂,是推动企业发展的不竭动力。

3. 薪资待遇　薪资待遇是普通求职者最为关注的内容和择业的重要依据。薪资待遇是用人单位竞争力的外在表现,一定程度上反映了该用人单位在行业中的排名情况和实力水平。作为一名求职者,毕业生应该充分了解用人单位的薪酬待遇,如工资情况、加班补贴、休假情况、员工培训、保险保障情况等等。

二、就业信息的特征

五花八门的就业信息,有着自身的特征。就业信息的真实性、有效性、时效性、全面性,决定着求职应聘者的成败。谁能适时把握住就业信息的特点,就意味着谁就优先掌握就业的机会,谁就拥有了开启成功择业路上的第一把金钥匙。

就业信息具有的特征,包括以下几个方面:

(一) 就业信息的时效性

一般而言,用人单位越好,岗位薪资越吸引人,那么就业信息的时效性就越强。我们常说的"金三银四"招聘季一般是每年就业信息集中发布的时期,毕业生如果能把握好这段时间,密切关注就业信息,在有效的时间内,对就业信息进行处理,主动出击,就能抓住机遇。

(二) 就业信息的真实性和虚假性

真实的就业信息是准确无误的,是可靠的。我们毕业生获取就业信息必须通过正规渠道,对就业信息要进行认真筛选和对比鉴别,要养成对就业信息进行求证的良好习惯,避免上当受骗。求职者在获取就业信息时,要注意核实信息的来源和真实性,避免被虚假信息所误导。

(三)就业信息的失真性

由于就业信息的传播途径、传播媒介不同,在传播过程中出错的现象就会存在,必然会使就业信息的失真性客观存在。在招聘信息中,薪酬待遇、招聘条件等方面出错的情况时有发生。我们求职者要仔细地分析和研究就业信息,以免被失真的信息所误导,以致机会缺失。

(四)就业信息的潜在性

就业信息的潜在性是指人们由于受到惯性思维的影响,把近期的就业信息,作为求职者今后或若干年以后的参考,以此来对自己的求职就业行为进行指导。例如,受社会大环境的影响,某项政策的出台,某个专业突然紧缺,当下就业状况良好,大家就认定为热门专业,报考都去选择这个专业,培养量的增加就意味着社会供给量的递增,当供过于求时,必然会导致就业困难,从而人才的结构性矛盾也随之凸显。就业信息的潜在性特点,就要求我们大学生在选择专业、选择就业方向时,要克服羊群效应的影响,全面地考虑各方面的影响因素,才能顺利择业、就业。

(五)就业信息的共享性

就业信息可以通过不同的载体、不同的渠道进行传播,这就奠定了其共享性的特点。就业信息发布后,不同的个体、不同的院校、不同的地域都可以对信息进行传播。某一就业信息共享的人越多,竞争就越激烈。随着大学毕业生人数的逐年增加,就业信息的共享者越来越多,这就要求我们大学毕业生要尽早获得就业信息,从而可以捷足先登,获得主动权。

(六)就业信息价值的相对性

一则就业信息,对一部分人来说是非常有价值的,但对另外一部分人来说却是没有多大的价值,这体现了就业信息的相对性特点。这一特点就要求毕业生在获得就业信息之后,要对信息进行研究分析,并将信息与自身的实际情况进行比对,估算自己应聘成功的概率高低,以减少求职失败的次数,增加成功求职的概率。

三、就业信息收集的途径与方法

面对严峻的就业形势,及时地、有效地掌握信息这一有效资源显得尤为重要。同时,在面对纷繁多样的就业信息,新世纪的大学生应当进行仔细认真的辩证分析、筛选、整理,以便获得选择的主动权,为择业做好充分的准备。

(一)获取就业信息的途径

就业信息,对于求职者来说是通向就业的桥梁。每一名大学生都应该掌握如何在内容繁多的信息中搜集到最适用、最准确的就业信息。大学生搜集就业信息的途径一般有以下几种:

1.院校就业指导中心 就业指导中心是负责为毕业生提供就业信息、就业辅导和咨询的职能部门,一般包括学院就业指导中心和各院负责学生就业工作的部门。就业指导中心长期从事就业指导、就业服务工作,同国家、地方就业工作主管部门及社会各界保持密切的联系,能快速、准确、全面地掌握有关毕业生的就业信息和就业政策,具有较为明显的优势。一般而言,通过院校就业指导中心获取的就业信息具有以下三个特点:

(1)**可靠性高**:就业中心是学校的就业工作主管部门,本着对学生负责的原则,收集到的就业信息均须经过部门工作人员的审核和筛查,从而保证了信息的可靠性和真实性。

(2)**针对性强**:用人单位在选择就业信息发布对象之前,会对院校的整体情况、专业设置、教学水平、生源构成等情况做较为详尽的摸查和分析。这样,就业中心所发布的就业信息就基本是针对本校学生的,较之在人才市场等途径获取的就业信息具有更强的针对性和更高的匹配度。

(3)**成功概率大**:就业中心一般与用人单位有互相了解和互动之后,才对就业信息进行审核发布,那么用人单位对该校毕业生的认可度还是较高的,并且目标性还是较强的。只要毕业生符合条件,同时善于表达自己、展示自己,用人单位基本会录用,成功概率就会大大提高。

2. 毕业生招聘会 地方毕业生工作主管部门、院校就业中心等部门每年都会组织多场针对毕业生的专场招聘会,有分专业的专场、分学历层次的专场、分地区的专场。在这样的招聘环境下,不仅可以了解到较多的用人单位和岗位信息,也能很好地锻炼面试能力。而本校举办的招聘会,入场的单位基本都是跟学校专业相符或者需要这类人才的,而且提供了用人单位和求职者面对面交流的机会,一定程度上也保证了成功概率和节约了应聘时间和成本。可以说是大量获取就业信息的一个重要渠道。

3. 各级人才市场和中介机构 在就业形势多元化的今天,人才市场和中介机构应运而生。在这里,求职者可以获得来自社会各界的就业信息,但不一定是针对高校毕业生的,甚至部分是常年都适用的就业信息。要特别提醒的是,职业中介机构鱼龙混杂,对于毫无社会工作经验的毕业生而言,在选择职业中介机构时,尽量挑选口碑好的正规机构。

4. 社会实践和实习活动 参加社会实践和实习活动,是大学生尤其是高职院校学生学习生活的重要组成部分。在社会实践中,大学生可以直观地、直接地与行业、与用人单位碰撞和接触,既能开阔视野,也能在实践过程中正确地评价自己,从而指导职业定位。同时,部分大学生也会在社会实践活动中通过自身的努力和付出,取得用人单位的认可,得到就业岗位。另外一个重要的实践环节是专业实习。实习单位一般较为对口,对于医药卫生类行业,因医学的严谨性和临床的人员紧缺,实习单位更愿意留用实习学生,故实习活动是成功就业的又一重要途径。

5. 新闻媒体 大学生就业问题是国家高度关注的热点问题,也是新闻媒体所关注的焦点所在。传媒行业的高速发展,必定带动杂志、报纸、电视、广播等各种媒体对就业问题的广泛播报,并提供相应的服务。借助新闻媒体,毕业生可以广泛地、全面地了解行业动态、了解就业形势与政策、了解用人单位的招聘信息。

6. 招聘网站 越来越多的用人单位、职业中介机构都在互联网上建立了人才招聘的专属网站。通过网站发布大量的人才需求信息,毕业生也可以将个人的求职目标等求职信息在网上公布或直接投递到用人单位的网站。求职者和用人单位双方通过网络都能获取大量的就业信息和求职信息,尤其是对求职者而言,只需轻击鼠标,输入目标职业的职位名称、单位类型、工作地域等关键词,即可找到与要求相匹配的就业信息,从而极大地提高求职效率、节约成本。

7. 社会关系网 人不是独立的个体,是生活在特定的社会关系网中的。在人际交往的各个环节,必定会交流、传送着各种信息。在寻找就业信息时,社会关系是一个相当重要的和关键的途径,切勿错过这些机会。一般而言,毕业生可以得到就业信息的社会关系主要有以下几种:

(1)**亲朋好友**:毕业生的就业问题得到社会的广泛关注,尤其是毕业生的家人和朋友对此会格外关心和热心。同时,家人、朋友来自社会的各界,有着多年积累的人脉资源,也对毕业生的个人情况和求职意向有较为清楚的了解,故从这一方面取得的就业信息更加地准确、真实、有效,而且成功概率也更大。

(2)**学校老师**:学校老师对本专业毕业生适合就业的领域、范围、方向和行业的发展前景、形势等情况较为了解,也接触并熟知一些专业相关的用人单位,对用人单位的规模、经营状况等较为熟悉。老师根据学生的在校表现,能够更全面地帮助学生认知自己的专业技能、择业优势、发展方向,毕业生可以请求老师帮忙推荐,以增加求职的成功率。

(3)**校友**:很多院校的就业主管部门在开拓就业市场、扩宽就业渠道时,都会好好利用校友资源。那些已毕业并参加工作的校友,对所在行业、所在单位的发展前景、人才需求情况都比较了解,可以给毕业生提供具有较高参考价值的建议。

以上七种求职渠道是毕业生求职的最主要的、可行的、有效的途径。当然,毕业生在求职择业过程中,也应该开阔视野,在合法的情境下,尽可能多地搜集就业信息,增加成功就业的概率。要引起注意的是,毕业生在面对众多的求职途径中,必须有取舍地、有计划地进行,才能找到最适合自己的岗位。

(二)获取就业信息的方法

面对形形色色的就业信息,毕业生如何筛选出最适合自己的、最希望得到的有用资料,这是成功择业的又一重要因素。获取就业信息的方法一般有以下几种:

1. 目标行业搜集法 这种方法强调了行业特性。毕业生在搜集就业信息时,应该首先清楚自身所期望的工作领域,仔细认真地了解目标行业的现状及发展前景,主动获取本行业用人单位的需求信息。

2. 目标地域搜集法 这种方法体现了地域特性,以自己所倾向就业的地域为主。选定了工作地点,就等于选择了生活城市。工作地域一定程度上也与家庭背景、婚育问题等直接挂钩。应用这种方法搜集就业信息,有可能由于地域过于狭窄或目标地域过于热门,而导致择业困难。

3. 目标志趣优先法 现代大学生喜欢关注自我的感受、追随自己的个性,寻找的工作也要与个人志趣相投。那么,在获取就业信息的时候就应该以自己的志趣优先进行搜集,而不是以地域或行业优先。这个方法优点在于可以从自身的情况出发,目标非常明确,有固定的方向,便于找到合适的工作,但也在一定程度上限制了工作的范围。

有的行业属于地域性行业,并不是全国哪个城市或地区都能有的,就业的狭窄化也说明了专业的专一性。收集自己专业相关的信息,明确自己的就业方向,这样才会最大化地利用信息资料。

4. 广泛关注法 这一方法主要针对没有明确就业方向的毕业生。毕业生把与专业相关联的或有意向的就业信息搜集起来,再按照自己的标准进行筛选和整理,从而优选出部门就业信息。这个方法搜集得到的就业信息较为全面,但是也相对浪费时间和精力,也容易让毕业生陷入两难的取舍局面。

所以,应该根据个人的实际情况,将上述的几种方法进行综合运用,方可搜集得到最适合的就业信息。

第三节 临床医学生就业权益保护

案例导入

小汪是某高职院校的一名口腔专业应届毕业生,在3月份参加了学校专场招聘会,并挑选了一家心仪的单位,该单位的人事主管邀请小汪进行实地参观,参观后小汪很喜欢这家单位的氛围,经过与用人单位洽谈后,双方达成一致意向,在3月份签订了就业协议。当小汪同学试用期结束,拿到毕业证后,用人单位准备与小汪签订劳动合同,小汪认为:"都已经签过就业协议了,还多此一举签什么劳动合同啊!"

请思考:就业协议书和劳动合同相同吗? 如果你是小汪认为有必要签订劳动合同吗?

一、毕业生就业权益保护

大学生群体的就业问题逐渐成为社会广泛关注的热点。随着国家政策和就业制度进一步规范和深入,大学毕业生在择业就业过程中的自主性不断增加,但如何行使和保护自己的应有权利,同时应该履行哪些义务,以及在发生争议、受到侵犯时如何解决,都是毕业生在择业前必须了解的一个重要环节。

(一)毕业生就业过程中享有的基本权利

为了维护择业者的合法权益,我国的《中华人民共和国宪法》《中华人民共和国劳动法》《高等教育法》《普通高等学校毕业生就业工作暂行规定》等法律法规和政策中的有关规定,明确了大学生在就业过程中享有双向选择、公平竞争、自主择业等权利。

1. 平等就业和自主选择权　我国劳动法规定:"劳动者享有平等就业和选择职业的权利。"毕业生不分民族、性别、宗教信仰等,均享有平等就业的权利。同时,根据国家有关规定,毕业生只要符合国家的就业方针和政策,就可以自主地选择用人单位,学校、单位和个人均不得干涉。

2. 接受就业指导权　学校就业指导部门一般通过讲座、咨询、授课、报告等形式,向毕业生宣传国家关于毕业生就业的方针政策、对毕业生进行就业技巧的指导、帮助学生进行职业生涯分析、引导学生形成正确的就业观。

3. 信息知情权　毕业生有权获得准确、全面的就业信息,以便对用人单位有全面的了解,不是盲目择业,而是作出符合自身要求的选择。

4. 违约及求偿权　毕业生、用人单位签订协议后,任何一方不得擅自毁约。如用人单位无故单方面要求解约,毕业生有权要求对方严格履行就业协议。

(二)毕业生就业过程中应履行的义务

权利与义务并存,才能获得平衡。毕业生在享受国家规定的就业过程中的权利的同时,还需履行相应的义务。

1. 服从国家需要、服务社会的义务　当国家重点建设项目或某些行业急需人才的时候,作为国家重点培养的大学生这一群体,应该积极响应国家号召,努力为国家的重点建设项目或工程服务,如我们所熟知的"三支一扶"、西部计划、大学生征兵、大学生村官等项目,从而回报国家、社会和家庭。

2. 如实向用人单位介绍自己情况的义务　毕业生在向用人单位进行自我介绍、自我推荐、接受考察时,必须全面地、实事求是地反映个人简历、学习成绩、培养方式、在校表现、健康状况及社会实践等个人情况,并如实地提供可以证明自己情况和能力的相关资料,以利于用人单位的遴选。这是基本的择业道德要求。

3. 接受用人单位组织的测试或考核的义务　用人单位为了招聘到满意的毕业生,一般会通过一些测试或考核的方式来了解毕业生的情况,通过比较,来作出是否录用的决定。因此,毕业生应予积极配合,充分展现自己的能力,接受用人单位的测试和考核,从而得到理想的工作。

4. 履行就业协议的义务　一旦签订协议,即表示雇佣双方都认同彼此,毕业生应认真履行协议或合同,在规定的时间内到签约单位报到,不得无故擅自变更或自行解除。若出现单方违约,违约方必须主动承担违约责任。

5. 有不断提高职业技能的义务　现代社会飞速发展,知识、技术更新换代速度极快。毕业生要加快学习、努力钻研,让自己掌握的知识与技能尽快适应工作实践的需要。

(三)毕业生的就业权益保护

1. 权益的法律政策保护　当前毕业生就业权益保护的政策、法规主要有以下四大类:教育部颁布的《普通高等学校毕业生就业工作暂行条例》及有关的就业政策;各地方就业主管部门根据本地实际情况出台的有关毕业生就业的规范性文件;高等院校关于毕业生就业的实施方法和细则;《中华人民共和国劳动法》等与毕业生就业相关的法律法规。

2. 权益的自我保护

(1)熟知和了解有关法律常识和规定,自觉增强个人保护意识。毕业生必须熟知相关政策、法规对毕业生就业的权益保护,明确在就业过程中的权利与义务,以便能在适当的时候拿起法律这一武器捍卫自己的合法权益。这是毕业生权益自我保护的一个前提。

(2)签好就业协议书,充分发挥就业协议书的作用。依法签订协议是其产生法律约束力的前提。毕业生与用人单位签订协议是其在求职过程中的阶段性成绩,这显得尤为重要,切勿大意。

3. 严格遵循市场规则，预防侵害合法权益行为的发生　毕业生在求职择业的过程中，应该本着"真诚、平等"的原则，通过自身的实力来竞聘。并且，还需要具有风险意识，对于就业信息的内容要进行求证，以防被骗。

二、就业协议与劳动合同

（一）就业协议

1. 就业协议的概述　应该清楚，"就业协议"与"就业协议书"是两个不同的概念。前者是就业协议书中所载明的内容，后者是记载就业协议的文本。可以理解为：就业协议是内容，就业协议书是载体。《全国普通高等学校毕业生就业协议书》（以下简称就业协议书）是由教育部制定，省、自治区、直辖市就业主管部门印制的。就业协议书是用人单位确认毕业生相关信息真实可靠及接收毕业生的重要凭证，也是高校进行毕业生就业管理、编制就业方案、毕业生就业落户手续办理的重要依据。它以书面形式明确了用人单位、毕业生和高等学校三方在毕业生就业工作中的权利和义务，并由三方共同签订，故也称为"三方协议"。

2. 就业协议书的基本内容　就业协议书的基本内容主要包括规定条款部分和签字盖章部分。规定条款是用人单位和毕业生双方通过供需见面、洽谈、双向选择，按照《普通高等学校毕业生就业工作暂行条例规定》中有关内容规定，协商达成的规定条款。而签署意见与签字盖章部分主要有用人单位的情况及意见、毕业生的基本情况及意见、学校意见这三方面的内容。

在我国劳动法律法规的逐步完善和毕业生就业制度改革的逐步推进的同时，就业协议书的内容也在不断地完善和规范。目前，部分用人单位和毕业生在签订就业协议书的时候，会把部分劳动合同的内容提前进行协商并附在协议书上，以进一步明确雇佣双方的权利和义务。

3. 就业协议书的签订流程及注意事项

（1）就业协议书的签订流程：就业协议书的签订大致经过毕业生填写信息、用人单位填写信息和签署同意接收意见、用人单位上级主管部门盖章、学院或学校就业指导中心登记并加盖公章这几个步骤，具体如下图 7-1 所示。

（2）签订就业协议书的注意事项：在一定程度上可以说，就业协议书是毕业生在领取毕业证前所签署的劳动合同。一旦签订，不但具有法律约束力，而且涉及毕业生的切身利益。因此，毕业生在签订就业协议书时，应该注意以下事项：

1）充分了解用人单位的具体情况：在签订就业协议前，毕业生应全面了解用人单位，包括单位资质条件、营业范围、录用指标、应聘岗位情况、福利待遇等，必须经过充分了解和慎重考虑后，再与用人单位签订就业协议。

2）按规定的程序签订协议：毕业生就业协议的签订应该按照规定的流程进行。一般来说，毕业生应先与用人单位达成意向并签订协议，再分别交所在学院和学校就业工作主管部门签署意见和登记，然后由学校就业工作主管部门审核同意后上报所在省教育厅，纳入就业方案，最后由学校完成就业派遣手续的办理。

3）明确就业协议的内容：毕业生和用人单位应该对如福利待遇、违约处罚等可协商的内容进行合理商榷，取得一致意见后再在协议中体现协商好的内容，以明确双方的权利和义务。

4）注意与劳动合同的衔接：毕业生是签订就业协议在先，一旦取得毕业证，双方应及时签订劳动合同。为避免日后订立劳动合同产生分歧和纠纷，应尽可能将劳动合同的主要内容体现在就业协议的约定条款中，同时也要明确在今后订立劳动合同时予以确认。

4. 就业协议书的解除　就业协议书的解除可分为两种情况，分别是单方解除和三方解除。

（1）单方解除：这包括单方擅自解除和单方依法或单方依协议解除。单方擅自解除协议属于违约行为，解约方应承担违约责任。

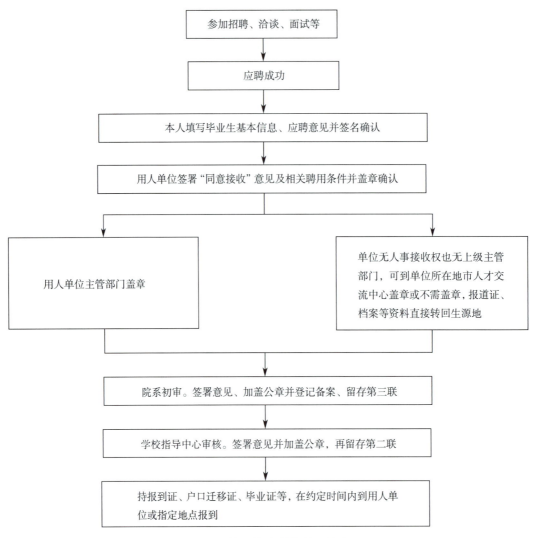

图 7-1　就业协议书的签订流程

（2）**三方解除**：是指大学生、用人单位、学校三方经过协商、取得一致后（以大学生和用人单位的意见为主），取消已签订的协议，使其不产生法律效力。此类解除方式应在就业计划上报主管部门之前进行，若就业派遣计划下达后再进行，则需要尽快办理就业改派手续。

5. **违约的责任**　就业协议书一经签订，便具备法律效力，任何一方不得随意擅自解除，否则违约方应当按照协议条款所规定的违约金额向权利受损方进行赔付。雇佣双方，无论哪一方都可以提出违约，但是必须承担相应的责任和后果。

（二）劳动合同

1. **劳动合同的含义**　劳动合同是指劳动者与用人单位之间订立的确立双方劳动关系、明确双方权利和义务的书面协议。建立劳工关系，就需要签订劳动合同。劳动合同是建立在雇佣双方遵循平等自愿、协商一致的原则上所签订的。

2. **劳动合同的主要内容**　劳动合同的内容一般包括法定条款和约定条款两方面。法定条款是劳动法所要求劳动合同必须具备的条款，如劳动合同期限、工作内容和工作地点、工作时间和休息休假、劳动报酬、社会保险等方面；约定条款指的是劳动合同双方之前自愿协商确定的关于各自权利和义务的条款，如培训、保密制度、补充福利待遇等。

3. **劳动合同签订的注意事项**

（1）**充分了解相关的法律法规**：我国有关保护劳动者合法权益的法律法规还是比较全面的，其中以《中华人民共和国劳动法》和《中华人民共和国劳动合同法》等规定最为全面,它们是规定劳动关系的主要法律。只有在签订劳动合同前,充分了解相关的法律法规和规定,才能在发生劳动纠纷时使用法律武器来维护自己的合法权益。

（2）**工作内容应尽量细化**:劳动合同应主要包括以下内容:合同期限、劳动报酬、劳动保护和劳动条件、劳动纪律、工作内容、合同终止及违约条件等。工作内容和范畴与求职者的权益密切相关,同时又是较容易发生意见分歧、发生争执的部分,因此要格外关注此部分的内容。

（3）**合同形式和合同内容要合法**:签订劳动合同的程序必须符合法律规定,才能保证合同的法律效力。此外,在劳动合同的内容上,双方当事人在劳动合同中所设定的权利、义务条款必须符合国家法律法规和有关规定。

（4）**明确试用期期限**:毕业生在签订劳动合同时,对试用期期限往往不够清晰。同一用人单位与同一劳动者只能约定一次试用期。以完成一定工作任务为期限的劳动合同或者劳动合同期限不满三个月的,不得约定试用期。试用期包含在劳动合同期限内。劳动合同仅约定试用期的,试用期不成立,该期限为劳动合同期限。"劳动者在试用期的工资不得低于本单位相同岗位最低档工资或者劳动合同约定工资的百分之八十,并不得低于用人单位所在地的最低工资标准。"

（5）**及时签订劳动合同**:需要特别指出的是,劳动合同的签订应在试用期前,而不是试用合格后。用人单位与求职者存在劳动关系未签订劳动合同,求职者要求签订劳动合同时,用人单位不得解除劳动关系,并应与其签订劳动合同。

4.劳动合同的终止 《中华人民共和国劳动法》规定了劳动合同终止的两种情况:

一是劳动合同期限届满,劳动合同即告终止,这主要是针对有固定期限的劳动合同以及以完成一定的工作为期限的劳动合同而言的;

二是当事人约定的合同终止的条件出现,劳动合同也告终止,这种情况既适用于有固定期限和以完成一定的工作为期限的劳动合同,也适用于无固定期限的劳动合同,劳动合同的这种终止属于约定终止。劳动者在医疗期、孕期、产期和哺乳期内,劳动合同期限届满时,劳动合同的期限应自动延续至医疗期、孕期、产期和哺乳期满为止。

劳动合同终止,意味着劳动合同当事人协商确定的劳动权利和义务关系已经结束,此时,用人单位应当依法办理终止劳动合同的有关手续。

5.劳动合同的解除 劳动合同的解除,是指当事人双方提前终止劳动合同的法律效力,解除双方的权利义务关系。对于劳动合同的解除,《中华人民共和国劳动合同法》《中华人民共和国劳动合同法实施条例》均作了较为详细的规定。

总的来讲,劳动合同的解除主要分为双方协商解除、劳动者单方解除、用人单位单方解除三个种类。

（三）就业协议书与劳动合同的联系与区别

1.联系 就业协议书与劳动合同都是用人单位与毕业生所订立的协议,都是具有法律效力的文件。

2.区别

（1）**适用法律不同**:就业协议书的依据是《普通高等学校毕业生就业工作暂行规定》,这属于部门规章;而劳动合同则依据的是《中华人民共和国劳动合同法》,这属于国家基本法律。

（2）**适用主体不同**:就业协议书经毕业生和用人单位签字盖章后即具有法律效力,经学校鉴证后列入就业方案;而劳动合同是毕业生与用人单位直接签订的,不需要学校签证,学校也不是劳动合同的主体。

（3）**签订的时间和目的不同**:一般而言,就业协议书签订在先,劳动合同签订在后(一般是到用人单位报到后再签订的)。就业协议书是毕业生和用人单位关于日后就业意向的初步约定,是对双方的基本条件和即将签订的劳动合同的部分内容的大体认可,并经用人单位的上级主管部门和高校就业工作部门统一鉴定,是编制毕业生就业方案和将来双方订立劳动合同的依据。

(4)**内容不同**:就业协议书主要是毕业生和用人单位的工作约定,不涉及毕业生到用人单位报到后所享有的权利和义务;而劳动合同则是毕业生和用人单位就从事具体工作和享受的待遇等权利和义务的约定,内容更为具体,劳动权利和义务更为明确。

三、常见的求职陷阱与应对措施

在复杂的就业社会大环境中,大学生因求职心切、缺乏社会经验、法律意识薄弱,与家长、老师沟通不足,缺乏甄别的能力,常常掉入不法分子的陷阱。希望广大毕业生能增强自我保护意识、提高辨别能力,安全"避雷"为了让毕业生有更为形象和直观的认识,特梳理了常见的毕业生求职陷阱:

(一) 非法中介陷阱

一些非法职业介绍机构以介绍工作为名,向毕业生变相收取各种名目费用。这类招聘都存在着明显的特点:一是招聘的岗位工作多是内容轻松、待遇高的职位;二是所代理的招聘企业多是知名度较高的、在各大招聘网站没有相关的招聘信息,号称自己是独家代理招聘公司;三是招聘过程比较简单;四是招聘工作人员对每一位应聘者都异常热情,夸大自己公司的社会影响力。招聘单位只需与求职者简单沟通后,便要求求职者填写表格,哄骗应聘者缴纳一定的押金或中介费,并给予一定的口头承诺,结果是等待一段时间,招聘现场早已人去楼空。还有可能出现中介为用人单位提供廉价劳动力,赚取差价,待用人单位找到正式员工,把毕业生恶意辞退的情况。

提醒:正规的职介机构一般具有以下特征:在办公场所挂有营业执照及招工许可证的原件;公示劳动监察机关举报受理电话;收费时出具由税务部门监制的收费名目与实际服务项目相符的发票;对收费标准、服务项目等均有明码标价;服务人员持有职业资格证。毕业生还需增强对就业相关法律法规的了解,勇于对所谓的报名费、体检费、押金、服装费、培训费、岗位稳定金、资料审核费等说不。

(二) 信息泄露陷阱

随着互联网的发展,通过线上投递简历、交流面试,这种方便、快捷、又高效的形式被越来越多的毕业生认可,同时求职者的个人信息也会通过网络上传平台和所应聘单位。不法分子会利用虚假应聘单位的身份,向求职者获取更有价值的信息,进行非法获利,以面试为由非法采集应聘者动态视频画面,骗取亲友钱财,用应聘者身份证开信用卡等案件也是常见报道。

提醒:毕业生务必选择信誉度高的网站发布个人求职信息。另外,一般而言,未确立雇佣关系的前提下,只需要提供给用人单位评价应聘者能否胜任岗位的信息即可。例如:学历、教育背景、社会实践、特长、常用联系方式等。如用人单位强烈要求提供某些证件,在提供身份证复印件等重要个人资料应聘时,必须注明"仅用于应聘某某单位"等字样。

(三) 非法传销陷阱

近几年以来,大学毕业生落入传销组织,被非法传销控制或"洗脑",导致失去人身自由甚至欺骗自己的亲人、朋友、同学等人前来加入组织的案例屡见不鲜。非法传销机构一般利用高薪作为诱饵,去引诱求职者上当受骗。主要的特点有以下四个:一是目标对象多是求职心切的毕业生;二是通过亲友等熟人介绍,骗取应聘者的信任;三是无需面试直接上岗,薪酬待遇诱人为噱头;四是咨询工作内容性质含糊其词,说不清楚。或者直接打着招聘销售人员的幌子,然后缴纳一定的"提货款",谎称可以拿高额销售提成。当求职者到达所谓的单位后,往往会利用武力等手段迫使其交出手机、身份证、现金等,以限制应聘者人身自由。当应聘者发现落入圈套后,已是为时已晚。

提醒:我们广大毕业生要对就业信息进行鉴别,从正规的渠道获取招聘信息一定程度上是可以规避风险的。如果必须异地求职,求职者一定要将自己的行程告诉自己的亲朋好友,以免误入传销组织无法脱身,必要时可在亲友的陪同情况下进行异地应聘。特别要提醒的是,毕业生一定要摆正求职心态,切记不可有贪念,不要相信"天上掉馅饼"。

(四)试用期陷阱

一些用人单位,为了降低用人成本,将目标锁定在了毕业生身上,这些"职场小白"求职心切但又缺少法律意识,于是被用人单位在试用期上做了文章。他们以低廉的试用期薪酬招收员工,本应在试用期结束后签订合同却借故辞退员工,从而达到以低成本换取劳动的目的。试用期陷阱一般有两种:一种是非法延长试用期,常常是半年的劳动合同便制订了三个月的试用期,或者重复约定试用期;另一种是待试用期结束,以各种借口逼迫毕业生离职,如毕业生表现不好、不适应工作环境等;或以员工的过失等理由来辞退,周而复始,再同样以低价薪酬聘用没经验的职场新人,用人单位通过这种"假试用,真使用"的套路以获取自己的利益。

提醒:毕业生在签订试用期合同前,最好能通过各种渠道去了解用人单位的口碑、信誉度、招聘计划及历年的招聘和裁员规模等情况,对那些工作人员入职频率和离职频率高的用人单位签约时要慎重。任何违反法律规定的试用期约定无效。根据《中华人民共和国劳动法》及其相关法规规定,同一用人单位与同一劳动者只能约定一次试用期。试用期应包括在劳动合同期限之内,最长不得超过六个月。同时,员工在试用期内享有报酬权,应正常缴纳社保,工资水平不低于单位相同岗位最低档工资或者不低于劳动合同约定工资的80%,并不低于当地最低工资标准。毕业生若是碰到类似的问题,可向劳动保障部门举报或求助,以请求帮助维权。

(张 竹)

思考题

1. 你认为作为医学专业毕业生,搜集就业信息的常用渠道有哪些?
2. 你认为如何能从众多的就业信息中筛选出适合自己的内容?

ER 7-2
练习题

第八章 │ 求职材料的准备与设计

ER 8-1
教学课件

学习目标

1. 掌握:求职简历、求职信的制作技巧
2. 熟悉:求职材料的注意事项
3. 了解:求职材料的基本内容

案例导入

张同学,2023年考入临床医学专业。在校期间,由于对动手制作东西非常热爱,他创办了学校手工制作协会,带领更多同学一起制作工具等,受到大家的喜欢。除了热爱手工制作,他还有颗热衷公益的心,在校期间,张同学参加各类社会实践活动,体会过"三下乡",做过志愿者,慰问过福利院,这让他的大学生活丰富多彩。随着专业课程的深入,他对外科表现出了很强的兴趣。进入临床实习阶段,张同学不断地在实践中锻炼自己的能力,练习操作。

请思考:

1. 如果你是张同学,你该如何准备你的求职材料?
2. 如果时间倒流,回到刚入大学,你希望自己拥有怎样的大学生活?

对于即将走向就业市场的毕业生来说,具备了职业素质和工作能力,并不等于就能找到适合的工作岗位。毕业生是否能有的放矢地准备求职材料,熟练掌握就业技巧并在实践中正确运用,成为求职成败的关键因素。

第一节　求职材料的构成和制作原则

求职材料是毕业生在求职过程中,为了求职成功而准备和使用的各种书面材料。毕业生准备求职材料的直接目的,是为了引起用人单位对自己的兴趣,使自己最终能够被录用。有的用人单位要求求职者先投递求职材料,由他们进行比较、筛选,然后再决定哪些求职者参加面试;有的用人单位一边面试求职者一边审核求职材料。由于用人单位最初是通过求职材料来了解求职者的,因此,求职材料的质量,对于用人单位是否与该求职者做进一步的交流直至聘用,有着不可估量的作用。

一、求职材料的构成和作用

毕业生进入招聘会,与用人单位接触,应准备哪些求职材料呢?

案例导入

招 聘 会

一、招聘时间

××年××月。

二、招聘地点

××大学招聘会现场。

三、招聘岗位及条件

××中心卫生院心血管内科医生,专科及以上;30周岁及以下。

四、注意事项

请各位求职者在招聘会当日携带求职资料,以及本人身份证、学历学位证书、资格证书等相关证件的原件和复印件,到现场与招聘单位领导面对面交流。

请思考:

1. 参加招聘会需要准备哪些求职材料?

2. 如何才能获得心仪的岗位?

求职的书面材料主要包括求职信、个人简历、各种证明材料等。

(一)求职信

求职信,也称自荐信,是毕业生在收集需要的信息后有目的地向潜在用人单位展示个人技能、经历和教育背景,以期获得工作机会的信件。它是针对特定单位(岗位)的特定人写的,主要表述求职者的主观愿望和特长,以求吸引用人单位的注意力,取得面试机会。求职信是毕业生自我推销、展示自己就业能力的重要方式之一。

(二)简历

简历顾名思义是反映求职者个人的简要经历,是一个人应聘前生活、学习、工作的经历与成绩的概括和总结。它提供给用人单位的信息量应该是全面而直接的。用人单位从求职者的简历中,能够看出该求职者在业绩、能力、性格、经验方面的综合表现,在通常情况下,用人单位都是通过简历来了解求职者的经历,如受教育程度、兴趣、特长等,留下一个初步的印象,从而决定求职者能否参加下一轮面试。从某种意义上说简历决定着求职者的前程。

(三)毕业生推荐表

它是学校就业指导中心发给每位毕业生填写的并附有学校意见(鉴定、评价等)的书面推荐表格。该表一般由3部分组成,一是毕业生本人的情况介绍;二是毕业生所在院系的推荐意见;三是毕业生所在学校就业主管部门的推荐意见。

(四)其他求职材料

其他材料作为附件,是求职信、个人简历、毕业生推荐表的补充和证明,主要包括学校教务部门出具的成绩单、相关证书复印件(各类奖学金及其他获奖证书、各种"1+X"技能证书、各种职业证书等)、社会实践(实习)鉴定、院系教师的推荐信、公开发表的论文等等。

二、求职材料制作的基本原则

无论是求职信、个人简历,还是毕业生推荐表等材料,在准备时都应该注意以下几个方面。

(一)真实为首,取舍得当

求职材料是毕业生大学生活的全面反映和总结,在内容上必须真实,这既是大学生诚信素质的表现,也是获得求职成功的首要条件。

　　毕业生在制作各类求职材料时,应避免以下几种现象:第一,千篇一律。对于求职材料中的内容,如政治面貌、民族、籍贯等,有的毕业生以为所有信息都需要展示,应对所有用人单位都千篇一律,毫无变化,这样做的结果可能导致求职失败。第二,虚构经历。有的同学为了得到用人单位的青睐,使自己在众多求职者中脱颖而出,虚构了很多自己在大学期间的社会实践和获奖情况。这些做法往往适得其反,真实介绍自己在求职中不一定一次成功,但造假的结果会肯定失败。

(二) 全面展示,突出重点

　　所谓突出重点,是指针对用人单位的岗位、职位要求,在全面展示自我的基础上,突出强调自己能力与职位相符合的部分。例如,用人单位是基层单位,就可以强调自己曾经在类似单位的实习经历及收益。这样就能够让用人单位在短时间里了解到他们所需要的内容,而且会让他们认为求职者是一个很用心的人,为进入第二轮竞争提供有利的条件。

　　这里特别提醒的是,自我优点、特点的叙述要避免大、空的语言,如空洞地使用思想道德品质好,组织管理能力强,人际沟通好等自我评价,其效果并不好,应该用实例说话,用事实、用数据佐证出自己的能力和优势。

(三) 言简意赅,设计美观

　　求职材料的设计应该美观、大方、得体,这是吸引用人单位眼球的必备条件。一般来讲,求职材料,无论是文字的,还是表格的,都应采用 A4 纸打印,文件不要放大或缩小。所有材料都要进行必要的版面设计,如果设计毫无特点与新意,就很容易淹没在众多材料中,难以脱颖而出。比如,学习理、工、农、医专业的毕业生,求职材料的版面要讲究自然、朴实、理性、洁净的风格;学习文学、艺术、信息、软件设计等专业的毕业生,求职材料可以富有创意。

(四) 认真细致、杜绝错误

　　制作个人求职材料非常重要的一个注意事项是要认真细致,杜绝一切错误,无论是语法上的、文字上的、用词上的还是打印上的,甚至是一个小小的标点符号。因为用人单位会认为,错误是小事情,但由此折射出来的该求职者的水平及做事的负责与认真程度就需要打上一个大大的问号。

第二节　求职材料的制作与使用

案例导入

求 职 信

尊敬的院长先生:

　　您好! 感谢您在百忙之中审阅我的自荐信。我是小张,女,现年 21 岁,是 ×× 卫生健康职业学院 2023 届普通专科临床医学专业毕业生。我想要应聘的岗位是普外科助理医师岗。怀着一颗热忱的心,我诚挚地向您推荐自己。相信您在给予我一个机会的同时,您也多一种选择。

　　在校期间,我努力学习理论知识的同时,不断加强实践动手能力锻炼,综合成绩一直保持在本专业前三;积极参加各类、各级别技能操作比赛,获省级技能大赛二等奖。在校期间,担任临床医学专业大合班团支书、校主持、校学生编辑等职务,积极参与管理工作和社会活动,锻炼了较强的组织协调沟通能力;在不断学习的同时,我善于思考和钻研。

　　实习期间,我在人民医院的脊柱骨科、脑瘤外科、普外科、妇产科、儿科、心内科和消化内科进行了实习,共计 8 个月。在脊柱骨科,我了解了各类脊柱骨折的手术方案和保守治疗方法,掌握了伤口检查、换药,各类伤口处理及拆线原则和方法;在肿瘤外科,了解了肿瘤的诊疗程序,了解了各类肿瘤的手术方案、放化疗方案和保守治疗方案;在普外科,掌握了外科手术的无菌技术、常规准备及术后处理原则;在内分泌,掌握了糖尿病、甲状腺功能亢进等常见病、多发病的诊断、鉴别诊断及治疗原则;在妇产科,掌握了妇科辅助检查方法,妇科常见病、多发病的诊断、鉴别诊断及治疗原则;在儿科,掌握了儿科病史采集的方法、掌握儿科常见病的诊断、鉴别诊断、治疗原则,基本掌握了小儿用药特点和按年龄、体重计算药物用量的方法;在心内科和消化内科,掌握了一些常见病的诊断手段,学会使用除颤仪,掌握了临时起搏器的工作原理,掌握了病史采集和体格检查等临床基本技能,熟悉了消化系统常见疾病的临床表现及诊疗措施,学习了腹腔穿刺,骨髓穿刺及插胃管的适应证、操作过程及注意事项。

　　贵医院是我市最好的二级甲等医院,医院文化和对人才的认定和培养深深地吸引着我,普外科是我一直向往的科室。良禽择木而栖,士为知己者搏,我对贵医院的热爱将一如既往。殷切希望贵医院给我一个机会,能为贵医院的医学事业贡献微薄之力。再次感谢您的审阅!

　　此致
敬礼!

求职人:张 ×

联系方式:139 × × × × × × ×

2023 年 × × 月 × × 日敬上

请思考:

1. 如果你是招聘主管,你是否会被这样一封求职信打动?
2. 如何撰写一封求职信?

一、求职封面的制作

　　一个简洁大方而又美观的封面是吸引用人单位了解你求职材料的第一步。一般涵盖了"姓名""毕业院校""所学专业""联系方式""求职意向"等内容。封面可根据用人单位特色选择,行政事业单位选用沉稳、简洁的风格,文学、创造类用人单位选用活泼、个性的风格。甚至可以将用人单位文化特点融入进去,更显对用人单位重视。

二、求职信的制作

(一) 求职信的书写格式

　　一般来说,求职信属于书信一类,因而它的格式也应符合书信的基本要求,主要包括称呼、正文、结尾、署名、日期和附录等方面的内容。

　　1.称呼 求职信的称呼与一般书信不同,书写时必须正规一些,如果写给国家机关或事业单位的人事部门负责人,可用"尊敬的 × × 处长",如果写给医院领导,可用"尊敬的 × × 院长";如果写给院校人事处或校长的求职信,可称呼"尊敬的 × × 教授(老师、校长、博士、硕士)"。切忌使用"× × 老前辈""师兄(傅)"等不正规的称呼。

　　2.正文 首先,开门见山,明确表达求职意向,如:"得悉贵院正在拓展业务,招聘新人,有意角逐内科医生一职"。

　　如果求职单位并没有公开招聘人才,或并不知道他们是否需要招聘新人时,也可写一封求职信去投石问路,如"久闻贵院实力不凡,声誉卓著,神经外科声誉享誉全国。据悉神经外科欲进一步扩展,故冒昧写信自荐,希望加盟贵院。我的基本情况如下……"

其次，在正文中要简明扼要地介绍自己与应聘职位有关的学历水平、经历、成绩等，令对方阅读完毕就对你产生兴趣。但这些内容不能代替简历，较详细的个人简历应作为求职信的补充。

再次，应说明胜任职位的各种能力，这是求职信的核心部分。目的是表明有专业知识和社会实践经验，具有与工作要求相关的特长、兴趣、性格和能力。总之，要让对方感到，你能胜任这个工作。在介绍自己的特长和个性时，一定要突出与所申请的职位有联系的内容，千万不能写上那些与职位毫不沾边的东西。比如你应聘业务代表一职，却在求职信谈"本人好静，爱读小说"等与业务无关的性格特征，结果肯定是失败。

3. 结尾 一般应表达两个意思，一是希望对方给予答复，并盼望能够得到参加面试的机会；二是表示敬意、祝福之类的词句。

4. 署名 直接签上自己的名字即可，最好是手签。

5. 日期 写在署名右下方，应用阿拉伯数字书写，年、月、日全都写上。

6. 附录 个人简历、毕业证书、技能等级证书、执业证书、获奖证书等复印件，应有必要的签名和盖章。如果不列附件，一般要求在求职信下方写明具体的联系方式，如电话号码、通信地址、电子邮箱、邮政编码等。

（二）求职信撰写的注意事项

求职信的第一句话应开门见山，让对方尽快了解其内容。用人单位每天会收到若干封求职信，工作人员往往只会用几十秒钟的时间就会将你的信快速"扫描"一番。所以求职信的一开头就要抓住读信人的注意力，表述得体，使其自然而然地往下看，这样，你的名字就很有可能列入候选人。

求职信的写作应文字优美，表达流畅，简洁明了，字数应控制在1 000字以内。一封用词优美、表达流畅的信，既能体现出求职者的文字操作能力和语言表达能力，又能给用人单位以美的享受。

段落要短，句子不宜很长，长的段落更易令人生厌。这点与简历的要求一致。段落可以加小标题，或是编上序号，使求职信条理分明，层次清晰。

求职信的语气宜不卑不亢，不能过分客气，也要力求避免无意中伤害他人的尊严，也不能写得像乞求。不能自高自大，也不用过分谦虚。

尽量避免用俚语、谚语或典故、地方方言、简称，否则在信息传递上可能会出现周折，甚至引起误会。

> **知识拓展**
>
> 在招聘考核应届毕业生时，我们主要考察这样几点：学习的能力、抗挫折能力、悟性和耐心。
>
> 在面试应聘时，我们不会与面试者只谈学业方面的话题，主要是通过交流来了解对方对待问题的态度和想法。知之为知之，不知为不知，坦诚客观的态度是至关重要的。有时候，我们还会给面试者问一些有难度的测试题，实际上这是心理测试，即使面试者答不出来，我们也会继续与面试者交谈。如果连这种勇气都没有，机会就不会有。在招聘会上有父母相陪的毕业生是不予考虑的，这种没有自主自立能力的人即使当时很优秀也不会有太大的发展。
>
> 我们强调团队精神，在校时期学习好未必能适应工作；要有能承受失败打击的心理能力，因为失败是常有的事。而且还应有自己的主见和吃苦耐劳的敬业精神。
>
> 至于工作经验，我们对应届毕业生不强求，因为可能这会耽误他们一定的学业，而且这些工作未必能真的学到多少东西。我们希望学生在学校时扎扎实实地把基础知识学好。

三、简历的制作

简历是求职过程中必不可少的材料,是自我推销的工具,是毕业生展示自我能力及自我价值的途径。简历的目的是帮助毕业生获得面试机会,优秀的个人简历可以提高求职成功的概率。用人单位可以通过个人简历了解毕业生的情况,毕业生也可以通过编制个人简历全面地了解自己,并证明自己适合所应聘的职位。对毕业生而言,简历不仅是最主要的求职材料,也是大学学习生活、工作经历的缩影,更是规划职业生涯的有效帮手。

(一)简历的概念

个人简历是毕业生求职时用于介绍自己的书面材料,是求职者向用人单位推销自己的广告和宣言,它既要求在有限的空间里把自我形象同其他竞争者区分开来,又要切实把自己的价值令人信服地表现出来。

(二)个人简历的内容

个人简历一般分为表格型简历和文字型简历两类。其中,表格型简历是现在非常常见的简历形式,其主要是通过表格介绍个人情况,整体效果比较直观,一目了然。文字型简历是用文字描述自己的基本情况,例如,个人的基本信息、个人有何成绩、获得过什么奖励和证书、有什么工作经验等,它一般要呈现为一定的结构,以方便用人单位的招聘人员浏览。

个人简历一般包括以下 8 个部分的内容。

1. 标题　个人简历要有一个标题,常用标题包括"简历""个人简历""求职简历"等。

2. 求职意向　求职意向一般放在个人简历的开头,毕业生在填写求职意向时要直截了当地写明应聘职位,如"求职意向:总经理助理""求职意向:文案策划"。有的大学生认为明确的求职意向会限制自己的求职范围,从而故意忽略或简略填写求职意向。但是,用人单位的招聘人员一般都希望自己收到的个人简历中有明确的求职意向,这能够使他们清楚快速地了解求职者的目标。

3. 个人基本信息　个人基本信息的完整填写可以让用人单位知道你是谁、怎样与你联系,其主要内容包括姓名、性别、出生年月、身体状况、政治面貌及联系方式(如联系电话、通信地址、电子邮件)等。个人简历中除了姓名及联系方式必须要清晰、醒目外,其他内容都可根据岗位调整,比如公务员、事业单位,会重视政治面貌,照片要朴素大方;新型行业个人照片和简历排版可个性化、更加贴近用人单位需求。

4. 教育背景　教育背景包括两个方面的内容:一是毕业院校、所学专业、学位信息;二是学习的主要课程及成绩,应重点列出与应聘职位相关的课程。

5. 工作经历　工作经历能够在一定程度上反映出求职者是否能够胜任所要谋求的这份工作。简历中罗列的工作经历要重点突出、详略得当,与求职岗位相匹配。主要填写自己的社会工作经历,如参加学校、学院组织的社会实践、志愿者服务、学生会、社团活动等。应届毕业生一般没有工作经验,可以把和应聘职位相关的实习经验、知识、技能罗列出来。另外,对某些经常需要加班、出差的工作,即使你条件够不上,也可以直接写上"能够适应高强度工作""能够适应经常出差"等。当别的应聘者都不愿意作出牺牲时,你就可以凭此获得机会。

(1)**社会实践和课外活动**:近年来,越来越多的用人单位渴望招聘具备一定的应变能力、能够从事不同性质工作的大学生。在社会实践和课外活动中,大学生的责任心、协调能力、社交能力及个人修养将得到充分锻炼,所以社会实践和课外活动对于仍在求学、尚无社会经历的大学生来说,是个人简历中一项相当重要的内容。

(2)**勤工俭学经历**:即使大学生的勤工俭学经历与应聘职位无直接关系,这种经历也可以在一定程度上展示大学生的意志力,并给用人单位留下能吃苦、勤奋、负责、积极的好印象。

(3)**实习**:实习为大学生提供了理论联系实际的机会,可以让大学生增加阅历、积累工作经验。

在描述该项内容时,大学生应尽可能写得详细、具体,并可强调取得的成绩。如果大学生有较多实习经历,也可有选择地列出与应聘职位有关的经历。实习内容通常包括:医院(或实践场所)、起止时间、职位、职责及业绩等。其中,工作业绩最好以量化的数字表达,避免使用"许多""大量""一些""几个"这种模糊的词语,以使用人单位具体了解求职者的真实经历和取得的工作成绩。如果有培训经历,可以将培训经历写在工作经历中,其内容包括培训时间、培训项目及取得的成果等;当然也可以将培训经历单独列出来。

为了达到内容明确而扼要,可采用"STAR"的方法来概述实践实习工作经历和校内经历。STAR 是指 situation(情境)、task(任务)、action(行动)和 result(结果)。例如:某同学组织学院团队参加英语口语比赛,学院比赛成绩历年不佳,同学们积极性不高,她作为负责人,希望取得好的比赛成绩,她发动各班动员优秀同学报名参赛,精心策划举办了院里的选拔赛,协调 4 名同学课余时间训练,帮助同学们纠正发音,请专业老师指导,最终获得了全校一等奖的好成绩。用"STAR"法概述后,再用分条列项式,表述如下:"×× 学校第十届英语口语比赛(situation),本人是某学院比赛团队负责人(task),发动各班级同学参赛,统筹安排学院选拔赛,协调组织 4 名同学利用课余时间刻苦练习,并邀请专业老师指导,帮助同学纠正发音、打磨语法(action),最终获得全校一等奖的好成绩(result)"。通过"STAR"原则述事,不是简单地告诉对方自己做了什么,而是"在什么背景下要做什么、怎么做到的、收获了什么"简要而完整地展开说明。在完成任务过程中大学生具备的各种能力和工作态度,客观地呈现出来了,一举两得。

6. 能力特长 大学生在个人简历中展现的能力特长要具体,如通过了全国大学英语等级考试和计算机等级考试,精通 Word、PPT、Excel 等办公软件的操作,擅长写应用文、各种报告等。

7. 荣誉成就 荣誉成就指大学生在校期间获得的各种奖励和其他荣誉称号,或参加各种级别的竞赛获得的荣誉等。需要注意的是,大学生在罗列荣誉成就时应将最近获得的奖项放在前面,或按奖项级别从高到低进行排列。

8. 兴趣爱好 兴趣爱好不是必备内容,大学生如果要在个人简历中展示自己的兴趣爱好,最好写与应聘岗位有关的兴趣爱好,如应聘外科医生类的工作,可以在兴趣爱好栏中填写"喜爱动手制作",而"聊天""听歌""滑雪"这类不太相关的兴趣爱好则可以省略不写。与应聘职位相关性强的兴趣爱好可以成为求职的加分项。

有的个人简历还有自我评价的板块,用以简单概括自己的突出优势或工作态度。实际上,个人简历的格式与结构并不固定,大学生可以根据排版的美观度及内容的重要程度进行灵活调整。

(三) 简历的制作技巧

1. 排版力求规范 互联网时代,信息传播的视觉体验与传播内容和传播效率同样重要。现代用人单位的招聘职位,一般会要求从业者具有良好的办公软件操作技能和审美能力,善于运用文字、数据和图表完成内部交流和宣传展示。大学生求职者应提高求职简历的排版规范能力,展示职业素养以赢得就业机会。

简历以一页为宜,最好不要超过两页。如果经历较丰富、能力较为出色的同学确需采用两页个人简历,则第二页的内容应超过版面的 2/3。除非用人单位要求求职者手写简历内容,建议大学生使用 Excel 或 Word 编写简历并将其打印出来,并做好美化排版。求职者应考虑到简历阅读时的便利,采用标准字体和排版方式。中文简历的字体、单元格、项目符号、段落行距、文字段落的对齐方式要全文统一,加粗、倾斜等字体效果控制在三种以内,页面边缘上下左右恰当留白,可用空白行、线段、表格、颜色条等方式区分不同模块,使简历上的表达信息条理清晰、一目了然。

2. 专业术语表述准确 用人单位一般会要求专业技术职位的从业者,具有扎实的专业基础和广博的领域知识,善于运用专业术语和关键词提高沟通效率,展示专业性和胜任力。大学生求职者应提高求职简历的专业词语能力,多使用职业认可度高的专业术语。例如,介绍外科经历时,"担任手术第一助手、使用腹腔镜模式手术"是大部分招聘外科医生的医院喜闻乐见的;介绍职业能力时,"换药操作 100 例,独立完成阑尾炎手术,清创缝合操作 150 例",可以让招聘单位直接联想到具体工作胜任能力。

3. 量化工作业绩　求职者在简历描述上,多使用数词来量化所达到的程度或者成就。数词可以凸显学业成绩、竞赛成绩、奖项分量、证书含金量和项目难度,表现出个人非凡的成就。例如,在教育背景中写明专业课平均分和专业排名,在获奖荣誉中写明获奖等级和获奖人数比例。在工作经历中可写明以下量化成就:

(1) **成本控制**:通过努力,为用人单位节省了多少成本,提高了多少收入,或者被授权支配了多少预算等。例如:通过操作,成功节约成本达 20 000 多元。

(2) **时间控制**:很短的时间内取得很大的成绩,或长期专注某一领域。例如:提前 3 个月完成当年调研任务,将某流程所需时间缩短 25%。

(3) **工作数量**:数量能从规模方面突出效率和能力。例如:管理了多少病人、设计了多少个病案讲解、组织了多少人的培训,满意度、有效率、覆盖率达到何种程度等。

4. 动词描述经历　大学生求职者应提高求职简历的生动描述能力,具体展示可以完成的工作任务及工作效率,凸显个人成就和竞争优势。求职者在简历描述上,应多用一些"积极行为动词 + 宾语"的搭配为个人赋予具体形象的能力。积极行为动词就是能够准确描述可迁移技能,说明你的行为能力的一类动词。专业术语、软硬件工具、"数词 + 活动"等均可充当动词的宾语,便于招聘单位直接判断职位胜任力。例如,把"我参与了 2 次迎新活动、3 次主题班会"改为"我策划了 2 次迎新活动,主持了 3 次主题班会",显然,后者动词的表达更为准确。

一些同学喜欢用"参与、参加、做了"某项工作的表达方式来写自己的实践经历,这类动词不能具体地表述自己的工作内容和收获,这时候可以采用动作类的"组织、协助、发起、策划、主持、撰写"等来描写负责的内容,采用"建立、发展、跟进、增加"一类的词来写工作过程,采用"达到、扩大、适应、改进"之类动词来总结效果,通过积极行为动词的概述,不仅准确告知对方我做了什么,还说清楚了做得怎么样,效果如何。远比"参加、做了"的泛泛而谈要有内容,有力得多。大学生应运用准确、简明的语言将做过的事情用清楚详细的、表示动作的词语叙述出来,直观展现就业能力。

四、相关证明材料的制作

除了求职信,毕业生还需要提供一些相关证明材料来支持你的简历内容。这些材料可能包括:

成绩单:如果需要,提供你的成绩单的复印件。文件证明了你的教育背景。

毕业生推荐表:如果用人单位要求提供推荐表,那么请联系学校就业指导中心,认真填写。这些推荐表应该突出你的能力和专业素养。

证书和培训记录:如果你拥有与职位相关的证书或特殊培训记录,确保提供这些材料。

在制作这些证明材料时,确保它们的内容准确、整洁,并与求职材料的内容一致。此外,根据用人单位的要求,可能需要提供这些文件的电子或纸质副本。

五、制作求职材料的注意事项

一份出色的个人求职材料是成功求职的"敲门砖",可以使毕业生在众多竞争者中获得用人单位的青睐。因此,毕业生在编制个人求职材料时,需要注意几个方面。

1. 围绕一个目标来写　有些毕业生的职业目标可能涉及不同领域,但撰写时个人求职意向不能笼统。因此建议毕业生有多个求职目标,求职于不同行业、不同用人单位或不同岗位时,撰写不同版本的个人求职材料,并根据各职位的要求在求职材料中突出自己相应的能力和经历。毕业生不能简单地套用模板,经验丰富的招聘人员能够很快识别出套用固定模式撰写的个人求职材料;毕业生可以借鉴网上的优秀个人案例,或者在网上下载一些设计规整的个人求职材料模板,再根据自己的求职意向,制作几份凸显自身不同特点的个人求职材料。大学生求职者的求职材料用词,应坦诚回答个人与职位的匹配程度:与职位密切相关的教育背景、知识储备、职业能力和工作经历,要重点突出地描述;对求职构成加分优势的个人信息,适度描述;与职位不相关的课程信息、实践经历、家庭情况和生活爱好,则不要描述。同时注意,与职位最相关的信息要醒目显示。

2. 语言精练,突出与目标岗位匹配能力 求职材料是毕业生交给用人单位的第一张"名片"。研究表明,一般负责招聘的人员认真阅读一份没有明显错误的个人简历的平均时间只有 15~34 秒。用人单位最欢迎的简历是求职意向清晰,重点清楚,内容和求职意向相关性强,措辞准确,没有装饰过度的。一份理想的求职材料是在有限的时间内传递有效的信息,这在一定程度上也考验着毕业生的语言驾驭能力,因此,建议毕业生根据招聘单位的需求对自己的个人求职材料进行语言上的设计。

在求职的过程中,大部分用人单位通常直接筛选个人求职材料,毕业生如果准备了求职信,则求职信应该放于个人简历之前。一封精彩的求职信是能让用人单位对毕业生产生兴趣,并给予一次正式会面的机会;加上言之有物的个人简历,能让毕业生实现心仪的就业目标。

求职者应考虑到简历筛选也是在考察书面表达能力,耐心推敲字词和语法规范。避免出现标点符号错误、错别字、病句,避免使用第一人称"我"或主谓宾定状补过于齐全的长句、堆砌各种修辞手法、多次引用名人名言等。

3. 照片适宜 如果需要在个人求职材料中张贴照片,毕业生需要注意照片中自己的发型、穿着、打扮,这些都应根据用人单位的情况而定。例如,应聘宣传、创造等行业,照片就要精致、个性一些,突出个性、风格;应聘学校、科研院所、政府机关或企事业单位等,照片就要庄重、典雅、朴实一些。

4. 避免书写错误,查漏补缺 编写好个人简历后,毕业生要仔细检查,避免错别字,避免因书写错误失去面试机会。为此,毕业生可以与相熟的同学相互查看,以尽量避免出现问题。

5. 重视诚信 在现代经济社会中,诚信不仅仅是一种道德规范,也是能够为用人单位带来经济效益的重要资源,在一定程度上甚至比物质资源和人力资源更为重要。招聘职位通常会要求求职者具有优良的诚信就业品质,真诚对待就业机会。毕业生应修炼诚信就业品质,真诚具体表述个人现状和职业规划,实事求是地展示自我,用具体信息回答职位要求;拒绝不动脑筋"套模板",采用千人一面、未经修改的模板。

六、求职材料的投递

(一)投递技巧

求职材料制作完后,对于自己心仪的工作职位,要敢于和善于投递。别让用人单位在招聘中列出的"资格"给吓着了,即使刚从高校毕业不久,虽然实干经验有限,即使工作环境或条件不尽如人意,大学生求职者还是应该试试。

求职材料的投递主要有两种方式:现场递送和电子邮箱传送。现场递送指大学生在招聘会或约定时间将自己的求职材料递交给用人单位。如果毕业生求职的单位就在本地,或者参加招聘会,直接现场递送是最好的方式,在递交求职材料的时候,说不定就可以直接进行面试了。电子邮箱传送简历是目前比较常用的求职材料投递方式。求职材料要将最重要的信息记录在首页的顶部,也可以将联系方式、关键性的词句、工作目标等重要信息放在此处。使用电子邮件最忌群发,给人的感觉一是求职者目标不清晰;二是对招聘单位不尊重。另外,大学生如果使用电子邮箱发送简历,要按用人单位的要求使用 Word 或 PDF 等格式,以附件或正文形式发送个人简历,邮件主题应注明"姓名"和"应聘职位"。

To:hr@XXX.com

From:xiaozhang@XXX.com

Subject:小张应聘临床外科医生,谢谢您!

尊敬的女士或先生:

　　您好!我应聘的职位是贵院外科医生。

　　我叫小张,女,21岁,毕业于××大学临床医学专业,在××医院普外科实习1年,实习期间完成换药100余人,作为第一助手参与手术30余台;在校期间获得"年度优秀学生干部""优秀毕业生"等荣誉。

　　附件是我的简历,同时我把简历粘贴在正文中,以免附件出现下载困难而耽误您的时间。谢谢!

　　顺祝工作愉快,家庭幸福!

　　联系电话:130×××××××

申请人:小张

2023年××月××日

请思考:

邮件主题应该怎么写呢?

(二)求职材料投递后的信息沟通

　　毕业生在求职材料投递时会遇到两种情况:一种是当面向用人单位递交,直接进入面试过程,当场决定求职的成败;另一种是参加人才市场、校园招聘会或利用网上求职等渠道投递,会有一个等待期,才能得到参加面试的通知。在等待期,毕业生不能毫不作为地坐等结果,应采取主动的方式联系用人单位,以加深用人单位对自己的印象。在某种意义上,联系过程的效果会有起死回生的功能。

　　如何与用人单位联系,虽然上门拜访是最好展示自己的途径,但一般难以得到用人单位的同意,因此,电话联系是最好的信息传递和情感沟通方式。求职者在使用电话联系时,应注意以下问题:

　　1.选择恰当的通话时间　如果是给单位打电话,应当尽量避免在刚上班或快下班这两个时间,这个时间打,不仅因为时间仓促而无法认真地表达,而且很可能会因为对方即将开始工作和结束工作,而给对方造成心理上的不良印象。

　　如果是给个人打,则应当根据受话人的工作时间、生活习惯选好打的时间,当然最好是在约定的时间里和对方联系。如果没有事前的约定,不要在受话人的休息时间打。

　　2.提前准备通话要点　在电话中应该说些什么,除非你是一个头脑特别清晰的人,否则千万不要打"无准备之战",而且在一般情况下,打"腹稿"也是远远不够的,最好还是在事前拟出谈话的要点,理清说话的层次,并准备好与通话内容相关的材料,否则,出现词不达意或无话可说的冷场局面,是令人尴尬的。

　　3.讲究通话的方式　现在,大多数人都有这样一个好习惯,就是在拨通后,先向对方问一声"您好,我是×××",这是很值得肯定的,礼貌在哪儿都不会有错误。在谈话的过程中,不仅要高频率地使用"您好""请""谢谢"等礼貌用语,而且还要控制语气语调,不要使这些用语显得生硬——这绝不仅仅是你声音的传递,而且还是你的另外一个形象展示。

　　4.注意倾听的方式　打电话时不仅要认真倾听对方讲话,还要礼貌地回应对方,适度地附和与重复对方谈话中的要点,或者将这些要点用另一种简洁的方式表达出来,这不仅会使对方感到你在认真听他讲话,而且也比只是简单地说"是"或"好"要让人愉快得多。

切记,千万不要轻易打断对方的谈话,通话完毕应当"谢谢"对方给予自己的帮助,要礼貌地说"再见",最好对方挂断后再放下,而不可以很突然地挂断。

5. 注意你的通话时间　每次通话时间可以根据对方的情况来决定,最好事先征得对方的同意,但是不管怎样,打的时间还是宜短不宜长。如果意识到对方的不愉快时,应当主动提出自己是否打扰了对方,并尽快结束谈话。

第三节　医学生简历的制作

案例导入

小张,临床医学专业 2023 届优秀毕业生。进校不久,小张同学就参加了学校的职业生涯规划比赛,给老师留下了深刻印象。老师认为她是个勤奋踏实、灵气多动、喜爱表演的好姑娘。靠着吃苦与诚实的精神,让小张同学也努力参加学校的励志感恩演讲比赛。她真诚的表述、自然真切的励志故事打动了评委们的心,她获得了学校励志感恩演讲比赛二等奖。通过比赛,小张同学对职业生涯规划有了初步的认知。

小张同学出生在农村,祖辈属于外迁户,家境贫困,父母外出打工。她从小非常懂事,帮助奶奶做饭,给在农田干活的爷爷送饭送菜,还帮助收割稻子。勤俭节约、吃苦耐劳、朴实善良、诚实守信是家庭带给她的资本。上大学后小张同学保持农家孩子的善良本色,常常参加志愿者活动,去福利院陪孩子们玩耍,去运动会做志愿服务活动。吃苦、诚信是她获得成长机会的利器。

大二下学期,当看到 ×× 医院在选择实习生时,小张同学制作了一份简历,投递后获得了面试机会。面试官问她问题时,她回答既简练又诚实。对于面试官提出的"你能吃苦吗"的问题,小张同学的回答充满着智慧,又让人信服。她淡淡地说:"我说我会吃苦,你们不一定会相信。"对方立马让她举例子说说,于是她就找到了一个陈述自己成就故事的机会,讲了自己高考结束后去打工的经历,谈了大学一年级的兼职与志愿者活动等。小张同学的故事让面试官了解到她是个能吃苦的女孩,于是给了她在 ×× 医院实习的机会。

在 ×× 医院实习期间小张同学遇到了两位本科实习生,他们相互间取长补短,这段经历对她专业成长帮助很大。临床带教老师放手让她做一些基础操作,遇到不懂的她便会去问老师,回去就自己练习。为了缝合得又快又稳,她买来猪皮练习,练习的猪皮累计 25kg。作为一个女孩子她要面临长时间的工作,甚至十几个小时的手术,她都坚持下来了,所以也学到了很多东西。带教老师的水平高,做事严谨,对小张的要求也特别严格,每一份病历的排版都要求整齐规范,不能有任何差错,否则会批评她。有时小张同学真的受不了,偷偷地在厕所里哭,哭完后继续干活。也许就是因为能够忍受各种苦,小张同学在临床外科方面学到了许多别人学不到的知识与技能。

2022 年底小张同学参加了大学生职业生涯规划大赛,两年多的专业学习、社会实践、志愿者活动,就是为了检验自己的生涯行动成果。两年时间里,从学院的职业生涯规划大赛开始,她付出许多精力,不仅仅是在文本的写作、PPT 的制作上,更多是专业上的准备。几百页的文本稿,几十份 PPT 稿展示了她的严谨与努力,就这样,小张同学从容走上省赛的舞台,凭借流利的陈述、睿智的回答、精彩的演示获得了评委们的认可、听众们的欢呼,她摘取了大学生职业生涯规划大赛的桂冠。

　　刚下赛场,她又登上了招聘会的舞台,讲述大学期间的成长历程,让用人单位看到了她精彩的大学生活、扎实的专业技能、过硬的语言表达能力,四家用人单位向她抛去了橄榄枝。

　　参加过大学生职业生涯规划大赛的小张同学更加清楚自己想要的是什么,自己拥有怎样的才能,也能用独特的眼光去审视就业环境,寻找适合自己职业成长的用人单位,以踏实行动的魅力走向了职场,开启了她的职业生涯之路。

　　回顾大学三年的生活,谈起职业生涯大赛,小张同学激动万分。她真诚地说,一场大赛得到的不仅是一张奖状,更是语言表达、PPT制作、编辑、综合思考问题、记忆等能力的综合提升。进入医院后,帮助领导写月度、季度、年终总结,同时设计医院宣传活动方案、媒体沟通、主持医院年会、节目编排等工作她都可以胜任。这为她的职业发展打开了一扇又一扇大门。

　　请思考:

　　1. 盘点小张同学的生涯路径,她是如何明确目标,把岗位目标能力拆分,一个一个能力在学习生活中实现,是如何用实际行动来书写她的求职简历的?

　　2. 有了职业生涯规划,就像有了一张去远方目标岗位的地图,不迷茫。我们的职业生涯规划该如何实现呢?

　　求职是一件双向选择的过程,求职者和招聘单位都在按自己的条件选择最合适的对象,双方条件的匹配度越高,求职成功的概率就越高,对于医学生来说更是如此。所以在撰写求职材料前,医学生必须要对自我和所应聘的单位、岗位进行信息的收集、整理、分析和提炼。

一、厘清招聘信息,全面了解有意向的用人单位

　　医学生可以通过学校就业指导中心、大学生就业网、招聘单位的官方网站、当地人才中心官网等相关求职网站,来获取招聘医院文化背景、专业特点,以及招聘职位的岗位职责、岗位要求、任职要求等。比如该医院的核心技术岗位有哪些? 该医院需要什么样的员工? 该医院的薪酬水平如何? 该医院的文化氛围及对员工的人文关怀是否有助于员工的职业发展? 还需研究用人单位需求。每家用人单位都会根据岗位需求发布招聘信息,医学毕业生要在招聘信息中看出用人单位的需求。以临床医生的招聘为例,某医院需要内科、外科、急诊科、行政和人力资源开发等多个岗位的工作人员,每一个岗位需要的能力是不同的,毕业生需提炼出该岗位所需要的岗位胜任力,为后期分析自己的专业能力能胜任哪些岗位做准备。

二、梳理自我经历,深刻评估自己

　　每个即将进入职场的医学生,首先要充分而又客观地了解自己,要对自己进行认真的评估。评估内容包括以下几个方面:自己的职业理想、岗位理想是什么? 自己的专业知识结构及专业技能适合去什么样的用人单位? 能胜任哪些岗位? 自己的继续学习能力、知识更新能力等职业发展潜力有多大? 自己对薪酬、福利、单位文化及人文关怀等有什么样的期待? 医学生要将自己的兴趣爱好、性格特点以及在大学期间学习的课程,参与的实践活动,获得过的荣誉奖励等罗列出来,深度发掘出自己的闪光点,为进一步进行人职匹配做好基础。

三、进行个人和目标职业的匹配

　　医学生通过对用人单位需求的研究,了解用人单位需要什么样的人,并判断自己是不是用人单位需要的人。然后毕业生筛选出与目标职业相对应的特定技能与品质、教育背景、工作经验、志愿

者工作、社会实践活动等,明确自己的职业定位,清晰自己的职业形象,便于在简历中更翔实、更具体地证明自我。一般来说,对于不同的用人单位,不同的职位,不同的要求,求职者应当有针对性地做适当的筛选,盲目地罗列所有材料,效果会大打折扣。毕业生需为招聘单位量身定做符合岗位要求的简历,以确保简历的表述明确且有针对性。

四、制作求职材料

提到求职材料,很多医学生都存在一个认识上的误区,认为求职材料的重点是要突出"我很棒",将自己在校学习及实习期间的所获奖项及成绩都在求职材料中一一罗列出来。这些表达"我很棒"的成绩只是求职材料的一部分,并不是求职材料的重点。制作求职材料的重点应该是在求职材料中展示"我是用人单位需要的员工",让用人单位招聘人员能在众多求职材料中发现你。如何体现"我是用人单位需要的员工"?即根据用人单位的招聘信息,作出因用人单位而异、因招聘岗位而异的有针对性的求职材料,写作思路大致是"我是谁""我希望做什么""我能做什么(我为什么比别人更合适)"这样的内在逻辑。

1. **我是谁?**   主要包括个人的基本信息:姓名、联系方式、性别、邮箱等重要的信息,便于招聘单位联系,简单直观,无冗余信息;教育背景:学校、院系、专业、毕业时间,按时间顺序倒序来写,成绩优秀的可写上自己的成绩排名;培训经历和应聘岗位相匹配地写上,含金量高或认可度高的资格证书写在前面。

2. **我希望做什么?**   就是个人的求职意向,这是整个求职材料中最重要的一项,是求职材料的核心,求职材料中一定要呈现具体的求职岗位,不可不写。建议写法:行业 + 职业。目标岗位的陈述要明确有力,同时一份简历对应一个招聘岗位,做到一岗一简历。

3. **我能做什么(我为什么比别人更合适)?**   主要是个人大学期间的社会实践和工作经验,是与应聘岗位需求相关的经历,这部分是求职材料的主体,占整个求职材料最大的篇幅,也是用人单位最感兴趣、用来判断求职者是否符合岗位能力需求的重要信息。建议写法:实习单位名称 + 实习岗位 + 实习时间 + 实习收获。可以证明与岗位适配、能突出自身优势的板块写在前面,一般 4~6 条,不要多而要精。

在展示个人能力优势的呈现次序中,要从满足招聘方的心理来考虑。首先重点回答用人单位关注的问题。如对已有工作经历的求职者来说,其工作经历是招聘方最关注的,其次就是教育背景;而对即将毕业的大学生来说,则会关注教育背景、实习经历或社会实践、在校表现。如果你所学专业与应聘岗位不相符,但你有与应聘岗位相关的实践经历,则宜将此实践经历置于教育背景之前。无论是工作经历还是教育背景,通常是按时间倒序来排序。

五、有针对性地投递求职材料

从个人职业发展规律而言,30 岁前职业选择需要做加法,很多专业性不太强的行业和岗位都应该去试试。30 岁后职业选择应该做减法,深耕某一领域,并在这个领域中作出突出贡献。所以,毕业生们要清醒地认识到,人生的第一份工作不是人生中唯一的工作,应去发掘自己的可能性。如果想尝试多种选择,就要针对想尝试的用人单位,作出有行业特色的、针对性较强的求职材料。同一份求职材料投向不同行业、不同用人单位的做法,是不可取的。只有有针对性地做求职材料、投求职材料,才能让用人单位发现你,并产生进一步了解你的意愿。

六、版面设计

简历的版面设计要板块清晰、脉络分明、主旨突出、清新美观,色调要统一中有变化。对内容和设计元素进行整理加工,寻找适合于主题和内容的形式创意。结构安排要合理,内容精确,条理清楚,标志明晰,段落不要过长,字体不要太小,排版端庄美观,疏密得当。注意版面要根据专业特点设计,可以是类似公函的风格,可以是个性特色简历,但都要体现出求职者的基本职业素养。

七、制作打样

在确定设计稿后即可进行正稿的制作。印前必须再次进行认真的审定,并打印成样稿进行校对。除了校对图、文外,还要看原图实样。看设计是否与原设想和定位目标一致,设计是否达到了预期目的,并考虑黑白稿、彩色稿的效果,最后才印成正稿。

八、充实更新

毕业求职材料的设计与制作,应在毕业前早做准备,有条件的话可请专业人员来帮忙,让求职材料设计与制作更好;同时应注意多收集本校、其他院校的求职材料加以研究,看看他们如何成功求职;还应不断更新求职材料,以适应求职时的针对性和实用性。

九、注意投递礼仪

最后有针对性地投求职材料,能极大提高求职材料投中的概率,勿将同一版本的求职材料投给不同的企业。投递求职材料既要言简意赅勾勒出自己"符合要求"的背景,引起用人单位注意;也要为用人单位着想,注意礼仪！邮件发件人要署真实姓名,避免不知道是谁的邮件;邮件主题要明确,一般以"姓名＋专业＋应聘职位＋主题、附件简历",有利于用人单位快速判断是否为自己所需。

(郭　婷)

思考题

根据你对个人求职材料的了解,回答以下问题。

(1)你是否编制过个人求职材料？ 你认为个人求职材料应包含哪些内容？

(2)在编制个人求职材料的过程中,应注意哪些事项？

(3)你的目标岗位是什么？ 需要哪些能力？ 大学期间你如何锻炼这些能力？ 通过哪些经历锻炼这些能力？

练习题

第九章 | 求职与面试

ER 9-1
教学课件

学习目标

1. 掌握:笔试和面试的准备方法和技巧。
2. 熟悉:常见的笔试和面试问题;面试的种类。
3. 了解:笔试的准备内容;求职面试礼仪的内容。
4. 学会利用笔试技巧提高笔试能力;学会求职面试技巧在面试中脱颖而出。
5. 具备良好的精神风貌和职业状态,增强职业自信,塑造积极向上的医学生的形象。

大学生在求职找工作时,如果做好充分准备,获得成功的机会就更大。然而,很多大学生在毕业时盲目地投递简历,对于所应聘的岗位、要求、流程甚至都没有清楚的了解,导致应试准备不足,从而失去了理想的工作机会。不少单位在招聘中设置了笔试和面试环节,尤其是对临床医学专业求职者的选拔,笔试的专业性要求更高。如果求职者不能在笔试和面试环节中表现出色,那么前期的努力将会付诸东流。

因此,理顺求职过程的逻辑非常重要。首先,要了解目标岗位的要求和流程,在投递简历之前进行充分的调研和准备。其次,做好笔试的准备。求职者需要了解考试的内容、题型和时间限制,并进行有针对性的复习和练习。最后,面试准备也非常有必要,求职者需要熟悉常见的面试类型、面试问题,掌握求职面试礼仪和面试技巧。

第一节 笔 试

案例导入

小 A 是一名即将面临找工作的大三临床医学学生,平时成绩处于及格线的水平。他看到了一则招聘公告,通过仔细阅读公告中的招聘要求、计划和职位表,小 A 认识到自己符合报考要求,于是积极主动地报名参加。然而,面对即将到来的笔试,小 A 感到犹豫不决。一方面,他之前没有做好足够的笔试准备,另一方面,也没有认真规划好自己的复习时间。由于报考公告发布后仅有半个月的时间就要开考,小 A 的笔试结果非常糟糕。第一次的考试经历给了小 A 沉重的打击,削弱了他的自信心,使他无力再报考其他岗位。

请思考:

小 A 的求职失败给你什么启示?

一、笔试的准备

笔试不是所有单位招聘流程中都会涉及的环节,它主要用于应对应聘人数较多、需要考核专业知识或文字功底的情况。对于技术要求较高的岗位来说，笔试很可能成为选人的主要方式，可以帮助发现面试过程中难以发现的问题。笔试能够高效地测定求职者的专业知识和思维分析能力，成本也相对较低，因此在许多招聘程序中成为初期筛选工具。

（一）了解笔试的内容

用人单位会根据招聘岗位的工作内容设置不同类型的笔试题目，以选择符合用人单位企业文化和岗位需求的人才。一般情况下，笔试主要包括以下几个方面内容：

1. 专业知识考核　主要评估求职者的专业知识和业务能力，以确定其是否具备胜任某一岗位的能力。对求职者在相关领域的知识广度和深度有较高要求，需要建立扎实的专业基础。

2. 心理测试　心理测试旨在评估求职者的心理素质和适应能力。常见的心理测试包括性格测试、兴趣测试、情绪管理等。通过这些测试，用人单位可以了解求职者的个性特征、处理问题的方式以及在工作环境下的适应性。

3. 技能测试　主要考查求职者掌握的技能，以评估其在知识和智力运用方面的程度和能力。技能测试的题目涉及工作中需要的技术性问题，通过对求职者的阅读理解能力和问题发现能力进行全方位测试，具有很强的实用性。求职者需要提前了解岗位的具体要求，并通过练习和实际操作不断提升自己的技能水平。

4. 写作测试　通过各种文书和命题作文等写作考核，来评估求职者的逻辑思维、综合分析和文字表达能力。题目可能要求求职者写一篇关于特定主题的文章、撰写工作报告等。在写作过程中，正确的用词和句子对整篇文章的理解效果十分重要。求职者需注意语言流畅性、逻辑性和表达准确性，同时要注重文书格式和语法使用的正确性。

对于临床医学专业毕业的学生来说，有多种求职途径，比如事业单位公开招聘、三支一扶、公务员考试等，笔试内容也会根据求职途径的不同有所区别。笔试的内容一般分为行政职业能力倾向测验、公共基础知识、医学基础知识、医学岗位专业知识、医学相关的其他知识等。

事业单位招聘考试一般分为联考和非联考两种形式。联考（E类）的事业单位，考试内容是统一且基本固定的，通常包括《职业能力倾向测验（E类）》和《综合应用能力（E类）》。在某些省份，联考的事业单位则根据需要进行公共基础知识、医学基础知识或岗位专业知识的考试。非联考的事业单位笔试时采用自主命题法，既可能单独考查医学专业知识，也可能在考查医学专业知识时附加公共基础知识、医学基础知识或者行政职业能力测验，甚至是医学相关的其他知识，需要求职者根据招聘要求进行准备。

三支一扶是指大学生毕业后到农村基层从事支农、支教、支医和扶贫工作，积极投身社会主义现代化国际大都市新郊区新农村建设。考试内容一般包括行政职业能力测验和公共基础知识两部分。在考试中，支医岗位考试科目公共基础部分会侧重对医学综合知识的考查，需要认真学习和掌握。

公务员考试包括国考和省考，考试的内容包含行政职业能力测验和申论两部分。行政职业能力测验全部是选择题，申论则是包括总结归纳、提出对策、综合分析、文章写作等几类题型，通过对给定材料的分析、提炼、加工，考查应考人员的阅读理解能力、综合分析能力、提出问题和解决问题能力、文字表达能力等。

理解笔试的内容有助于求职者在准备过程中更加有针对性地进行学习和复习。通过对不同类型题目的准备，求职者可以增强应对笔试的信心，提高测试成绩，增加就业机会。

（二）做好笔试的准备

1. 知识准备

（1）熟悉考试内容和要求：用人单位通常会在招聘信息中明确岗位笔试的范围或考试大纲，求职者应该熟悉目标单位发布的笔试形式和大致范围。这包括考试的时间限制、题型和分值分布等信息。考前可通过互联网或向校友、亲友等资源获取往年的笔试真题,了解考试形式和难度。

(2)**制订学习计划和时间表**:根据考试要求,制订学习计划。利用互联网平台,找到合适的学习资源和参考书籍,有针对性地进行复习准备。设定每日、每周的学习目标,确保准备的充分性。

(3)**运用多样学习方法增强应试能力**:针对基础知识点,进行系统复习和强化。掌握解题技巧和方法,熟悉各种题型,提高解题效率。结合不同的学习方法,如阅读教材、参加培训课程、观看视频教程等,以帮助加深理解和记忆。

(4)**进行模拟考试和练习**:定期进行模拟考试,平时按照真题和考试时间进行演练,模拟真实考试环境,检验自己的应试能力。对模拟考试的结果进行分析,找出自己的薄弱点,加强相应的知识点和技巧。

2. **心态准备**　个人信心的建立对考试的成功至关重要。为了避免在考场上紧张和心态崩塌,有必要在考前进行相应的调整。

首先,要客观冷静地分析自己的实际情况,了解清楚自己的优势和不足。了解个人的优势有助于增强信心,而对不足的认识则可以促使我们作出改进和提高。这样的分析可以帮助我们更好地规划学习和复习的重点,并明确自己需要着重关注和加强的方面。

其次,身心健康也是确保良好考试状态的重要因素。适当参加户外锻炼可以帮助释放压力,提高身体素质和抵抗力。此外,充足的睡眠也是非常重要的。良好的睡眠可以帮助我们保持充沛的精力和注意力,提高反应能力,最大限度地发挥自己的潜力。

最后,建立正确的考试心态也是应对考试的关键。我们应该学会控制好自己的情绪,保持冷静和放松的态度。信任自己的准备工作和能力,相信自己一定能够应对考试挑战。积极地对待考试,将其视为一个展示自己能力的机会,而非一个不可逾越的难题。

3. **考前准备**

(1)**仔细阅读考场注意事项和考试规则**:遵守考场纪律和规定是保证考试顺利进行的关键。在考前,务必仔细阅读考试通知或指南中的注意事项和规则,了解考试的要求、考试时间、准考证及身份验证等重要事项。遵循考场纪律,确保自己在考试过程中不传递信息、不抄袭他人答案,诚信参考。

(2)**准备必要的证件和考试文具**:根据考试要求,提前准备好所需的证件,如身份证、准考证等,并将其放置在易于拿取的地方,以免忘记携带。此外,准备好所需的考试文具,如铅笔、橡皮擦、计算器等,并将其整理在考前准备的袋子或盒子中,以便于携带和使用。

(3)**提前了解考试地点和考场环境**:提前了解考试地点,确保知道具体的考试地点和到达的交通方式。熟悉考场环境,了解考场的布局和设施情况,以便在考试当天能够快速适应。如果可能,可以提前到考场进行实地考察,以增加对考场环境的熟悉度。

(4)**良好的时间管理**:根据考试时间和考场距离,提前合理规划考试当天的抵达时间。建议至少提前15分钟到达考场,以保证有足够的时间进行登记、安检和入场等手续。提前到达考场可以缓解考前的紧张压力,稳定情绪,有利于确保良好的考试状态。

二、笔试的技巧

1. **规划科学的答题顺序**　在开始做笔试之前,应该快速浏览一遍试卷,检查是否有缺页或漏页的情况,同时了解题目的难易程度和数量。然后根据个人的做题习惯,选择合理的答题顺序,并合理分配答题时间。

2. **养成良好的答题习惯**　在作答前,要认真听清监考人员的考前须知,避免仓促作答而错过重要信息;在答题过程中,要仔细阅读题干,认真分析题意,全面理解考查的目的和内容,避免跑题;尽量填满答卷,对于不会的题目,可以根据经验进行作答,并表明自己的思路和态度;答卷完成后,要全面检查,确保没有漏题或跑题,并纠正错字和逻辑错误的题目;同时,要保证卷面整洁、字迹清晰,以留下好的印象,因为有些招聘单位会从卷面来考查考试人员的认真态度,同时也会联想到未来的工作态度,从而影响录取的结果。

3. 训练灵活的答题策略 答题过程中,难免会遇到一定难度的题目,这时求职者应该保持冷静思考,认真回忆已学过的知识,找到与之相关的知识点,以达到融会贯通的效果。可以充分利用学习策略,对于选择题来说,可以将各个选项进行对比,找出相同和不同之处,并运用已学知识进行有效的判断;对于问答题来说,可以找出不同小问题之间的关联,列出要点进行回答,确保多角度论证;面对论述题或写作题,可以提前列好提纲,然后合理组织答案,逐条进行论述,确保答题的全面性。

三、笔试结束后的处理

笔试结束后,可以花一些时间回顾笔试过程,对自己的表现进行自我评估和总结,并思考对回答不够出色的部分该如何改进,将其作为日后自我提升的目标。同时,记得留意笔试成绩的公布。可以通过招聘公告或直接询问人事部门了解清楚成绩公布的途径和时间表,确保及时获取成绩信息。有的单位会通过网站公布成绩,有的则通过短信的形式告知,求职者在知道自己的笔试成绩后,可以做好下一步打算,继续寻找机会或者做好面试准备。

知识拓展

缓解考场紧张小贴士

笔试的紧张和压力不可避免,下面是缓解考试紧张的方法:

1. 正确看待笔试结果 将笔试看作是一次学习和进步的机会,不要把过多的压力和焦虑放在结果上,而是注重自己的努力和成长。

2. 积极面对挑战和困难 在考试中遇到难题或不会做的题目时,保持积极的心态,不要灰心丧气,尽量尝试解答,发挥自己的思考能力和创造力。

3. 进行积极的自我暗示 对自己进行积极的自我暗示,相信自己的实力和准备程度。

4. 进行呼吸练习和放松技巧 深呼吸是一种简单有效的放松技巧。在考试之前或考试过程中,可以进行深呼吸练习,慢慢地吸气和呼气。这有助于放松身心,并减轻紧张感。

每个人都有自己的方式和方法,找到适合自己的方式,并多次实践和调整,以寻找最适合自己的方法。

第二节　面　试

案例导入

小李参加双选会时对一家私立医院产生了浓厚兴趣。虽然该医院规模较小,但他预感到未来前景不错。他明白作为一名大专生,进入大型医院并在重要职位上有所建树的机会微乎其微。而在私立医院,他看到了锻炼和成长的机会,这对于他这样在学历方面存在短板的人来说是非常有益的。因此,小李在收到笔试通知后,花费了大量时间研究该医院的背景和特色领域。在面试时,他能够有理有据地陈述自己的观点和认知,展示自己的专业所长,赢得了面试主考官的赞赏,为他进入该医院打下了坚实的基础。

请思考:
小李的面试成功给你什么启示?

有的单位直接通过面试考核应聘人员,而有的单位则要求求职者先完成笔试后进行面试环节。对于需要笔试和面试的单位来说,求职者参加完笔试后,用人单位会根据岗位和分数线进行筛选,确定参加面试人员名单。面试可以说是用人单位判断求职者是否合适的终极手段。通过与求职者面对面地交谈,能更深入了解求职者的知识、能力、性格等方面的情况,以判断求职者的综合素质和能力是否符合用人单位的要求。

一、面试的准备

由于笔试的时间是有限的,要想在有限的时间内对求职者作出全面、准确的评价较为困难。面试官为了综合考量求职者的情况,会设计各种各样的问题对求职者进行测试。不论采取何种形式,面试流程基本一致,求职者可以从中发现一定的规律。

面试准备是求职者在面试前必须要完成的工作。通过提前准备面试信息、问题、材料、形象和状态,可以增加面试的成功机会,向用人单位展示自己的优势和适应能力。同时,也能够展示求职者对用人单位的了解和对所申请岗位的理解,提高面试表现的质量。主要包括以下几个方面:

(一) 面试信息准备

在面试过程中,通常面试官会问道:请谈一谈你对所应聘职位的认识? 为什么要到我们单位来应聘? 如果你被聘用了,将如何开展工作? 这些问题的设置与应聘单位有关,所以,面试前应提前了解要应聘单位的情况,包括单位性质、历史、晋升途径、重要事件、区域医疗卫生行业现状、单位未来目标等基本情况,并了解所申请的岗位的具体要求。这样你可以更好地展示你与单位的契合度和你对该岗位的理解。了解这些信息可通过用人单位的宣传资料、网站和新闻媒体报道等。提前了解这些情况可以避免面试时处于被动情况,增加面试的印象分,同时,也利于有针对性地展示自己的所长。

(二) 面试问题准备

刚毕业的医学生往往缺乏面试经验,除了对应聘职位、个人职业规划等的认识,可能会被问及自我介绍、个人经历与成就、专业知识和技能、应用场景和解决问题、为何选择医学职业等问题。在回答这些问题时,学生应突出自己的独特优势,例如临床实习、见习经验或志愿者工作。除此之外,医学生应根据应聘单位和自己的情况,提前做好常见题型的练习,列好提纲,确保能够做到举一反三,触类旁通。同时,在面试前,模拟面试场景,在家人朋友面前做好演练,让他们对自己的表现进行现场评判,给出中肯意见。

需要注意的是,有些面试是禁止提及自己姓名、经历、毕业院校等信息的,以免考场作弊,因此,要针对不同的要求进行相应的面试准备。

(三) 面试材料准备

面试时需要准备的材料包括个人简历、各类证件和证书的原件和复印件、毕业生推荐表、就业协议书、成绩单等。这些材料应当事先整理好,并放入专门的文件袋中,以备面试需要。即使是之前已经提交过的求职材料,也应当再次准备一份备用。除了纸质材料,求职者还应准备好求职材料的电子版,在自己邮箱、U 盘中都备份好,面试时带上 U 盘,以防万一。

(四) 面试形象准备

面试过程中,个人的第一印象往往对面试结果产生重大影响。因此,求职者应该关注自己的面试礼仪和仪容仪表。穿着要得体、整洁干净,保持自然、自信的姿态。注意仪态和面部表情,给面试官留下良好的第一印象。

(五)面试状态准备

个人的心理素质会对面试的表现力和结果产生影响。为了获得面试成功,求职者需要保持良好的状态。面试前适当放松自己,可以洗个澡、理发或散步,确保充分的睡眠,并调整好生活规律,以饱满的精神状态应对面试。

(六)面试时间规划

面试时一定要提前到达面试地点,避免错过抽签或发布通知等重要环节。同时,如果无法准时到场应提前告知用人单位。提前到场可以进行练习,调整情绪和训练说话声音等,为面试作好充分的准备。

二、面试的种类及结构

面试有多种分类方法。依据面试参与人数、面试环节、求职者行为模式以及标准化程度,可以将面试分为以下几种:

(一)依据参与人数分类

1. 一对一面试　一名面试官对应一名求职者进行面试,适用于企业招聘初期或规模较小的单位。这种面试方式有利于双方进行深入交流,且提问方式灵活多样。对求职者来说,压力较小。

2. 多对一面试　多名面试官对一名求职者进行面试,通常出现在公务员招聘或事业单位等正式场合。每个面试官会对求职者的表现进行评分,去掉最高分和最低分后,取平均值作为求职者的最终得分。这种形式下,求职者面临较大的压力,面试官还可能进行追问,如果思路不清晰或者考场紧张可能会导致面试失败。所以面试过程中要保持沉着冷静,平时要加强锻炼,提高自己综合素质。

3. 集体面试　多名求职者一起参与面试,面试官依次对每个求职者进行提问。在这种情况下,求职者如果要在众多面试者中脱颖而出,需要具备一定的素质,求职者在集体面试中应保持敏捷的思维和冷静的思考能力。

4. 无领导小组讨论　求职者被分为若干小组,围绕不同的主题进行讨论与协商,解决某一问题。在这种面试方式中,面试官不指定领导人,也不直接参与讨论,坐在一旁观察和倾听。求职者根据给定的题目自由讨论,并提出各自的见解。在无领导小组讨论中,求职者能够担任破冰者、领导者、组织协调者或总结陈词者的角色。通过这种面试方式,面试官不仅考查求职者的观点输出能力,也考查他们对整体情况的把握能力、说服能力和团队协作精神。

这类题目通常与工作岗位中的具体场景相关,具有很强的人际互动性和竞争性。这种面试方式没有标准答案和固定的回答顺序,面试官综合考查求职者的表现,根据单位的用人需求作出最终决策。

(二)依据面试环节分类

1. 一次性面试　即用人单位只进行一次面试,这种面试方式在国家机关或事业单位等公开招聘中较为常见。求职者的面试是否通过完全取决于一次面试的表现,因此求职者需集中发挥自身优势,做好全面的准备。如果面试结果令招聘方满意,用人单位则会直接发布录用通知。

2. 分阶段面试　用人单位会设置多轮面试环节,求职者需要经历初次面试和复试,有些情况下甚至需要进行三次面试才能成功通过考核。通过分阶段面试,逐层淘汰筛选,全方位考查求职者综合素质。初次面试主要考查应试者的基本素质和能力,如沟通能力、知识和技能、自我介绍和自我认知等;复试一般发生在初次面试后,通常由用人单位或招聘团队的高层人员参与评估应试者的综合素质和能力,包括领导才能、创新思维和问题解决能力等;最终面试是候选人最后一轮面试,主要考查个人发展规划等。需要注意的是,每个单位在面试过程中可能有自己定制的考查内容和方式,因此应试者在面试前要了解具体单位的招聘流程和面试方式,做好准备。

(三) 依据求职者行为模式分类

1. 问答面试 面试官根据岗位需求对求职者进行提问,求职者即时作答,这是最常见的面试形式之一。在回答问题的过程中,求职者展示自己的知识储备、应急应变以及思辨能力等综合素质。有时,面试官也会要求求职者主动提问,这时求职者需要注意提问的灵活性。

2. 情景模拟面试 设置工作中的典型场景,要求求职者在面试中扮演相应的角色,根据角色定位完成任务。面试官通过求职者的临场表现来观察其组织协调能力、语言表达能力和沟通技巧等,从而考查求职者的实际工作能力。这种面试形式灵活多样,有利于面试官全面、深入地了解应试者。对求职者而言,应充分抓住机会,镇定自若地展示自己。

(四) 依据标准化程度分类

1. 结构化面试 面试题目和面试官均遵循统一规范,并按照相应程序进行,有专门的评价标准和方法。这种面试一般会有多位面试官。需要考查求职者哪些方面的素质,以及围绕什么角度设计什么问题,从什么角度评价面试者表现,如何打分、怎样确定等级,都有一定标准,求职者需在回答问题时展示专业素养。当前公务员、事业单位等招聘中,通常采用这种面试方式。

2. 非结构化面试 面试题目根据面试对象的不同而变化,面试官随机提问,没有特定的模式和框架。面试过程中,面试官可以根据需求调整问题的顺序,并进行深入讨论。对求职者而言,面试方式较为灵活,但结构化程度和标准化程度较低。

三、求职面试礼仪

面试对于每个求职者来说都是一个重要的环节,尤其对于医务工作者来说,良好的面试礼仪举止更是必不可少。在面试过程中,仪表的整洁和举止的得体不仅能给面试官留下良好的印象,还能展现出求职者的专业素养和职业态度。以下是在面试中需要注意的礼仪。

(一) 面试仪表

1. 女生面试仪表

(1) **妆容**:女生应该在面试时精心打扮,既要展现自己的美好一面,又要符合医务工作者的职业形象。妆容应该选择淡妆为宜,注重自然和简约,突出自信的精神状态,避免过度浓妆或夸张的妆容。

(2) **头发**:医务工作者的头发应该保持整洁和干净。长发的女生最好将头发扎起来,以保持整齐利落的形象。避免头发过长碍事,也避免过多的发饰分散面试官的注意力。大多数医院不允许员工染色彩奇异的头发,面试时最好保持头发原有的颜色或者黑色。

(3) **着装**:面试时,女生应该选择得体的正装,如西服套装或深色衬衫搭配西裤。衣物应该干净整洁,颜色以正式、庄重为原则。裙子的长度应该适中,最好超过膝盖,以显得端庄得体。正装的选择以简单为宜,不要过于繁杂,忌穿太紧、太透、太露的衣服,最好专门去订一套符合身形,裁剪合宜的衣服。

(4) **鞋子**:女生的鞋子应选择舒适的款式,黑色或深色皮鞋是比较适合的选择。鞋跟也不可过高,2~3cm 的中跟最合适:太高的鞋跟容易导致脚部不稳定,易扭伤脚踝;而太低的鞋跟则效果不明显,不能有效地凸显身形和塑造气质。适当的鞋跟高度能够使身姿更挺拔,展现出优雅的气质。

(5) **指甲**:作为医务工作者,在临床操作中不能留长指甲。同样,在求职和找工作的过程中,也需要注意指甲的处理。不仅不能染指甲油,而且也不应过长。长指甲容易藏污纳垢,给人不卫生的形象,与医务人员的形象不符。

(6) **佩饰**:佩饰要简洁大方,不得佩戴与职业不相符的夸张性饰品。首饰应该选择简约的款式,避免太大、太花哨的装饰品。例如,耳环可以选择小巧的款式,手链或手镯也应以简约为主。

2. 男生面试仪表

(1)**头发和胡须**:男生的头发应该保持整洁有序,避免过长或过乱。理想的状态是前不覆额,侧不掩耳、后不及领。医务工作者需要保持清爽的发型,以展现专业形象。头发应定期修剪,干净利落。为避免工作中沾染病菌细菌,医务工作者是不能留胡须的,面试时应该注意这点,面试时剃须整齐,不宜留有胡须或不整齐的胡须。

(2)**着装**:男生应根据自身身材和肤色选择合适的西装作为面试着装,西装应该保持干净整洁的状态。选择衣服时,全身的颜色不超过三个色系。衬衫应选择白色或浅色,衬衣的领口、袖口都不能太大,衬衫的袖口要长于西装袖口,且下摆要塞入裤腰内;领带要干净、平整,颜色应与服装搭配协调;裤子的长度应适合身材,切忌穿牛仔裤、休闲T恤等,不可过短或过长,以恰好盖住皮鞋鞋面为宜。

(3)**鞋子**:男生的鞋子应与西装相配,颜色最好选择黑色或深色。面试之前要擦干净,最好上点鞋油,保持清洁光亮。

(4)**配饰**:男生在面试时配饰要简洁大方,避免过多装饰品。领带应选择经典的纯色或简单的条纹款式,颜色和质地要与衬衫和西装相匹配。手表可以选择简约稳重的款式,其他配饰要谨慎选择,避免给人过于花哨或不正式的感觉。

知识拓展

面试时的6个小细节

1. **保持积极的姿态** 行走、坐立时保持挺拔的姿态能展现自信,避免跷脚或交叠双臂等不礼貌的姿势。

2. **注意肢体语言** 保持眼神接触,微笑并传递积极的肢体语言,表达出对面试机会的热情和兴趣。

3. **注意口气清新** 在面试前刷牙,并使用口香糖、漱口水等保持口气清新。

4. **注意言语礼貌** 用礼貌的语气回答问题,避免使用粗鲁或冒犯性的语言。请使用适当的称谓,如"先生"或"女士"。

5. **注意用语准确** 用清晰、准确的语言回答问题,避免使用缩略语或行业术语,除非确信面试官能够理解。

6. **不干扰面试官** 避免作出干扰面试官的动作,如抖腿、滥用手势或摆弄物品。

7. **说谢谢** 在面试结束时,表达对面试官时间的感谢,并表示自己对机会的期待。

(二)面试举止

1. **进场礼仪** 医务工作者应严守时间,提前到达面试地点。进入面试房间前要有礼貌地敲门并等待允许后再进入,敲门声音勿过大,不要过于急躁。开门动作也要轻,进入面试室后,要保持自信、端庄的仪态,微笑示意并问候面试官。

2. **握手礼仪** 握手是面试中常见的礼仪动作,看对方是否有意愿再决定是否握手。握手时要注意力度和姿态,伸出右手,拇指和食指呈V形,稍用力握紧对方即可。手势要自然得体,持续1~3秒。握手时身体前倾,头微低,要与面试官进行眼神交流,不要东张西望,也不要表现漫不经心的态度,握手结束后要放松自然地回到座位。

3. **个人仪态** 落落大方的面试仪态会让求职者更加自信,同时也能让求职者在面试中保持高度注意力、缜密的思维力和判断力,最终让面试胜利。

(1) **站姿**：正所谓"站如松，坐如钟"。站立时应保持直立的姿势，头部挺直，目光平视，避免过度仰头或低头。男生的脚应呈 V 形，女生则应双脚并拢。站立时，双手自然下垂，女生还可以将手轻轻合拢，放在身体的侧面或肚脐上方。避免晃腿、摸头、伸舌、挺腹等杂乱动作。

(2) **坐姿**：正确的坐姿能给人精神振奋、朝气蓬勃的感觉。坐的时候，上半身要保持挺直，不要紧贴椅背坐，选择坐满椅子 2/3 的位置为宜，既不会过于充满也不会显得太少。过于充满会使自己感到紧张，导致注意力不集中；而太少则会显得懒散。坐的时候目光平视，双脚平放在地上，双手放在腿上，掌心向下。身体稍微向前倾，避免有小动作。男生可以用一个拳头来调整双腿之间的空间，女生则应双腿并拢。

4. 语音语调　面试者的语音语调要自然得体，清晰准确。说话时要有适当的语速和音量，发言时一个字一个字说清楚，根据内容进行调整，咬字准确，简洁明了。声音不要过小或过大，语气要自然而不做作，充满自信。

5. 眼神　保持良好的眼神交流是面试中的重要举止。在面试过程中，要保持眼神平视，不要四处游离显得不尊重对方，也不要目光低垂等，显得不自信。面试官说话时，要认真倾听，注意眼神交流。而自己回答问题时最好目光在每个面试官身上都停留几秒左右。如若不知道怎么调整自己的眼神，可以目光停留在对方鼻翼处。保持眼神交流可以展现出求职者的专注和诚意，表现出真诚的态度。

6. 面部表情管理　面部表情是传达信息和情感的重要方式，有时比语言表达更丰富。既让人有种亲切感，拉近人与人之间距离，给面试官留下良好的印象，也能表现人的自信，消除精神的紧张。面试者要注意面部表情的自然和适度，避免过度夸张或冷漠无表情的状态。可以保持微笑，嘴角柔和上扬，展现积极的态度。

7. 离场礼仪　面试结束时要有礼貌地向面试官道别，并表示感谢。离开面试室时要保持谦和自信的姿态，礼貌鞠躬行礼，并将自己随身携带的物品整理好，将椅子放回原位，出门后将门轻轻关上，不要匆忙离开。离开面试场地后，继续保持自己的规矩和得体，不要在公共区域大声喧哗或打电话。

面试礼仪对于医务工作者来说尤为重要，良好的仪态能够展现出求职者的专业素养和职业态度，给用人单位留下深刻印象。通过注意面试仪表和举止，医务工作者能够更好地展现自己的工作特点和职业形象，提高面试的成功率。合理运用面试礼仪，相信每位医务工作者在面试中定能脱颖而出，赢得宝贵的机会。

知识拓展

求职礼仪远不止外表形象和口头谈吐的表现，更重要的是内在的价值观和待人处世的态度。它体现了对他人的尊重和关注，以及对人际关系的重视。在求职过程中，正确的求职礼仪行为能够提高个人竞争力，并为自己赢得更多的就业机会。

第三节　医学生求职面试技巧

案例导入

小张是某高职院校临床医学专业大三学生，他自信满满地参加了双选会，结果却令他有点失望。他看中的一家医院和一所医疗机构都没有向他伸出橄榄枝，后来他非常诚恳地询问招聘方的工作人员为什么没有选择自己,答案竟然惊人地相似。因为小张太过平静的表情,以及无所谓的求职态度,面试官认为小张的求职诚意不足。小张感到非常冤枉,他没有想到自己的表现会给对方造成这样的误解。于是他决心在下一次的就业双选会上改变求职态度,积极、主动地推销自己,展现对用人单位的兴趣和热情,避免再次被认为是漫不经心。

通常来说,面试时间较短,面试官获取求职者信息的渠道也有限。如果求职者没有调整好心态,没有展现积极主动的态度,那么容易给面试官留下"耍大牌"的印象,这对于成功面试而言并不利。

请思考:

如果你是小张,你会怎么做?

医学生在求职面试过程中,除了依赖自身的学历、履历和综合素质等因素外,掌握求职面试技巧也非常重要。面试是求职过程中最重要的环节之一,是医学生进入医疗行业的重要一步,也是展现个人能力和才干的最直接方式。许多人虽然通过资格审核、简历筛选或者笔试考核获得了面试机会,但由于在面试中表现不佳,最终没有获得录取。那么,医学生在求职面试中如何脱颖而出呢? 以下是一些医学生的求职面试技巧。

一、弄清面试形式

面试前要认真解读面试公告,了解此次面试的考试形式。一般医学专业的面试有四种,即结构化、医疗结构化、专业知识问答和实际操作。针对不同的面试形式,要制订不同的学习方案。

(一)结构化面试

结构化面试一般包括自我认知、应急应变、综合分析、组织协调、人际沟通等几类题型,题型固定,求职者可以在网上搜索相关题型进行练习或者参加专门的面试指导课。

(二)医疗结构化面试

以医疗相关知识为背景的结构化面试,问题的设置与医务工作者日常的工作有关,比如医德医风的分析、对社会医疗纠纷等的看法、如何与患者进行有效的沟通等。

(三)专业知识问答

结合医学专业知识对求职者进行考查,了解求职者的知识储备情况。比如对某种病例的分析、患者突然晕倒的处理方法等此类问题。

(四)实际操作

部分单位在面试时会考基本技能操作,考试形式分为口述实操、笔答实操、动手操作,考查应试者对操作的熟练程度和语言表达水平。实操面试首先要熟知常考的操作有哪些,其次掌握操作考试要点和评分标准,比如操作的流程、目的、注意事项等,最后进行大量的练习,保证操作过程中动作娴熟、精神饱满、衔接自然、口述与操作同步。

二、熟悉常考面试题型

以下是一些常见的面试题型。

(一)自我介绍

求职者需要简洁清晰地介绍自己的基本信息、教育背景、实习经验、专业技能和个人特长等。如:

请你简单介绍一下自己?

你能和我们分享一下你的背景和教育经历吗?

（二）个人经历与成就

面试官可能会问到求职者在医学生涯中的一些重要经历和成就,例如参与社会实践、担任学生会干部、在校见习实习和规培经历等。回答时要突出个人的能力和贡献。如:

您能举例说明一下你在医院实习过程中的收获吗?

请分享一个你所参与的医疗项目,并阐述你在其中的角色和贡献?

（三）专业知识和技能

在医学领域,面试官通常会提问一些与专业知识和技能相关的问题,检验求职者的学术基础和实践能力。可能涉及疾病诊断、治疗方案、医学伦理、患者沟通等方面的知识。如:

请解释一下你对某种临床技术或医学领域的理解和掌握程度?

你如何应对复杂的临床案例? 请举例说明你的处理过程?

（四）应用场景和解决问题

面试官可能会给求职者一些实际场景或病例,让求职者分析问题并提出解决方案。这要求求职者能够运用所学的知识和技能,结合实际情况出谋划策。如:

假设你在临床实践中遇到一个复杂的病例,你将如何综合各种信息来进行诊断和治疗?

如何与患者及其家属建立有效的沟通和信任关系?

（五）职业发展规划

面试官会询问求职者对待职业的规划,如:

你对医学领域有什么热情和兴趣?

未来你希望在什么方向上发展?

你有没有参与社区服务或志愿活动的经历? 对你的职业发展有什么影响?

（六）为何选择医学职业

这个问题考查求职者对医学职业的认知和动机。求职者可以回答自己对人类健康的热爱、帮助他人的愿望、对医学事业的责任感等。如:

你为什么选择临床医学专业?

通过提前准备这些问题的回答,并结合自己的经历和实践经验进行训练,可以更好地展示自己的能力和潜力,提高面试的成功率。在回答这些面试题时,求职者要注意语言表达清晰、内容有条理,回答问题要具体、准确。记得重点突出自己的独特之处和潜力,同时,要展现出对医学职业和行业的求知欲和热情,以及对患者的关心和责任感。最后,要注意与面试官的沟通和互动,保持自信、礼貌和积极的态度。

三、打造良好第一印象

医务工作者对细节要求较高,面试中也同样如此。要想在面试中取得成功,需要注重面试细节。以下是一些细节方面的注意事项。

（一）进门细节

轻声敲门后进入面试场所,注意轻轻地关门。进入面试室后,应该向面试官们鞠躬示意问好,并等待面试官示意后再坐下。如果面试官表示希望握手,可以与对方握手,注意握手时的力度,不要太轻,也不要过分用力,太轻则显示不自信,太用力又让人感觉粗鲁。同时,要注意与面试官保持眼神交流,展现自信的形象。如果有随身携带的物品,应当放在膝盖上或椅子旁边,不要放在桌子上。

（二）姿态细节

进入面试场地之前,可以深呼吸放松自己。不论是站立还是坐着,都要保持自然的姿态,昂首挺胸,展现从容不迫的形象。如果有需要,可以尝试使用心理暗示法来帮助自己放松。

（三）表情细节

面试时要保持亲和的表情,面带微笑,以缩小与面试官之间的心理距离。不要做皱眉、斜眼看人等微表情,要以平和的态度应对面试官的提问,不卑不亢。

（四）打磨自我介绍

有的公开招聘中,为防止作弊,禁止提及自己姓名、经历、毕业院校等信息,有的招聘则需要。在准备自我介绍的过程中,要注意自我介绍的时间控制在 2~3 分钟。不需要重复简历中已经包含的内容,要简明扼要地展示自己最出色的方面,突出个人的专业技能和经验,重点强调与应聘职位相关的优势,以使面试官对自己留下深刻印象。为了在面试中达到最佳效果,可以提前对着镜子进行模拟演练,提高熟悉度。

在面试过程中,注重这些细节将帮助面试者给面试官留下良好的印象,展现出自己的专业素养和职业态度,增加获得聘用的机会。

四、掌握面试答题技巧

掌握面试答题技巧可以提高回答效果,帮助求职者节约时间和确保重点,同时展示自己的个性和优势,对于成功应对面试至关重要。常见的面试答题技巧如下:

（一）理解面试官的言外之意

面试官的问题是经过精心设计的,他们有特定的目的,因此理解面试官的言外之意对于成功回答问题至关重要。

1. 询问过去的经历

(1)题目:请简要介绍一下自己?

目的:了解求职者的语言表达和概括能力,而不只是听预先准备好的自我介绍。

回答技巧:简洁明了,突出自己核心优势。

(2)题目:谈一下你过去最成功的事?

目的:了解求职者突出的业绩,以及对于成功的态度和价值观。

回答技巧:选择符合单位文化和职业角色定位的回答。

2. 自我评价

题目:作为一名医务工作者,你有哪些优势和不足?

目的:想了解求职者的不足之处,以及是否对工作开展造成不利影响。

回答技巧:不要只暴露自己的不足,而是突出看似是缺点实际有利于工作的特质,比如注重细节等。回答时要展现个性特点,突出优势,避免强调过于负面的不足。

3. 人际关系处理

题目:你不愿意跟哪类人交往?

目的:了解求职者是否适应团队工作和与他人相处,以及解决问题的能力。

回答技巧:医疗行业需要团队合作,能够展示自己具备良好的沟通和协作能力是很重要的,医学生在面试中需要强调自己擅长团队合作和与他人合作的能力。因此,答题时要强调对待问题而不是对待人的态度,能够解决问题而不是制造人际冲突。

4. 知识考查

(1)问题:你如何看待当前的医患关系?

目的:了解求职者对于热点问题的关注程度以及个人观点。

回答技巧:结合当前热点问题进行论述,同时提出个人观点。

(2)问题:请阐释阿尔茨海默病的治疗原则。

目的:了解求职者对专业知识的掌握程度。

回答技巧：使用准确的语言进行描述，并举例说明。

5. 思维逻辑。

问题：国家正在大力发展基层医疗卫生事业，我市卫生健康委员会要求新录用的医务工作者去乡镇卫生院服务 5 年，你认为在乡镇的工作作用比在医院大还是小？

目的：了解求职者是否能从宏观角度把握问题，思维是否缜密，价值观是否正确。

回答技巧：从国家政策出发，以职业使命和职责为基础进行讨论，展示对于基层医疗事业的理解和意愿。

（二）用心倾听

面试官提问时要用耳用心聆听，专注并响应地点头，表达出自己理解并感兴趣的态度，同时表示对面试官的尊重。不要打断对方，也不要频频盯着时间。对于提出的问题，要逐一回答，并保持适当的音量和语速。

（三）理性应答

在听到题目后，不要急于回答，应该先在脑海中构思好回答的逻辑，然后再进行回答。回答问题时要有条理，一般先给出结论，然后进行阐述。回答要简明扼要，言之有物。要进行辩证思考，多角度回答问题，不要绝对肯定或否定，这些都需要平时的积累和训练。

如果面试的题目和自己事先准备的一样，不要等面试官问完题目就急于作答，这样会使面试官觉得答案不是经过深思熟虑的结果，而是机械地灌输的口径。

如果遇到困难的题目，更应该冷静思考，匆忙回答可能导致思维和表达不连贯，容易导致表达不清楚或遗漏重要内容。

如果面试氛围比较轻松，也要保持清醒和慎言，不要因为面试官的一句夸奖或幽默而过于随意，说出不应该说的话。在面试中要谨记不急不缓、流畅并有逻辑性。

（四）巧用语言特色

个人的言谈举止直接反映了形象，回答问题时要语言简洁、清晰明了，不要使用简称、方言或口头语。要灵活运用语言、语调和语气来发音和吐字。男性的语言应该阳刚有力，女性的语言应该柔和悦耳。要把握好语调的抑扬顿挫，表达情绪饱满。在问候时语调可以上扬；在自我介绍时，语气要平缓；回答问题时，要掌握好语速适中。

（五）融入个人特色

很多面试的题目可能都很雷同，求职者可能在前期准备时已经对这些问题进行了充分的准备。但是，同样的问题面试官也可能已经问过了很多位求职者。如果都给出相同的回答，面试官会觉得缺乏新意，显得枯燥无味。因此，不要一味地背诵所谓的"标准答案"，而是要展现自己的独特个性，给出新颖并独具个人特色的回答。

（六）善用肢体语言

运用得当的肢体语言和姿态可以为面试增色不少。在面试时要表现得自信大方，神态自若，自然而不做作。善于利用自己的坐姿、站姿、眼神、手势等，传递自己的积极和专业性。

（七）注意对方反应

面试是面对面的交谈，求职者能够随时观察到面试官对自己回答或表现的态度。根据面试官的反应，适时调整自己的语言表达方式，可以使面试结果更好。如果面试官专注地聆听并不时点头，说明自己的回答很精彩，可以继续展开阐述；如果面试官不够专注，态度散漫，眼神暗淡，表情严肃，可能表示自己的回答没有引起他们的兴趣，可以稍作停顿，等待面试官忙完或调整好之后再继续回答，或者选择添加相关信息，突出重点，重新引起他们的关注。

在面试过程中不要抢话或打断别人说话，也不要滔滔不绝。总之，要时刻注意观察面试官的反应，适时调整自己的表达方式，保证面试的顺利进行。

五、巧妙应对特殊情况

面试过程中会遇到各种情况。有的情况会让面试进展顺利,有的情况可能会出现冷场或尴尬,而处理这些特殊情况的巧妙程度将会影响到面试最终结果走向。下面是一些常见的面试特殊情形以及相应的处理方法。

(一)面对不会问题时的处理

当面试遇到自己不会的问题时,可以将问题再复述一遍,先阐述自己对这个问题的理解,然后请教对方,委婉地问面试官是否指的是某个特定的方面,避免答非所问,然后针对自己了解的领域进行补充。实在想不到的,应该坦诚地承认自己的不足,虚心请教面试官,并且表达对学习和提升的积极想法。这样既能让面试官看到自己虚心求教的态度,也能展示自己的思维能力。撒谎或夸大事实可能会导致在交谈中出现逻辑错误,甚至可能在以后的工作中被揭发出谎言。诚实和真实是面试中非常重要的品质,能够赢得面试官的信任和好感。

(二)面试官的有意刁难

面试官为了综合考量求职者的抗压、应变等多项能力,可能会针对求职者的弱点出尖锐问题。比如,"你在校期间的专业成绩一直不太好,你觉得自己能胜任这个工作吗?在业务上你觉得会吃力吗?"这类问题一方面是要考查求职者对情绪的自控和抗挫折能力,另一方面也会观察其灵活应变的能力。面对这类问题,求职者首先要保持冷静,客观地承认自己的不足,不要带有个人情绪,保持面试应有的风度和自然。其次,从自己的优势和特长出发,谈论如何在工作中弥补自己原有的不足。

(三)面试官的故意诱导

为了了解求职者的真实情况和想法,一些面试官可能会采取旁敲侧击的方式。举个例子,面试官可能会问:"作为医务工作者,对于经常因为工作顾不上家庭,甚至导致身体透支的情况,你怎么看?"如果求职者的回答没有达到面试官的期望,或者他认为求职者没有全盘说出自己的想法,他可能会问求职者身边的人或别人对这个话题的看法。在转述他人观点的过程中,求职者可能会透露出自己的真实想法。回答任何问题,尽量保持正能量和积极性,或者谈论自己的职业操守和职业理想。避免过于主观或偏激的表达,同时可以借鉴一些正面的案例或身边人的意见来支持自己的观点。

(四)与面试官意见不一致

如果在面试过程中面试官指出求职者的观点有误时,即使求职者有不同的见解,也应该认真倾听对方的说法。如果是自己观点错误,要虚心请教;如果是对方有误,可以委婉地表达自己的观点,尝试与面试官进行理性讨论,但要注意方式和态度,保持良好的沟通和谦逊的态度,切勿与考官激烈争辩或对持有不同意见的人持强硬态度。

(五)面试遇到冷场的情况

在面试过程中,有可能出现冷场的情况。如果在进入面试场地后,没有人提问,可以主动打开话匣子问好或提醒面试官开始提问,合适的时机可以使用总结性语句来引导对话,并确保回答全面扼要。例如,坐定后可以告诉面试官自己已经准备好,可以开始答题了;主要观点阐释完毕后,可以用"总而言之、因此、所以"等词做一个结尾,让面试官完整地了解你要表达的意思;回答结束后,可以加上"回答完毕"来适时提醒对方。

(六)面试遇到熟悉的面试官

在公开招聘的面试环节中,如果发现有认识的面试官,不要主动表露出来,以免引起其他面试官的反感或误会。在面试中,不应提到自己与面试官有熟人关系,以保持公正和中立。

在应对这些特殊情况时,应保持冷静、自信和真实。重要的是展现积极的态度,灵活应对,有条理地表达自己的想法。通过巧妙处理特殊情况,可以展示出求职者的思维敏捷和适应能力,从而提升面试的成功率。

六、面试结束后的处理

求职是一个长期的过程,除非最终的体检结束、结果公示,否则面试远远没结束,因此,面试后还应该做好相应准备。

首先,求职者应该对自己的面试表现进行反思。反思是一个重要的学习过程,可以帮助我们认识到自己的优点和不足之处。求职者可以回顾整个面试过程,思考自己在回答问题、沟通表达、组织能力等方面的表现。评估自己的回答是否清晰,语言是否准确,态度是否积极,是否能够很好地展示自己的能力和潜力。

其次,求职者可以寻求面试官的反馈和建议。面试官作为专业的评判者,可以提供有价值的意见和建议。求职者可以主动联系面试官,表达感谢之情,并请求对自己的面试表现进行评价和建议,展示对职位的兴趣和求职的主动性。面试官可能会指出求职者在面试过程中的不足之处,同时也会给予一些建议和改进的方向。通过接收反馈和建议,求职者可以更好地了解自己的不足,并针对性地进行提升。

最后,求职者应该根据反思和反馈的结果,制订进一步改进策略,提升自身竞争力。根据反思的结果,求职者可以发现自己的短板,然后有针对性地制订学习和提升计划。比如临床医学生可以选择参加相关培训、学术交流,提升自己的专业知识和技能;可以寻找机会参与临床实习、科研项目,提高自己的实际操作能力和研究能力;可以加强与患者、团队成员的沟通和协作,提高自己的人际交往能力。

总之,面试是一个持续学习和提升的过程,面试结束并不意味着一切的结束,而是一个新的起点。通过不断地反思和提高,求职者可以更加全面、准确地展示自己,为未来的就业机会打下坚实的基础。

知识拓展

面试失败后的心态调节

面试失败后的心态调节非常重要。面试失败可能会对个人自信心和情绪产生负面影响,但是正确的心态调节可以帮助求职者振作起来,并为下一次面试做好准备。以下是面试心态调节的建议:

1.**接受失败** 将失败视为一次学习和成长的机会,坦然接受失败的事实。

2.**反思和学习** 回顾面试过程,审视自己的表现,思考哪些方面需要改进。

3.**找到积极的方面** 想一想面试过程中做得好的地方和获得的经验,了解自己的优势,保持积极的态度,这有助于提升自信心和重建自我形象。

4.**不放弃** 面试失败并不意味着要气馁放弃,应该继续努力和准备。通过加强知识的学习和技能的提升,不断提高个人的竞争力,并在下一次面试中表现更好。

(李 扬)

1. 常见的笔试的内容和准备方法是什么?
2. 面试需要做哪些准备?
3. 求职面试礼仪包括哪些?
4. 如何打造良好的第一印象?
5. 常见的面试答题技巧有哪些?

练习题

第十章 | 适应职场 走向成功

ER 10-1

教学课件

学习目标

1. 掌握：从学生角色向职场角色转变的方法。
2. 熟悉：客观职业环境，建立对工作环境客观合理的期待。
3. 了解：学生到职业角色的差别。
4. 具备医务人员的职业道德规范。
5. 树立终身学习的意识，具备终身学习的能力。

大学毕业，告别单纯美好的大学校园，进入纷繁复杂的职业生活，这无疑是一个充满挑战的新阶段。进入医疗机构工作后，首先要完成从"学生"到"医生"的角色转变，除了继续学习专业知识外，还要学会"做人""做事"，适应新的人际环境、规章制度等。因此，大学生要以积极、谨慎、好学的正确态度，去认识新角色，适应并扮演好新角色，实现自我价值，为社会和医学事业作出贡献。

第一节 职场角色转换

案例导入

陈某，预防医学专科毕业生。该生认为乡镇更能学到东西，更能锻炼能力，所以在毕业时放弃了城市社区卫生服务中心工作，主动到某乡镇卫生院从事基层公共卫生服务工作。初到医院后，立即接手居民健康档案整理工作，陈某独自在档案室整理，经常加班到深夜。经过近半个月工作，该辖区的纸质档案整理完成，开始规范录入系统。随后，陈某承担居民健康体检工作，有时为了送体检到家，要步行 2 个小时山路。陈某从不叫苦叫累，认真完成工作。医院接受上级部门检查时，公共卫生板块获得优秀的评价。工作 2 年后，陈某被提拔为医院公卫科副科长，成为年轻的管理人员。

请思考：

1. 陈某为什么能快速适应工作，并在 2 年内成为医院管理人员？
2. 从学生到医生，需要完成哪些转变？

每一位医学毕业生都希望自己的职业生涯能起好步，能够在工作岗位上很快得到前辈的认可，能够将自己在学校所学的知识和技能展现出来。但是，初入职场的大学生会发现，职场和学校的差异是非常大的，很多毕业生不能很好地适应这种差异，不能很好地融入医院、科室，工作开展难度大，无法得到认可，究其原因，其实就是毕业生没有做好职场角色转变的准备，没有意识到自己作为一名医生，应该怎么做，怎样才能在竞争激烈的医学殿堂打拼出自己的一片天地。

一、职业角色与角色转变

"角色"一词最先是戏剧中的一个专有名词,指戏剧舞台上所扮演的剧中人物及其行为模式。后来,社会学家把"角色"这一概念引入到社会学领域,衍生出职业角色等多个概念。

学生角色一般是指在社会教育和家庭教育中,能树立正确三观,能学习各类知识文化、培养职业技能,全面提高自身素质,能成长为对社会有用的人才。学生在学校的首要任务就是接受教育,完成学业,为进入职场做好知识和技能储备。在学习期间,学生也经历了部分职业角色,但是大环境还是校园,与学校的规则制度、人际关系联系紧密。

职业角色是在某一职场领域,以适应职场的身份,依靠本职业所需的专业知识和技能,按照职业规范和道德开展具体工作,履行职业义务和职责,取得职业报酬。可以看出,职业角色受具体职业影响,有共性也有个性。医学事业的职业角色就是具备医学知识技能、符合医学职业规范和道德,履行好救死扶伤的专业内涵。

每个人扮演的角色是多样的,受人生成长阶段影响,受生活工作场景变化影响,也受角色相对性影响。由学生角色向医生的角色转变,就是对医生的认识、医生定位、医学知识和技能、职业发展的不断认识、适应和深化的过程。

二、学生角色和职业角色的不同

学生告别校园,成为上班族,就不能再以学生时代的认知、心态去面对职场,因为职业角色和学生角色是不同的,要充分认识到这些差异,才能更好地适应职场,较好地完成角色转变。

1. 个人承担的责任不同　学生角色主要是受教育、学习知识,锻炼能力。职业角色是以工作为主,是将自己所学运用到职业实践中,尽职尽责承担职业赋予的内涵,依靠自己双手为社会服务,完成各项工作任务,实现个人价值,为社会发展进步作出应有的贡献。学生角色扮演不好,更多的是对本人、家庭的影响,而职业角色扮演不好,不但对个人产业影响,对团队、单位、社会也会产生负面影响。学生角色是为职业角色打好基础,更多体现个人责任,职业角色承担更多的社会责任。

2. 需要遵循的规范不一样　大学生的学生角色主要是在校园场景中,规范内容主要是以《普通高等学校学生管理规定》(中华人民共和国教育部令第 41 号)和学校各项规章制度为主。职业角色规范内容针对职业特点,医务人员以《中华人民共和国医师法》和医疗机构的各项制度为主要约束,还有医疗机构的人事管理制度、职称晋升制度、绩效考核制度等。

3. 学生角色和职业角色约束力不同　大学生是受教育者,违反角色规范后,个人承担一定的后果,但是主要是以教育和引导为主,帮助学生能认识错误,匡正三观,避免下次再犯,引导学生成为对社会有用的人才。职业角色规范就较为严格了,作为一名专业人士,一旦违反对自身、医疗机构、社会都会带来影响,也势必承担更多的后果,甚至是法律责任。

4. 享有的社会权利不一样　学生角色主要享受的是接受教育的权利,并能获得相应的奖励和经济资助。学生角色的权利更多是社会、学校提供的,体现出"索取""获得"的属性。职业角色的权利是个人能较好遵守职业规范,履行好职业要求,从而能获得经济报酬、社会认可、职业发展等,体现出"给予""贡献"的属性。

5. 实现的行为模式不一样　学生要实现学生角色,主要依据是学习效果,获得学校或社会的认可,主要体现的是学习能力。对职业角色的扮演成功与否的考评,不是单一指标,体现的是贡献度、价值度等综合全面的指标,需要扮演者具备较强的职业责任感、较好的专业知识技能、较高的职场情商等行为模式。

6. 面对的人际环境不一样　学生角色扮演的场景主要是在学校,人际关系主要是老师、同学之间的关系,相对来说更为单纯。职场的人际关系更为复杂,医学生要面临同事、领导、病患及家属等不同的对象,人际关系显得更为微妙,对情商要求更高。

三、学生角色转变到职业角色的基本原则

由医学生转变为医生,要提前调整好心态,提前认知角色内涵,不断提升角色扮演的技能,从而减少转变过程中的冲突,让职业生涯的起步平顺,发展有望。

(一)调整心态,理性看待,珍惜机会

医学生在校学习期间,要认清就业形势,准确自我定位,制作一份合理的职业生涯规划,就业过程中多向老师、前辈请教,选择合适的医疗机构就业。在就业和择业过程中,要有成熟稳定的心态。到基层乡镇卫生院、从事非临床一线工作,也可以用"时间换空间",保持积极乐观心态,对个人后续发展是有利无害。

找到工作后,要认真对待自己的第一份工作,尽快熟悉工作环境、人际关系、岗位职能等,沉下心来,一步一个脚印。要尽快摒弃身上的"学生气",尽量展现出自己专业素养、自信的一面,表现出年轻人的朝气和底气。遇到挫折、困难,首先要及时止损,再找出主观客观原因,然后进行总结,找到避免的办法措施。

(二)立足实际,着眼长远,久久为功

毕业生入职后,应该正确认识角色差异,认清医疗机构现状、自己的岗位职责,全面了解工作环境、熟悉医院的各项规章制度等。只有全面地认识自己和单位的实际,才能有更准确的定位,设计出更符合现实的职业生涯规划,走好走宽自己的职业之路。毕业生要着眼长远,在能力方面要不断积淀、厚积薄发,要抱着学习的态度,把每个工作都当作锻炼、提升的机会。职业生涯是漫长的、曲折的,没有人能随随便便就成功,背后的努力和付出是巨大的,唯有持之以恒,保持对医学事业的热爱和钻研。

(三)加强学习,谦虚谨慎,持续奋斗

医学生在学校学习的知识和技能对于胜任医生这个角色,是远远不够,进入职场后要像小学生一样从头开始学习,虚心请教,平时多看多问多思,不断总结、提升,才能更快适应角色和环境。熟悉职场后,要不断提升专业技能,提高医术医德,找准职业发力点,力争成为行家里手。实现职业角色转变只是完成了第一步,后期需要的付出、艰辛会更多,医学生一定要有"咬定青山不放松"的执着、"行百里者半九十"的清醒,将奋斗贯穿到整个职业生涯。

四、学生角色转变到职业角色的基本方法

完美实现由学生角色转变为职业角色需要在心态、认知和技能等方面实现突破,要不忘初心,不断探索,追求卓越,运用科学有效的方法实现角色转变,开启全新的职场生活。

(一)调整心态,从容适应角色转变

1.**要有积极心态** 积极心态包括喜悦、愉快、宽容、责任、友谊、幸福等要素。这些心态促使我们在新的工作环境中更快乐,职业获得感和成就感更强,人际关系更为和谐,更快更好实现角色转变。

2.**要有乐观心态** 工作中,不逃避、不放弃,努力寻找解决问题的方法,增强信心,更高效地完成转变。要善于发现工作的价值,将个人的短期、中期和长期目标统一起来,相信平凡中能成就伟大,努力会有回报。

3.**要有主动心态** 初入职场,作为科室、医院的一名新人,肯定要从基层、最苦最累的工作做起,尽职尽责完成工作任务,在力所能及的情况下,多承担一些工作是好事。

(二)提高认识,增强角色扮演意识

对医生这个职业有全面、准确的认识,熟悉职业属性、特点等才能更好地扮演好职业角色,实现

职业生涯高质量发展。

1. 要有强烈的责任意识 医生最显著的职业内涵是救死扶伤,要求必须具备极高的责任意识,才能履行好工作职责。这种强烈的责任意识关系个人职业发展是否顺利、医患关系是否紧张、是否对医院发展有利等。初入职的毕业生,必须对生命有敬畏感,对工作有高度责任感,走稳走实职业生涯第一步。

2. 要有强烈的团队合作意识 随着医学事业的发展,对团队合作的要求越来越高。职场新手更要尽快融入团队,树立互相协作的团队意识,从团队利益出发,顾全大局。在团队中既能学到更多技能,又能建立和谐的团队关系,营造友好的合作氛围。

3. 要有强烈的规则意识 医院这个工作场景和医生职业属性,要求医学生具备更高的规则意识。医师在出诊、手术过程中更要遵守职业规范,按操作要求完成诊断诊疗过程,体现一个医师的专业素养和规则意识,能更快得到同事、病患的认可。

4. 要有强烈的追求卓越的意识 作为新入职医学生,要高标准要求自己,要不断钻研医术,不要忽视细节,认真对待,精益求精,将小事做细,将小事做好,一定能在某一领域取得成就。

(三) 提升技能,融入职业发展

从校园毕业,就要有意识地提升个人职业技能,包括医学专业技能,职场技能,情商技能等,掌握全面的技能才能更好地开启职业生涯,加速职业生涯高峰的到来。

1. 要全面准确了解情况 作为新入职医生,要全面了解区域医疗情况、医院情况、岗位情况等。入职前,可以通过网络、地区年鉴等资料了解区域医疗整体情况,熟悉大背景,便于个人职业发展。认真对待单位组织的入职培训,了解医疗机构发展沿革、机构文化、机构发展定位和目标,以便个人更好地融入集体。认真阅读机构的规章制度,特别是自己就职的岗位说明书、科室情况等,便于熟悉环境,尽快融入团队,更好开展工作。

2. 要建立良好的第一印象 心理学认为,第一印象容易产生"晕轮"效应,第一印象是好的,能顺利找到打开职场之门的钥匙,因此初入职毕业生要格外重视第一印象。外形方面,毕业生的穿戴要符合医生专业属性,男生不可留长发、女生注意指甲长度,头发不要染鲜艳颜色,保持医师服的干净整洁。举止要大方得体,做到文明,彬彬有礼,落落大方,说话要吐字清晰,用语得当。行为方面,初入职场要尽快融入集体。

3. 要建立良好的人际关系 如何正确处理人际关系问题是初入职场毕业生最头痛问题之一。尊重同事是建立良好人际关系的第一步,要学会换位思考,多从别人角度思考问题。要主动向有需求的同事提供帮助,建立一种战友般的情谊,有利于形成和谐互助的人际关系。

4. 要具备一定的抗挫能力 每个人的职业生涯不会是一帆风顺的,中间肯定穿插着各种困难、挫折。毕业生初入职场,一定要理性看待挫折,具备抗挫心理和能力,勇敢走出错误,正面冲击,开启正确职场之路。到基层、乡镇卫生院就职,不是人生的失落,基层更需要人才,能为毕业生提供更为广阔的发展空间,抱着积极心态去基层,用奋斗让青春绽放在祖国最需要的地方。

5. 要掌握一些具体的工作方法 正确的工作方法能实现事半功倍的作用,能帮助初入职场的医学生更好地转变角色。

(1)**工作要有计划性**:毕业生要根据自己的职业生涯规划,结合职业发展中长期目标,制订年工作重点、月工作任务、日工作事宜,实行打卡推进,确保今日事今日毕。有了明确的工作目标,工作更有条理和重点,个人成长更快。

(2)**工作要提高效率**:工作头绪较多时,将工作一一列举后进行分类梳理,先解决又急又重要的工作,再分步完成其他工作。可以借助手机 APP、微信、思维导图等信息化手段,还要熟悉掌握办公软件、熟悉操作医疗机构的办公系统,不断提高工作效率,让工作变得轻松愉快。

第二节　恪守职业道德

案例导入

熊某，自幼生活在农村，小时候不幸遭遇车祸，因当时农村医疗水平较低，最后不得不进行了右腿截肢。从此熊某立志学医，治病救人，不让自己的悲剧在别人身上重演。2007 年，熊某考入医学专科院校学习，毕业后通过"三支一扶"到某乡镇卫生院工作。卫生院条件艰苦，工作任务较重，但从未动摇熊某从医和扎根农村的信念。工作十余年，熊某始终不忘学医初心，奉献在基层乡村。为了给偏远居民送医送药，熊某经常拄着双拐翻越几座大山，步行十几公里，假肢都磨出血泡。当地居民非常认可熊某，对他的付出和坚守表示强烈的感谢。

请思考：

作为未来的医务工作者，我们能从熊某事迹中学到哪些道德品质？

良好的职业道德是每一个员工都必须具备的基本品质。作为未来的医务工作者，医药卫生行业特殊性，更要求每个从医人员具备高尚的职业道德，这是成为良医的必备素质和基础。

一、职业道德的定义和特点

职业生活中的道德规范即职业道德，是指从事一定职业的人在职业生活中应当遵循的具有职业特征的道德要求和行为准则，涵盖了从业人员与服务对象、职业与职工、职业与职业之间的关系。

职业道德调节从业人员和服务对象、从业人员之间、从业人员和职业之间的关系，它受职业特点影响，是社会道德在某一行业职业的突出表现。随着现代社会分工的发展和专业化程度的提高，职业凸显出复杂的社会关系，涉及多方面利益和矛盾，这就需要职业道德进行调节，平衡各方面利益和矛盾，保障职业和社会的良性发展。从事某一职业的员工，必须遵守该职业基本的道德要求，具备起码的职业道德和素养，才能在职业和行业中健康发展。

职业道德的特点包括：

1.职业道德既有共性又有个性　社会上的职业很多，但都需要遵守基本的社会道德，因此职业道德是社会道德的一个重要部分，不同的职业之间存在共同的道德特点。但是每个职业都有自己的属性，因此每个职业也产生了属于自己职业的道德特点。比如医务工作者最显著的职业道德就是救死扶伤，教师最显著的职业道德是教书育人，军人就是保家卫国等。

2.职业道德既有延续性又有创新性　从社会分工开始，产生了职业，也产生了对应的职业道德。这是职业道德的基础，其间经过不断发展、进步，职业道德的精髓没有变化，仍然延续了最初形成的道德要求。经过工业革命和信息革命，社会分工更精细化，也产生了许多新的职业，为了适应变化，职业道德的内涵不断丰富、调整，产生了一些新的职业道德要素。

3.职业道德既有约束性又有保障性　任何一个职业都强调纪律性，职业道德通过条例、规章制度形式来表达约束性、强制性，是带有规范性的高层次的道德要求。同时，职业道德能够调节职业中各种矛盾，能够保障职业的健康发展，能够提高整个社会有序进步，因为对个人、行业单位和社会来说都具有保障性，具有较好的道德调适功能。

二、职业道德的作用

道德可以通过社会舆论、个体认识等手段来实现调节功能，指导和纠正个人的行为和活动，协调、处理个体之间的矛盾等。职业道德在职业中也能发挥较好的调节功能，实现个人、职业、行业和社会的进步。

1. 能调节职业交往中的关系 调节作用是职业道德的基本功能。职业道德赋予了这个职业共性的道德要求,要求从业人员必须具备这些素质,成为从业人员共同的行为规范,促使从业人员内部的统一,从而实现从业人员之间的调节。服务对象和从业人员都可以通过职业道德了解这个行业的基本规范,达成服务效果的评价标准一致,也有利于调节从业人员和服务对象的关系。

2. 有利于提升职业形象,提升从业人员的获得感幸福感 职业道德定义了职业特有的内涵、形象、声誉,是较高层面的职业属性描述。从业人员都模范遵守职业道德,能较好地完成职责,为服务对象提供更好的服务,从而使职业在社会上的美誉度得到提升,职业声誉评价更好,能促进职业的良性进步。反之,如果从业人员随意践踏职业道德,该职业的口碑、评价定会下降,人人都不愿从事这项职业,造成整个职业在社会的生存危机,总会被其他社会分工代替。

3. 有助于提高全社会的道德水平 职业道德是社会道德的重要组成部分,规范了从业个人、行业领域的道德标准,提升职业道德对整个社会道德有重要良性作用。职业道德涉及从业人员对待职业的态度,是个人价值观的体现,模范遵守职业道德,既能对社会作出物质贡献,也能起到道德引领的精神作用。另外,职业道德也约束了一个行业整体,如果每个行业都遵守职业道德,也就是遵守了社会道德。部分职业在特殊时期的突出表现,更能为社会提供示范作用。比如,重大灾害救援现场,总能看到人民解放军的身影,体现了军人职业属性,也为社会弘扬正能量提供了素材,有利于整个社会道德的提高。

三、职业道德的内容

1. 爱岗敬业 爱岗就是热爱自己的工作岗位,热爱本职岗位,是从业人员对工作的一种基本态度。敬业要求用严肃的态度对待工作,对职业要自始至终保持敬畏感,踏踏实实,勤勤恳恳,尽职尽责,才能在行业中焕发光彩。爱岗敬业是用人单位挑选人才的一项非常重要的标准,也是评价一个员工的首要标准。

2. 诚实守信 诚实守信是为人之本,从业之要,是职业道德的立足点,是职业道德的精髓。对于任何一个职业和个人来说,诚实守信是基本的道德品质。诚实守信要做到既有高质量的产品,又有高质量的服务,还要严格遵纪守法。只有这样,才能取信于民,从而获得良好的社会效益和经济效益。

3. 办事公道 办事公道指的是在处理问题、办事情的时候,必须站在公正、公平的立场上按照标准办事,做到对事不对人,能很好地树立个人威信和专业权威。对于团队和组织整体来说,有统一的考核尺度,能保持团队平和,更能激发团队积极性。

4. 服务群众 为人民服务是职业的灵魂。从业人员在服务群众过程中,要做到热心、耐心、虚心、真心,一切从群众的利益出发,为群众排忧解难。越来越多的行业强调服务意识,其实就是强化为群众服务的理念。

5. 奉献社会 奉献社会是个人履行对他人、组织、行业、社会的义务。奉献社会是个人职业生涯,也是社会道德的出发点和归宿,是职业道德的最高贡献。当前,党和政府鼓励毕业生到基层去、到乡镇去,到祖国最需要的地方去,就是将个人贡献和社会需求结合起来,既能实现个人发展,也能推动社会进步。

> **知识拓展**
>
> ### 祖国,我愿意
>
> 1964 年在新疆罗布泊,中国第一颗原子弹爆炸成功!人们记住了钱学森、邓稼先的故事,

但是很少有人听过这背后还有这样一位奇女子，一次次从零开始，为国家隐姓埋名30多年，用"我愿意"肩负起祖国的重托，她就是王承书，参与研制中国第一颗原子弹为数不多的女性之一，中国铀同位素分离事业的理论奠基人。

1941年王承书前往美国学习，开始了气体分子运动论的相关研究，提出了"王承书乌伦贝克方程"，其导师评价她是"不可多得的人才"。西方科学界深信只要她能坚持下去一定能获得诺贝尔奖，然而她却放弃了这条道路，于1956年回到了祖国。

1958年，我国筹建热核聚变研究室。钱三强邀请已经46岁且专业定型的王承书，希望她能进行热核聚变的研究。王承书毫不犹豫地说出了"我愿意"。

研究原子弹期间，研制计划一度搁置，缘于我国尚未提炼出纯正的高浓缩铀。钱三强再次来到王承书的面前，问她是否愿意隐姓埋名，参与高浓缩铀的提炼工作。王承书的眼里充满坚定，第二次毫不犹豫地说道："我愿意。"

中国第一颗原子弹爆炸成功后，钱三强向她发出第三次邀请，希望她继续隐姓埋名从事核事业研究。王承书再次坚定地回答："我愿意"。

直到现在，仍很少有人知道王承书这个名字。她低调做事，清白为人，埋头工作，从不抱怨，只要国家需要，她会第一时间站出来，无论任何时间任何地点，只要国家需要，哪怕献出自己的生命——这是一位真正的党员崇高的品德和胸怀。

四、医务人员职业道德规范

对于新入职毕业生，在日常工作中必须秉持以下职业道德：

1. **救死扶伤** 是医务工作人员最基本的职业道德。新入职毕业生要坚持救死扶伤的人道主义，从小做起，从细节做起，在日常工作中树正气，守诚信，讲奉献，努力塑造医务工作者的社会形象。

2. **坚持团队协作和刻苦钻研的作风** 新入职的毕业生要抓住集体业务学习、集体会诊等机会，向经验丰富的前辈学习，积累更多的临床一线经验。在团队中，踏踏实实钻研学术，力争早日成为业务骨干。

3. **换位思考** 做到一切为病人着想，一切对病人负责，一切使病人放心，一切让病人满意。在为病人服务过程中，要注意态度平和，语言得体，坚持文明礼貌的服务举止，注意讲明治疗原则、方案和产生的费用，增强工作的透明度，避免产生误会。要注意保护病人隐私，不要随意泄露病人信息。

4. **坚持廉洁的纪律作风** 在为患者提供服务过程中，要严格执行各项法律法规和部门规章规定，拒收"红包"，并为患者提供良好的医疗服务，牢固树立"医者仁心"的服务理念，打造风清气正的医疗服务环境。

五、提升医务人员职业道德规范的方法

医务人员的职业道德对个人、医疗机构、医疗卫生行业，甚至是全社会，都有非常重大的意义。医学生应该从校园的日常学习中，就重视职业道德的提升，树立正确的三观、正确的职业道德。进入医疗机构后，更要从日常工作中，不断提升自己的职业道德，使自己成为一个医德高尚、医术高明的医务人员。行之有效的提升职业道德的方法，主要有以下几点：

1. **从小事做起，注重细节** 初入职场，接触的都是轻微的病患，完成的都是简单的操作，平平淡淡，没有挑战性，但这些都是成良医的基础，提升的是基础技能，磨炼的是意志。医务工作者要铭

记,每一次诊断、每一次操作都是对生命负责,任何失误都可能带来不可逆的悲剧。

2. 加强学习,做到知行合一　首先要学习医务工作的职业道德规范,掌握其核心要素、基本原则、日常要求等。只有把理论学好了,才能在实际中自觉践行职业道德规范。其次要向榜样学习。医疗行业有很多悬壶济世、医术高明的医生,他们非但医术了得,其医德规范更是社会楷模。

3. 要善于总结,不断进步　中华优秀传统文化中也有"一日三省吾身",就是说每天要多次进行自我反省,检查自己的行为是否违反了道德,认真思考、修正自己的行为。在职业生涯中,一旦认准一个方向,就要一直做下去,潜心钻研、锲而不舍,必将能达到自己职业生涯的顶峰。

第三节　继续医学教育和立志终身学习

> **案例导入**
>
> 涂某,2006 级临床医学专科学生。大三时,参加"专升本"考试,进入本省医科大学本科阶段学习。本科毕业后进入一家医院完成"规培",并考取医师执业资格证书后,涂某本想在医院安心工作。但在工作期间,涂某发现自己所储备的知识已经不能完全胜任现阶段的工作。涂某决定考研。经过复习备考,涂某考研成功,并完成了医学硕士阶段的学习。三年后,为了适应医院发展,涂某成功考取医学博士,开始攻读博士学位。
>
> **请思考:**
> 1. 作为医学生,毕业后能不能停止学习?
> 2. 是什么信念支撑涂某从专科毕业生成长为医学博士?

医学知识日新月异,需要医生终身学习,不断充电,及时更新,充实自己,把握世界医学脉搏,紧跟医学前沿,持续提高技术水平,更好地为患者服务。

一、继续医学教育的内涵和形式

继续医学教育是指完成基础医学教育和毕业后医学教育之后进行的在职进修教育。继续医学教育的目的是使卫生技术人员在整个职业生涯中,保持高尚的职业道德,不断提高专业工作能力和业务水平,提高服务质量,以适应医学科学技术和卫生事业的发展。继续医学教育的对象是完成毕业后医学教育培训或具有中级以上(含中级)专业技术职务的卫生技术工作的人员。参加继续医学教育是卫生技术人员应享有的权利和应履行的义务。

继续医学教育的内容是以现代医学科学技术发展中的新理论、新知识、新技术和新方法为重点,注意先进性、针对性和实用性,重视卫生技术人员创造力的开发和创造性思维的培养。在继续医学教育活动中,要注意加强政治思想、职业道德和医学伦理学等有关内容的教育,培养高素质的卫生技术人员。

根据学科发展和社会需求,继续医学教育活动的形式是多种多样的。继续医学教育坚持理论联系实际,按需施教,追求实效的原则,根据学习对象、学习条件、学习内容等具体情况的不同,采用培训班、进修班、研修班、学术讲座、学术会议、业务考察和有计划、有组织、有考核的自学等多种方式组织实施。

二、继续医学教育的意义

医务工作者如果还停留在学校学习的知识阶段,肯定是无法跟上最新的医学发展。医务工作者只有通过继续医学教育,了解医学前沿,掌握最新的医学技术,全面提升职业素质,才能实现个人进步。

1. **继续医学教育能全面提高职业素质** 继续教育能提升医务工作者的职业道德,在价值观领域树立起"防火墙",自觉抵制不良行为。能提升医务工作者的业务能力,实现专业知识升级,专业技能提升。能提升医务工作者的科研水平,将相关经验进行推广,更有益于整个社会。

2. **继续医学教育能了解医学最新知识** 现代医学理论和医疗手段飞速进步,必须追逐最新的医学前沿,掌握高精尖的治疗手段,熟悉最新的专业知识,才能适应不断发展变化的医疗卫生行业。

3. **继续医学教育实现职业的全面发展** 医学是人学,医务工作者的服务对象是病患,要求医务工作者的职业能力是全面的,医学工作者必须拓展知识面,围绕医学专业,但要跳出医学专业,掌握更为全面的知识,促进个人事业全面进步。

继续医学教育的内容较为丰富,医务工作者可以针对自己的短板,进行补短板、填空白的学习。比如,有些医务工作注重业务学习,对时政关注度不够,就可以重点学习最新的理论,了解时代背景、发展任务,更能打开格局,将个人融入国家整体发展。

三、继续医学教育的注意事项

1. **高度重视,按时完成继续医学教育** 继续医学教育能实现临床知识系统升级,是一项利于个人,也利于行业发展的一项重要举措。另外,从国家、各省市相关文件可以看出,完成继续医学教育是年度考核的重要内容,和工作聘任、职称晋升、职业再注册等相联系。

2. **了解政策,高质量完成继续医学教育** 医务工作人员要主动了解学习国家、各省市的医学继续教育相关规章制度,并按制度完成再教育任务。国家要求在职卫生专业技术人员每年要获得至少25分的继续教育学分。学分以年计,不得跨年累积。如果未达到25学分,或未按要求完成学分,该年度医学继续教育为不合格,将会对个人发展有一定影响。

3. **拓宽学习渠道,合理安排时间** 医务工作者参加医学教育要和自己专业、短板结合起来,学习要有针对性,学有所得,学有所好,要能真正促进工作进步。

现代化教学技术为继续医学教育拓宽了学习方式。可以参加线上学习、远程教学等,可以大幅提升时间成本和财务成本,对偏远地区、贫困地区的医务工作者尤其适用。

医务人员平时工作繁忙,能挤出时间进行学习确实不易,医务工作人员要合理规划工作、学习时间,提前规划年度工作任务,留出好学习时间,尽量腾出时间参加系统的、正规的培训学习。条件允许的情况下,可以进行脱产进修等。

四、终身学习的内涵

相关资料显示,在过去的100年里,医学知识、诊疗技术水平在科技的带动下呈指数的增长,医学知识总量翻新的周期也从过去的100年缩短到目前的三至五年。作为医生,必须第一时间掌握最新的知识、诊疗手段,保持求知的渴望,积极主动学习。只有不断地研究、学习,总结自己诊疗经验,掌握最新研究成果,面对患者,才能不愧于医师的良心。

1. **终身学习的对象** 随着社会进步、科技发展,学习不单局限于校园,而是在社会中各个场景。学习也不局限于求学阶段,而是贯穿整个人生。医学是各种职业中发展较快的,医务工作者绝不能局限于校园所学,而是要将学习贯穿整个职业生涯中。

2. **终身学习的内容** 一个人一般要接受家庭教育、学校教育和社会教育。终身学习包括了这三个方面,其学习的知识面较广,包括专业技能学习、人文素养学习、道德品质学习等各方面。随着职业生涯发展,学习的深度也不断提升,从校园的"点到为止",到"深入钻研",最终成为某一学科、领域的行家。

3. **终身学习的形式** 进入社会后,学习形式更为丰富。只要需要学习,可以随时随地开始学习,其具体形式、时间、地点和学习内容均可按自己需求定制。终身学习还强调自主性,对主动性要求更高,需要个人以积极态度投入学习。

五、终身学习对医学生的意义

"中国肝胆外科之父"吴孟超院士曾说过,"从1958年到现在已经54年了,但我还没有把肝脏完全弄清楚,还没有毕业。所以,我还要继续干下去。只要我活着一天,就要和肝癌战斗一天"。吴老先生其成就早已远超他人,但是他深知自己的责任与使命,一直秉承着这种大爱无疆、终身奋斗、终身学习的精神。

1. 医学生立志终身学习能全面提升医学生素质 医学有其独特性,它与自然科学和社会科学相结合,不仅要积累大量的医学专业知识,还要掌握一定的人文社科知识。医务人员要实现自己的职业进步,也需要不断学习,尤其是学习专业领域最新的知识、技术,提升自己诊治水平。总之,医生要进入医疗机构、取得医生执照、完成职称晋升,成为大医、良医,都需要不断地学习。

2. 医学生立志终身学习有利于医学事业的进步 选择了医学,也就选择了做一辈子的"医学生"。如果每个医务工作者对医德提升保持一以贯之的热情,对医学知识保持孜孜不倦地追求,对新的理论技术保持持之以恒的钻研态度,对最新的医学前沿保持持续不断的关注,势必能在医疗卫生事业取得成果,进而能推动整个医疗卫生行业的进步。

3. 医学生立志终身学习能推动全人类的发展 医学对人类社会整体发展、人类个体发展都起到重要作用。一个好的医生、一个好的医疗团队、一个向上的医疗行业势必能推动人类社会发展,为人类提供更好的医疗技术、让人类享有更健康的环境,帮助人类减轻病痛,更好地实现其他事业的进步。

知识拓展

"糖丸爷爷"顾方舟
——毕生研制糖丸、拯救万千中国儿童

顾方舟,男,1926年出生于上海,原籍浙江宁波,中国医学科学院北京协和医学院原院长、一级教授,"中国脊髓灰质炎疫苗"之父。

20世纪50年代,一种从未大规模流行的疾病——脊髓灰质炎,在国内暴发。1960年,顾方舟和同事们来到云南昆明,但那里完全就是荒郊野岭,他们只能住在山洞中继续研究。1964年糖丸疫苗在全国推广。据有关数据统计,脊髓灰质炎的年平均发病率从1949年的十万分之4.06,下降到1993年的十万分之0.046。2000年,世界卫生组织宣布我国消灭了脊髓灰质炎病毒。

六、医学生终身学习的形式

1. 住院医师规范化培养 "规培"是毕业后医学教育制度的重要内容,是指医学专业毕业生完成院校教育后,接受以提高临床技能为主的系统、规范的教育阶段。实践证明,"规培"是医学生能成为合格临床医生最有效的方式,能极大提升医学生的专业素养和服务水平,对医学生参加执考、进入临床工作都有积极作用。毕业生一定要利用好"规培",尽量多地学习知识,提升技能,做到不懂就问,勤奋好学。在"规培"过程中,还能熟悉医疗机构工作环境,掌握医患沟通技巧,培养团队合作精神。

2. 日常自学 终身学习的要求就是更为主动,医务人员要找到自己短板、兴趣点,广泛汲取各项知识。比如,可以制订一个读书计划,选择有意义的书,在一定时间内完成阅读。还可以报名一

个网络学习课程,针对性学习自己某项短板,全面提升整体素质。更好的学习是向周围同事、前辈学习,学习他们的医德医术、处理问题的能力、沟通技巧等。自学的方式和内容是多种多样的,关键取决于自己是否愿意学,愿意思考。

3. 提升学历　学历教育是最为对口、最为系统的终身学习方法。很多医学生毕业后就参加工作,持专科、本科学历,但是进入医疗机构后,发现自己所学知识远远无法适应职业需要,可以通过参加硕士研究生考试,学习更多的专业知识,获得更高的学历和学位,为后期职业生涯发展打下基础。

4. 参加继续医学教育　可以通过参加国家、省部相关机构开设的继续医学教育项目的学习。这些学习内容质量较高,授课的都是相关领域的专家,讲授的都是国家行业最前沿、最需要的知识,针对性强,能快速弥补专业方面的短板。

5. 参加全科医师教育工程　该项目是原卫生部针对基层需要的复合型人才,开设的一种继续教育服务,也属于终身学习范畴。培训内容涵盖临床医学、预防医学、管理学、思想政治等多维度知识,为基层培养更为全面、适应性更强的人才。参加这类培训,可以拓宽知识面,增加职业发展的宽度。

6. 参与各类线下培训　需要参加执业医师资格考试的医务人员可以参加有些社会机构提供的相关培训,或者自己通过系统复习,巩固基础知识,取得医师执照。国家相关部门开展的职业资格证书培训项目,医务人员通过系统培训,参加考试合格后,取得职业资格证书。也可以参加各类学术讲座、专题研讨会、科研讨论会等,与专家行家面对面交流,学习更多更丰富的知识。

7. 参加各类线上学习　现代远程教育提供的是同步或异步方式教学。学习者可以不受自身工作条件的限制,在只需有终端接收设备(计算机或手机)的条件下,就可以在任何时候、任何地点获取自己所需要的教育内容和信息。这种教育不同于一次性的学校教育,而是实现终身教育的最佳方式。

七、医学生终身学习的内容

1. 关心时事政治　学习时事政治对医学生来说非常重要。了解时事,可以让医务工作者更加清楚国家的大政方针,更加清楚医疗卫生行业发展趋势,给具体工作指明前进方向。深化理解路线、方针、政策,能坚定理想信念,提升职业道德,筑牢努力奋斗的决心,激发工作热情。了解时事政治,保持与外界交流联系,能提升医务人员辨析能力,正确看待社会现实问题,形成积极向上的工作态度。

2. 熟练掌握英语　熟练掌握英语包括能听读、能书写、能表达等多个方面能力。在医学界,很多前沿知识都是以英语论文、著作的形式发表。医务人员必须具备能读懂英文资料的能力。医学作为特殊学科,其研究成果是服务于全人类的,受国际公约影响,很多高水平的科研机构只接受英语论文。医务工作者要具备良好英语书面表达能力,准备运用专业英语书写学生能力,清晰表达本人学术成果。作为负责任、有影响力的大国,我国经常参加国际医学学术交流会议,要求医务工作者能听懂发言,在讨论环节能准确运用英语表达自我观点,真正融入其中,展示我们国医疗卫生事业的成果和先进技术。

3. 强化专业知识　扎实的专业知识是医务工作人员职业生涯发展的重要"武器"。不断强化专业知识学习,是医务人员职业生涯中的一项重要工作。医务工作者平时工作繁忙,或许没有时间完整读完一本医学专著,年轻医生可以利用各类数字图书馆,寻找下载需要的医学文献,珍惜碎片化的时间,及时阅读学习,就能及时了解临床科研进展,及时更新医学知识体系。还可以订阅一些医学杂志的电子版,现在国际和国内很多权威医学杂志都支持电子邮箱订阅,注册成功后,最新的内容就会定时发送至邮箱。阅读这些权威杂志可以开阔眼界,了解最新的医疗技术,为自己面临的疑难杂症提供解决方向和思路。

4. 广泛猎取其他知识　除了专业知识之外,医学生也需要具备良好的人文素养、职业道德、医院管理和团队合作精神等方面的素质。这些素质对于医学生的发展和成长也是至关重要的。专业知识和其他知识相互支撑,在临床实践过程中都会发挥非常重要的作用,才能够不断地成长壮大,并为患者提供更优质的医疗服务。医务工作者可以有针对性地选择一些图书、课程来学习。网络技术发达的今天,医务工作还可以在网络平台获得更多的相关知识,通过关注、阅览权威博主发表的文章、视频,寻找自己需要的知识,记录下重点和关键信息,运用到日常工作和学习中。一个成熟的医务工作者必定是精通专业知识,全面了解其他知识,两方面知识并驾齐驱、相辅相成,定能成为新时代的良医大医。

医学生离开校园,进入职场,面临的首要问题就是如何实现由学生角色向职业角色转变。每位同学需要通过准确的自我定位、自我认知,正视职场和校园的差距,调整心态、提高认知、转变行为来适应职场。成为一名医生后,要致力于提升自己的职业道德,要认识到职业道德的重要性,通过注重细节、加强学习、不断总结来提升自己的职业道德,为自己成为一名良医基层。选择了医学就选择了终身学习。医务工作者必须树立终身学习的理念,保质保量完成好继续医学教育,利用各种形式完成职业素养、专业能力、知识广度的提升。

作为新时代的医学生,要完美实现角色转换,从容进入职场,高质量扮演好医务工作者的角色,不断追求医者仁心的高尚道德情操和精湛的医疗技术,在新时代新征程上勇于肩负起提升国家医疗卫生水平的历史使命,努力推动健康中国建设,让青春之花在全面建设社会主义现代化国家新征程中绚丽绽放。

(李亮靓)

思考题

1. 结合所学内容,你觉得你在角色转换方面还有哪些欠缺? 应该怎么办?
2. 初入职场,面对挫折和失败,你准备如何调节?
3. 请制作一份属于你自己的终身学习计划。

ER 10-2

练习题

参考文献

［1］夏金华,程文海.医学生职业规划与就业指导［M］.2 版.北京:人民卫生出版社,2020.

［2］乔志宏,刘锐.大学生职业生涯规划与就业指导教程［M］.北京:清华大学出版社,2023.

［3］才晓茹,夏立平.职业规划与就业指导［M］.北京:人民卫生出版社,2019.

［4］何玲霞,袁畅.大学生职业发展与就业指导［M］.北京:高等教育出版社,2020.

［5］刘少华,马明亮,戴丽梅.大学生职业生涯规划与就业指导［M］.北京:北京大学出版社,2020.

［6］刘慧.高校生涯教育精准化管理与实务［M］.南京:南京大学出版社,2019.

［7］冯晓青.医学生职业发展与就业指导［M］.海口:南方出版社,2020.

［8］杨文秀,王丽岩.职业生涯规划和就业指导［M］.2 版.北京:人民卫生出版社,2018.

［9］项甜美,秦雪莲.大学生职业发展与就业指导［M］.2 版.北京:高等教育出版社,2019.

［10］罗陈娟,韩赟.职业生涯规划团体活动教程［M］.北京:清华大学出版社,2023.